表 3.1 分类表

知识维度	认知过程维度					
	1. 记忆/回忆 (Remember)	2. 理解 (Understand)	3. 应用 (Apply)	4. 分析 (Analyze)	5. 评价 (Evaluate)	6. 创造 (Create)
A. 事实性知识 (Factual Knowledge)						
B. 概念性知识 (Conceptual Knowledge)						
C. 程序性知识 (Procedural Knowledge)						
D. 元认知知识 (Metacognitive Knowledge)						

表 4.1 知识维度

主类别及其亚类	例子
A. 事实性知识——学生通晓一门学科或解决其中的问题所必须了解的基本要素	
A_A. 术语知识（Knowledge of terminology）	技术词汇、音乐符号
A_B. 具体细节和要素的知识（Knowledge of specific details and elements）	重要的自然资源、可靠的信息源
B. 概念性知识——在一个更大体系内共同产生作用的基本要素之间的关系	
B_A. 分类和类别的知识（Knowledge of classifications and categories）	地质时期、企业产权形式
B_B. 原理和通则的知识（Knowledge of principles and generalizations）	勾股定理、供求规律
B_C. 理论、模型和结构的知识（Knowledge of theories, models, and structures）	进化论、美国国会的组织构架
C. 程序性知识——做某事的方法，探究的方法，以及使用技能、算法、技术和方法的准则	
C_A. 具体学科的技能和算法的知识（Knowledge of subject-specific skills and algorithms）	水彩绘画的技能、整数除法的算法
C_B. 具体学科的技术和方法的知识（Knowledge of subject-specific techniques and methods）	访谈技巧、科学方法
C_C. 确定何时使用适当程序的准则知识（Knowledge of criteria for determining when to use appropriate procedures）	确定何时运用牛顿第二定律的准则；判断使用某一方法估计企业成本是否可行的准则
D. 元认知知识——关于一般认知的知识以及关于自我认知的意识和知识	
D_A. 策略性知识（Strategic knowledge）	知道概述是获得教材中一课的结构的方法；使用启发法的知识
D_B. 关于认知任务的知识，包括适当的情境性知识和条件性知识（Knowledge about cognitive tasks, including appropriate contextual and conditional knowledge）	知道某一教师实施的测验类型；知道不同任务对于认知要求的知识
D_C. 关于自我的知识（Self-knowledge）	知道对文章进行评论是自己的长处而写作是自己的短处；知道自己的知识水平

Taxonomy for Learning, Teaching, and Assessing – A Revision of Bloom's Taxonomy of Educational Objectives

布卢姆教育目标分类学 修订版
（完整版）
分类学视野下的学与教及其测评

Taxonomy for Learning, Teaching, and Assessing – A Revision of Bloom's Taxonomy of Educational Objectives
(Complete Edition)

编著

（美）洛林·W. 安德森（Lorin W. Anderson）
（美）戴维·R. 克拉思沃尔（David R. Krathwohl）
（美）彼得·W. 艾拉沙恩（Peter W. Airasian）
（美）凯瑟琳·A. 克鲁克香克（Kathleen A. Cruikshank）
（美）理查德·E. 迈耶（Richard E. Mayer）
（美）保罗·R. 平特里希（Paul R. Pintrich）
（美）詹姆斯·拉兹（James Raths）
（美）默林·C. 威特罗克（Merlin C. Wittrock）

翻译
蒋小平 张琴美 罗晶晶

审校
罗星凯

外语教学与研究出版社
北京

京权图字：01-2006-1013

Authorized translation from the English language edition, entitled TAXONOMY FOR LEARNING, TEACHING, AND ASSESSING, A: A REVISION OF BLOOM'S TAXONOMY OF EDUCATIONAL OBJECTIVES, COMPLETE EDITION, 1st Edition, by ANDERSON, LORIN W.; KRATHWOHL, DAVID R.; AIRASIAN, PETER W.; CRUIKSHANK, KATHLEEN A.; MAYER, RICHARD E.; PINTRICH, PAUL R.; RATHS, JAMES; WITTROCK, MERLIN C., published by Pearson Education, Inc, Copyright © 2001 by Addison Wesley Longman, Inc.

All rights reserved. No part of this book may be reproduced or transmitted in any form or by any means, electronic or mechanical, including photocopying, recording or by any information storage retrieval system, without permission from Pearson Education, Inc.

Chinese simplified language edition published by Foreign Language Teaching and Research Publishing Co., Ltd., Copyright © 2009 by Foreign Language Teaching and Research Publishing Co., Ltd.

本书中文简体字版由Pearson Education（培生教育出版集团）授权外语教学与研究出版社在中华人民共和国境内（不包括香港特别行政区、澳门特别行政区和台湾省）独家出版发行。未经出版者书面许可，不得以任何方式抄袭、复制或节录本书中的任何部分。

本书封面贴有Pearson Education（培生教育出版集团）激光防伪标签，无标签者不得销售。

图书在版编目（CIP）数据

布卢姆教育目标分类学：分类学视野下的学与教及其测评：完整版 /（美）安德森（Anderson, L.W.）等编著；蒋小平等译. — 修订本. — 北京：外语教学与研究出版社，2009.10（2024.12重印）
ISBN 978-7-5600-9110-5

Ⅰ. 布… Ⅱ. ①安… ②蒋… Ⅲ. 教育目的－分类学 Ⅳ. G40-011

中国版本图书馆CIP数据核字（2009）第196761号

出 版 人　王　芳
责任编辑　李旭洁
封面设计　覃一彪
出版发行　外语教学与研究出版社
社　　址　北京市西三环北路19号（100089）
网　　址　https://www.fltrp.com
印　　刷　北京华联印刷有限公司
开　　本　889×1194　1/16
印　　张　18.25
版　　次　2009年11月第1版　2024年12月第22次印刷
书　　号　ISBN 978-7-5600-9110-5
定　　价　59.90元

如有图书采购需求，图书内容或印刷装订等问题，侵权、盗版书籍等线索，请拨打以下电话或关注官方服务号：
客服电话：400 898 7008
官方服务号：微信搜索并关注公众号"外研社官方服务号"
外研社购书网址：https://fltrp.tmall.com

物料号：191100101

This volume is dedicated to
those teachers who advance
the learning and development
of their students every day;
we hope they find it helpful.

序言

1956年，B.S.布卢姆主编，M.D.恩格尔哈特、E.J.弗斯特、W.H.希尔和D.R.克拉思沃尔等人编写出版了《教育目标分类学，教育目的分类法，手册I：认知领域》[①]一书，书中提出了一个教育目标的分类体系。《手册》面世四十多年来，已经被翻译成二十多种文字（Krathwohl，1994），不仅在美国，而且在全世界，都为测验设计和课程开发提供了基本的依据（Chung，1994；Lewy and Bathory，1994；Postlethwaite，1994）。对于20世纪前75年中有哪些重要著作对课程产生过影响这一问题，沙恩（Shane，1981）曾经作过一项调查。结果表明，《手册》是排在第八位到第十一位的四部重要著作之一。最近，南卡罗莱纳大学的教育博物馆要求一个全国性的专家小组"确认对20世纪美国教育'产生过重大影响、结果和反响'的教育书籍"（Kridel，2000，p.5）。该专家小组列出的书单包括了《手册》和另一部情感领域分类学的著作（Krathwohl，Bloom，and Masia，1964）（Kridel，2000，pp.72-73）。无数关于测评、课程和教师教育的教科书都参考和引用过《手册》中的例子。《手册》在国内和国际的影响力曾被美国教育研究会作为该学会年鉴的主题（Anderson and Sosniak，1994）。本书就是《手册》的修订版。

为什么修订？

既然《手册》被长期沿用而且发挥着十分重要的作用，也许有人就会合理地提出如下问题：为什么要修订一本有着如此良好记录的书籍？有修订的必要吗？我们提出两条修订理由，以说明修订的必要性：第一，有必要使教育者重新关注原《手册》的价值，这不仅因为它是一部历史文献，而且还因为它在许多方面"超前"（Rohwer and Sloane，1994）。我们认为，在当今教育者处理问责项目、基于标准的课程以及真实性测评的设计和实施等许多问题时，《手册》中的许多观点仍很有价值。

第二，有必要把新知识和新思考融入这一分类体系。1956年以来，美国社会发生了许多变化，这些变化已经影响到我们思考和从事教育工作的方式。现在，对于儿童是如何发展与学习的，以及教师是如何准备教学、授课和测评的，我们都有了更多的了解。这些知识的增长为修订提供了基础。

假如你有机会对我们的修订作出评判，你也许会判定我们不作修订更好些。然而，我们希望你在阅读过本书并且尝试使用本框架去指导教学工作之后，才对我们的修订作出最终判断。

---

① 在本书中，分类学（Taxonomy）是指分类体系，《手册》则是发表该分类体系的著作。

预期的读者

在我们预期的几类读者中，教师是本书最重要的读者之一。大量证据表明，通过实际教授的课程及授课方式，教师决定着课堂上发生的一切。因此，为了使本修订版的分类体系对教育质量有所影响，它必须能显著地影响教师的思维和行动。为此，我们力图使本修订版对教师更加实用和有益。

当前，人们预期课程是基于标准的（Glatthorn，1998），并且大部分州已经通过了问责（accountability）立法（Frymier，1996；Gandal，1996；Rebarber，1991）。这些标准和立法的倡导者试图明显地改进教师教学和学生学习的质量。然而，这些标准只有在被教师接受、理解和执行之后，它们才能变成课堂现实。

哪些因素能够促成这些变化呢？我们觉得，教师需要一个框架来帮助他们了解并组织目标，以便清楚地理解目标，同时容易将其付诸实施。该框架能够帮助教师计划并进行适当的教学，设计有效的测评任务和策略，同时，确保教学和测评与目标保持一致。原《手册》的作者们认为他们的分类体系或许就是这样一个框架。在本修订版中，我们努力做到了：(1) 修订并扩充他们的方法；(2) 使用通用的语言；(3) 符合当代心理学和教育学的观点；(4) 提供使用本框架的真实范例。

例如，在本书第一章和第二章中，我们探讨标准和目标之间的关系。此外，本书第三部分专门用于示范本框架在课堂中的应用，其中第八章到第十三章是教师撰写的教学案例，它们描述了教师开发和讲授的教学单元，加上我们对如何使用本框架帮助教师理解并最终改进这些单元的教学所作的分析，第十四章汇集了从这些课堂教学实践的案例分析中所获得的一些知识。我们希望教师们能够阅读本书并发现它的价值。

教师们忙于教学，以至于他们经常只能获得"第二手"的信息。关于这一点，布卢姆曾经说过，原《手册》是"美国教育中引用最广泛但却阅读最少的著作之一"（Anderson and Sosniak，1994，p.9）。因此，我们希望本书的读者包括那些与在职教师和职前教师打交道并试图影响他们的群体。为了更有效地满足这类读者的需要，本书发行了两个版本，即缩写版和完整版。缩写版共有十四个章节，包括我们认为教师最关心，对教师最有价值，而且他们能够立即用于教学的内容。完整版除包括上述章节外，还包括另外三个章节和另外一个附录。在这三个章节中，有一章描述目标分类的相异框架，另一章概括了对原版分类体系的结构所作的实证性研究结果，最后一章讨论有待解决的问题（经缩写后，作为缩写版第十四章的最后一节）。我们相信，不仅那些想对本框架和其他框架有更多了解的大学教授、教育研究者和学者，而且那些非常熟悉原《手册》的人士也会对完整版非常有兴趣。

我们预期的读者还包括那些对教师有直接或间接影响的群体。其中那些规划和实施职前教师培养项目的教师培训者经常与教师打交道并对教师有直接影响。对于他们，缩写版应该是主要教科书的重要附加或补充阅读材料。此外，还有那些教师培训课程教科书的作者，他们引用本分类体系并在此基础上编写教科书，因此，他们也为教师关注本框架提供了另外一条途径。我们预期，这些培训者将调整他们目前关于分类体系的讲授内容，使之与修订版相适应。

课程协调人和教育咨询者参与教师的职业发展活动并对教师的课堂教学提供帮助，因此，他们也具有直接影响教师的可能性。在设计教育项目时，他们也许会发现，在探索本框架如何与教学实际联系的案例研究中，使用我们的教学案例作为本框架如何与教学实际相联系的经典案例是有益的。

间接影响教师的几类读者也会发现本修订版的价值所在。教育测验的设计者和发布者已经广泛使用《手册》，据此组织成绩测验所要测量的目标。在这方面，本修订版的框架至少会和《手册》一样有用，也许还会更加有用。

虽然《手册》未曾以决策者（例如，校务委员会和州级立法者）和媒体为读者对象，但是这一部分读者正变得越来越重要。本框架可以使决策者们看到，在所有可能实现的目标中，哪些是学校和毕业生应该达到的标准，以及他们的目的是否都实现了。类似地，本框架也许使新闻记者能够提出关于测验成绩的真正含义等问题。

我们最后提及的本书读者是中小学教科书的编者和出版者。如同他们中许多人过去所做的那样，如果他们将本框架融入到教科书中，并示范如何使用本框架来帮助教师分析目标、教学、测评以及确定这三者的一致性，那么，他们将具有影响教师和学生的更大潜力。

本书的结构

在这篇序言之后是本书的前言，它描述了原《手册》的编写过程和我们修订的过程。本书的其余章节分为四个部分。第一部分包括两章，其中第一章介绍分类的必要性以及教育者使用本分类体系的方式，第二章讨论目标的本质、目标与标准的关系以及目标在教育中的作用。

第二部分的三个章节描述本修订版的分类体系结构。第三章介绍被称之为分类表的两维表格；随后的两章描述分类框架结构，并更加详细地定义了分类表的两个维度——知识维度（第四章）和认知过程维度（第五章）。每个维度都由一组类别构成，我们对这些类别分别给出了定义并举例予以阐明。

第三部分的九个章节示范分类表的用法和用途。第六章描述如何使用分类表去建立学习目标、计划教学、设计测评以及如何使上述三者保持一致；第七章对教学案例作了概述，其中包括案例的分析方法以及这些案例对教师的用途；第八章到第十三章是教学案例本身，它们描述真实的课程单元，由开发或教授单元的教师编写而成。对每个案例，我们都是依据分类表从目标、教学、测评以及一致性等方面加以分析的。最后，第十四章讨论从案例分析中得出的一系列通则。

第四部分（仅出现在完整版中）客观地考察了本分类体系。在第十五章中，我们比较和对照了原《手册》出版之后发表的19种相异分类框架，这是以原版框架和本修订版框架为背景进行的。在第十六章中，我们总结和回顾了与原版分类体系中假设的累积性层级结构（cumulative hierarchy）相关的实证数据，并讨论这些数据对修订的意义。

最后，在第十七章中，我们前瞻性地探讨了有待未来的修订者解决的一些问题。本书缩写版和完整版都包括两个附录：一个总结了我们对原版框架所作的修订，另一个介绍了原版的框架。此外，本书完整版还包括第三个附录，它呈现了第十六章中我们进行元分析的实证数据。

本书的作者

一部沿用时间如此长久和影响如此重大的著作要求我们对每一章都要作多次修订。本书绝大部分章节始终保留了主要作者，有些章节还有多个参与作者。各章的作者名单如下：

彼得·W. 艾拉沙恩，波士顿学院——主要作者，第二章；参与作者，第一章；教学案例评注，第十、十一章。

洛林·W. 安德森，南卡罗莱纳大学——主要作者，第一、六、十四章；参与作者，第三、七章；教学案例评注，第八、九、十、十一、十二章。

凯瑟琳·A. 克鲁克香克，印第安纳大学——参与作者，第一章；教学案例评注，第九、十二章。

戴维·R. 克拉思沃尔，雪城大学——主要作者，第三、十五、十六、十七章；参与作者，第六章。

理查德·E. 迈耶，加州大学圣巴巴拉分校——主要作者，第五章；参与作者，第三、四章。

保罗·R. 平特里希，密歇根大学——主要作者，第四章；参与作者，第三、五章。

詹姆斯·拉兹，特拉华大学——参与作者，第一、七章；教学案例评注，第十三章。

默林·C. 威特罗克，加州大学伯克利分校——参与作者，第三、四、五章。

致谢

我们还要特别感谢下列教师，他们对自己的教学所作的描述是本书第八章到第十三章中各个教学案例的"心脏"：

第八章：南希·C. 纳金加斯特，特拉华州，威尔明顿，枫树路小学。

第九章：玛格丽特·杰克逊，南卡罗莱纳州，哥伦比亚，A.C. 弗洛拉高中。

第十章：珍娜·霍夫曼，南卡罗莱纳州，哥伦比亚，萨切尔福特小学。

第十一章：格温德琳·K. 艾拉沙恩，马萨诸塞州，纳提克，威尔逊中学。

第十二章：迈克尔·J. 史密斯，维吉尼亚州，亚历山大，美国地理研究所。[①]

[①] 作为其国家科学基金会研究项目的一部分，史密斯博士对本单元的教学过程作了观察。一位经验丰富的教师进行了该单元的教学。

第十三章：克里斯婷·埃文斯，布兰迪瓦恩（特拉华）校区；迪恩·麦克里迪，凯普亨洛佩恩（特拉华）校区。

教学案例的各位作者阅读过本书的后期草稿。我们要求他们把对该草稿的评论，尤其是对草稿中关于他们自己案例的介绍和分析的评论，送交出版社。第十三章是后来加上的，该案例的作者也对草稿中关于其案例的介绍和分析进行了评论。本书终稿的撰写采纳了这些作者们的评论和建议。

本书撰写过程中各阶段的草稿曾送交许多学者、教师和教育者审阅。这些人士反馈回来的评论对作者准备本书的定稿是极为重要的。我们感谢所有审阅过本书早期草稿的人士，他们是：格温德琳·艾拉沙恩女士，马萨诸塞州，纳提克，威尔逊中学；帕特里夏·亚历山大，马里兰大学；詹姆斯·阿普菲尔德，威尔明顿，北卡罗莱纳大学；理查德·阿伦兹，中康涅狄格州立大学；希尔达·博尔科，科罗拉多大学；杰里·布罗菲，密歇根州立大学；罗伯特·卡尔菲，斯坦福大学；纳撒尼亚尔·盖奇，斯坦福大学；罗伯特·格拉泽，匹兹堡大学；托马斯·L.古德，亚利桑那大学；珍娜·霍夫曼，南卡罗莱纳州，哥伦比亚，萨切尔福特小学；玛格丽特·杰克逊，南卡罗莱纳州，哥伦比亚，A.C.弗洛拉高中；詹姆斯·约翰逊，华盛顿特区，教育和劳工部；格蕾塔·莫林－德夏默，维吉尼亚大学；南希·纳金加斯特，特拉华州，威尔明顿，枫树路小学；梅洛迪·尚克，印第安纳基本学校联盟网；韦恩·H.斯莱特，马里兰大学；迈克尔·史密斯，维吉尼亚州，亚历山大，美国地理研究所；苏珊·斯托多尔斯基，芝加哥大学；安妮希娅·伍尔福克，俄亥俄州立大学。

我们对爱迪生·韦斯利·朗文出版社的前任教育组稿编辑维吉尼亚·布兰福德博士深表感谢。她自始至终对本项目提供了有力的支持。她帮忙从朗文出版社获得资金，促成了本书的编者和作者之间的首次会议。随后几年中举行的会议以及闭会期间的一些费用都是用本书原版的版税支付的。

任何修订都不可避免地跟随原版的足迹，本书也不例外。我们不仅采纳了原版的许多观点（为避免令人生厌而没有反复提及原版），而且在有些地方还使用了原版的措词。作为一个整体，我们从未忘记原版作者的贡献，他们的工作始终是这一新的尝试的基础，我们对他们的奠基性工作深表感谢。

最后，作为编者，我们特别感谢那些为本书的修订工作付出过辛勤劳动的人，与他们在一起工作是一件十分愉快的事情。我们之间曾经有过许多热烈的讨论，本书草稿修改的次数是如此之多，以至很难清楚地分出在哪个问题上谁做过些什么。然而，我们始终期待一年两次的会议，完全欣赏彼此的工作，并享受在一起工作的乐趣。本书的一位编者（DRK）尤其感谢各位在他因家庭原因难以外出时将所有的会议放在雪城（Syracuse）举行。

非常遗憾的是，分类体系概念的创始人，原《手册》的主编，我们中有些人的导师本杰明·布卢姆，因患老年性痴呆症而无法参与本书的修订工作。本杰明在本书即将出版之际辞世。曾经参与过原《手册》编写工作的大部分成员都在本修订版发行之前去世了，尚在世的成员也退休了。但是，原版的作者之一爱德华·弗斯特博士曾经为我们提供过许多有用的资料和建议。原版编写小组成员克里斯蒂娜·麦圭尔博士也对本修订版进行过评论。你还会注意到，原版编写小组的另一个成员纳撒尼亚尔·盖奇博士同样对审稿提供了极大的帮助。我们希望，他们所有的人都认为本书的修订实现了我们预期的改进。

洛林·W. 安德森
戴维·R. 克拉思沃尔

前言

虽然本分类体系——实际上是一种分类观——也许为许多读者所初见,但它却是一个使用了近半个世纪的分类框架的修订版。本前言为那些不熟悉《手册》的读者提供一些关于原版编写以及本书修订过程的背景情况。

1948年,一群高校的考试负责人出席了在波士顿举行的一次非正式会议,他们认为,一个将预期的学生学习结果分类的标准框架可以促进测验试题、测验步骤以及测验理念的交流。这些考试负责人分别负责为自己学校本科各课程的综合考试出题、施测、评分和报告结果。

由于开发好的选择题十分耗时,因此,这些考试负责人希望通过推动试题交流来大大节省试题开发的劳动。他们提议确定标准术语,以清楚地表明试题的测验意图。这些标准化术语的含义来源于一套严格定义的类别及其亚类别。任何教育目标,任何测验试题都可以归纳到这些类别和亚类别中,因此任何测验题都可以被归类。起初,这一分类框架仅限于将主要的教学、认知目标分类。

原版编写小组始终认为该分类框架是一项正在进行的工作,它既不完美,也不是最终结果。实际上,最初只有认知领域的框架被开发出来,情感领域的框架则是后来才开发的(Krathwohl, Bloom, and Masia, 1964)。尽管辛普森(Simpson, 1966)和哈罗(Harrow, 1972)提出过动作技能领域的框架,原版编写小组却从来没有提出过。

此外,原版编写小组成员普遍担心分类体系会导致思想僵化,窒息新框架的发展。《手册》出版以来,大量相异分类框架的出现表明他们的担心是多余的。本书完整版中的第十五章汇集了19种这些相异框架。

大约在1971年,布卢姆在一张备忘便条中写道:"理想情况下,每门主修科目的领域都应该有符合该领域语言的目标分类系统——它更详细,更接近于该领域专家的独特语言和思维,恰当地反映该领域的教育分支和水平,在合适的情况下,它可以具有新的类别及类别的合并与删除。"[一张布卢姆手写的便条指引读者去查阅由布卢姆、黑斯廷斯和马达斯撰写的著作(Bloom, Hastings, and Madaus, 1971),该著作说明分类体系为什么具有如此的适应性。]长期以来,人们一直期望,至今仍然期望,当教育发展了,当不同领域的教育者使用分类体系时,当新知识为修订分类体系提供了基础时,就应当对分类体系作相应的修订。从这个意义上来说,我们的修订版是迟到的,但也是预期之中的。

修订《手册》

修订分类体系和整个《手册》的设想源于原《手册》的一位作者戴维·克拉思沃尔与爱迪生·韦斯利·朗文出版社的资深教育编辑维吉尼亚·布兰福德博士之间的一系列

讨论。朗文出版社拥有原《手册》的版权，因此，布兰福德博士意识到修订的必要性并对修订本的市场销售有兴趣。当时，一个小组曾开会讨论修订一事并提出过一些计划，但在《布卢姆的分类学：40 年的回顾》（Anderson and Sosniak，1994）一文发表以前，修订工作没有取得实质性进展。上述文章发表之后，戴维·克拉思沃尔和洛林·安德森着手准备由有兴趣的各方参与的新小组的首次会议，探讨修订分类体系和《手册》的必要性及可行性。

在首次会议的准备工作取得进展的同时，他们的注意力转移到应该由哪些人来参与修订工作这一议题上来，结果决定选择如下三类代表性人物：认知心理学家、课程理论家和教学研究者以及测验和测评专家。新小组的首次会议于 1995 年 11 月在纽约州的雪城举行，以下八人出席了会议（按小组排列）：

认知心理学家：理查德·迈耶、保罗·平特里希和威廉·罗沃。默林·威特罗克被邀请但未出席。

课程理论家和教学研究者：洛林·安德森和凯瑟琳·克鲁克香克。琼·克兰迪宁、迈克尔·康奈利和詹姆斯·拉兹被邀请但未出席。克兰迪宁和康奈利后来退出该项目。

测验和测评专家：彼得·艾拉沙恩、琳达·克罗克和戴维·克拉思沃尔。

该会议产生了修订版目录的草稿和编写任务的分派计划。与原《手册》相似，本修订版也是集体努力的结果。修订版各种文件的草稿于 1996 年期间写出，并于 1996 年年底和 1997 年年初首次分发到所有小组成员手中。随后，小组分别在每年的春季和秋季两次开会审阅修订版的草稿，讨论其长处、短处、遗漏之处以及不必要的重复，并决定下一步的工作计划。在美国教育研究协会于 1998 年 4 月举办的一个讨论会上，本框架的草稿被提交并公开征求意见，受到了广泛好评。这一反应表明，对修订版进行更为细致审查的时机也许已经到来了。

1998 年 6 月的雪城会议提出了为外部审查准备修订版草稿的计划。朗文出版社慷慨地为外部审查安排了大量盲审，并于 1998 年 11 月发放手稿的初稿。1999 年夏季，在外部审查的基础上，手稿初稿被进一步修改。1999 年 10 月举行的最后一次雪城会议集中讨论了修改过的手稿初稿。

1999 年夏季的修改删除了手稿中提及原《手册》的许多文字。我们原来多次引证原《手册》，这不仅是因为我们感谢原版编写小组的工作，而且还因为我们希望在适当的地方表明本修订版是怎样建立在原版框架的基础之上的。然而，好几位审稿人提醒我们，许多读者完全不熟悉原《手册》，因此，那些引证不仅无法传达有意义的信息，反而会妨碍阅读，使正文变得过于复杂。所以，本书大部分章节最终是按照读者初次接触该论题的情形来写作的。

有些读者仍然会对修订版与原版的差别感兴趣，尤其是那些熟悉和使用过原版的读者。对于这些读者，我们在本书的附录 A 中总结了我们对原版所作的 12 处重要的修订。此外，附录 B 中包括了原版分类体系的纲要。我们希望借此表达我们对原版分类体系创作者们深深的谢意。

简要目录

第一部分 分类学：教育的目标与学生的学习 1
    第 一 章　引论 3
    第 二 章　目标的结构、具体性及相关问题 10

第二部分 修订版分类体系的结构 19
    第 三 章　分类表 21
    第 四 章　知识维度 30
    第 五 章　认知过程维度 48

第三部分 分类学的应用 71
    第 六 章　使用分类表 73
    第 七 章　教学案例引言 84
    第 八 章　《营养》教学案例 92
    第 九 章　《麦克白》教学案例 106
    第 十 章　《加法事实》教学案例 124
    第十一章　《国会法案》教学案例 135
    第十二章　《火山？在这里？》教学案例 150
    第十三章　《报告写作》教学案例 166
    第十四章　论述课堂教学中长期存在的问题 183

第四部分 分类学展望 201
    第十五章　相异分类框架 203
    第十六章　关于原版分类体系结构的实证研究 227
    第十七章　有待解决的问题 234

附　　录 241
    附录A　对原版框架所作修订的总结 243

附录 B　原版《教育目标分类学：认知领域》之纲要 249
　　附录 C　用于第十六章元分析的数据 255

参考文献 257
其他引用文献 267

详细目录

第一部分　分类学：教育的目标与学生的学习 1

第 一 章　引论 3
分类的必要性 3
使用分类表 5
　分类表、目标与教学时间 5
　分类表与教学 6
　分类表与测评 7
　一致性概念 8
结语：作为课程制订者的教师与作为课程实施者
　的教师 8

第 二 章　目标的结构、具体性及相关问题 10
目标的结构 10
　内容与知识 10
　行为与认知过程 11
目标的具体性 12
　总体目标 12
　教育目标 12
　教学目标 13
　目标层次的总结 13
什么不是目标 14
变化的目标词汇 14
与目标有关的问题 16
　具体性与包容性 16
　目标的同步性 17
　目标描绘什么——学习还是表现？ 17
　目标使用的局限性 18
结语 18

第二部分　修订版分类体系的结构 19

第 三 章　分类表 21
知识的类别 21

　　　　认知过程的类别 23
　　　　分类表与目标：一个图解式总结 24
　　　　为什么将目标分类? 27
　　　　使用多种定义形式 28
　　　　　　文字描述 28
　　　　　　目标实例 28
　　　　　　测评试题实例 28
　　　　　　教学活动实例 29
　　　结语 29

第 四 章　知识维度 30
　　　知识与学科内容的区别：四位教师的故事 30
　　　知识的种类 31
　　　　　　事实性知识与概念性知识的区分 32
　　　　　　为什么包括元认知知识 33
　　　知识维度的类别 35
　　　A. 事实性知识 35
　　　　　A_A. 术语知识 36
　　　　　A_B. 具体细节和要素的知识 37
　　　B. 概念性知识 37
　　　　　B_A. 分类和类别的知识 38
　　　　　B_B. 原理和通则的知识 39
　　　　　B_C. 理论、模型和结构的知识 40
　　　C. 程序性知识 40
　　　　　C_A. 具体学科的技能和算法的知识 41
　　　　　C_B. 具体学科的技术和方法的知识 41
　　　　　C_C. 确定何时使用适当程序的准则知识 42
　　　D. 元认知知识 42
　　　　　D_A. 策略性知识 43
　　　　　D_B. 关于认知任务的知识，包括情境性知识和
　　　　　　　　　条件性知识 44
　　　　　D_C. 关于自我的知识 45
　　　涉及元认知知识的目标测评 46
　　　结论 47

第 五 章　认知过程维度 48
　　　三种学习结果的故事 48

零学习 48
　　　机械学习 49
　　　有意义学习 49
建构知识框架的有意义学习 49
保持和迁移的认知过程 50
认知过程的类别 50
1. 记忆 / 回忆 50
　　1.1 识别 53
　　1.2 回忆 53
2. 理解 54
　　2.1 解释 54
　　2.2 举例 55
　　2.3 分类 55
　　2.4 总结 56
　　2.5 推断 56
　　2.6 比较 57
　　2.7 说明 57
3. 应用 58
　　3.1 执行 59
　　3.2 实施 59
4. 分析 60
　　4.1 区别 61
　　4.2 组织 61
　　4.3 归因 62
5. 评价 62
　　5.1 检查 63
　　5.2 评论 63
6. 创造 64
　　6.1 产生 65
　　6.2 计划 65
　　6.3 生成 66
去情境化的认知过程与情境化的认知过程 66
一个具体情境中的教育目标例子 67
　　回忆所学的东西 67
　　领会和运用所学的东西 68
结论 69

第三部分　分类学的应用

第六章　使用分类表 73
　　使用分类表分析自己的工作 73
　　使用分类表分析他人的工作 74
　　重温分类表 74
　　　　学习问题 74
　　　　教学问题 75
　　　　测评问题 77
　　　　一致性问题 78
　　目标分类中的问题 79
　　　　目标的具体程度问题 80
　　　　关于学习经历的问题 80
　　　　区分目标与活动 81
　　一些有益的提示 81
　　　　考虑动词—名词组合 81
　　　　把知识类别与认知过程联系起来 81
　　　　确保你找对了名词 82
　　　　依赖于多种信息来源 83

第七章　教学案例引言 84
　　教学案例的特性 84
　　课程单元 85
　　教学案例的核心部分 86
　　使用分类表分析教学案例 87
　　分析过程的总结 89
　　教学案例的组织和结构 90
　　结束语 91

第八章　《营养》教学案例 92
　　第一部分：目标 92
　　第二部分：教学活动 93
　　第三部分：测评 98
　　第四部分：结束语 99
　　　　学习问题 99
　　　　教学问题 99

　　　　测评问题 100
　　　　一致性问题 100
　　第五部分：结束问题 101
　　附件 103

第 九 章　《麦克白》教学案例 106
　　第一部分：目标 106
　　第二部分：教学活动 107
　　第三部分：测评 111
　　第四部分：结束语 113
　　　　学习问题 113
　　　　教学问题 113
　　　　测评问题 114
　　　　一致性问题 115
　　第五部分：结束问题 115
　　附件 117

第 十 章　《加法事实》教学案例 124
　　第一部分：目标 124
　　第二部分：教学活动 125
　　第三部分：测评 130
　　第四部分：结束语 132
　　　　学习问题 132
　　　　教学问题 132
　　　　测评问题 132
　　　　一致性问题 133
　　第五部分：结束问题 133

第十一章　《国会法案》教学案例 135
　　第一部分：目标 135
　　第二部分：教学活动 136
　　第三部分：测评 142
　　第四部分：结束语 143
　　　　学习问题 143
　　　　教学问题 143
　　　　测评问题 144

　　　　　　一致性问题 145
　　　　第五部分：结束问题 145
　　　　附件 146

第十二章　《火山？在这里？》教学案例 150
　　　　第一部分：目标 150
　　　　第二部分：教学活动 151
　　　　第三部分：测评 158
　　　　第四部分：结束语 160
　　　　　　学习问题 160
　　　　　　教学问题 161
　　　　　　测评问题 161
　　　　　　一致性问题 162
　　　　第五部分：结束问题 162
　　　　附件 164

第十三章　《报告写作》教学案例 166
　　　　第一部分：目标 166
　　　　第二部分：教学活动 167
　　　　第三部分：测评 173
　　　　第四部分：结束语 175
　　　　　　学习问题 175
　　　　　　教学问题 177
　　　　　　测评问题 177
　　　　　　一致性问题 178
　　　　第五部分：结束问题 178
　　　　附件 179

第十四章　论述课堂教学中长期存在的问题 183
　　　　关于学习问题的通则 184
　　　　　　使用复杂认知过程去帮助实现较简单的目标 184
　　　　　　选择多种知识 186
　　　　关于教学问题的通则 188
　　　　　　认识知识类别与认知过程之间的联系 188
　　　　　　区分教学活动与目标 189
　　　　关于测评问题的通则 192

　　　　　使用终结性测评与形成性测评 192
　　　　　处理外部测评 194
　　关于一致性问题的通则 195
　　　　　使测评与目标保持一致 195
　　　　　使教学活动与测评保持一致 197
　　　　　使教学活动与目标保持一致 199
　　结束语 199

第四部分　分类学展望 201

第十五章　相异分类框架 203
　　一维分类系统 203
　　　　　格拉克和沙利文的常见教学行为分类系统 204
　　　　　奥苏贝尔和鲁宾逊按层级顺序排列的六个类别 204
　　　　　梅特费塞尔、迈克尔和柯尔斯纳的同义词 205
　　　　　加涅的学习层级结构 208
　　　　　斯塔尔和墨菲的认知领域 209
　　　　　布鲁斯对知识类别与其他类别所作的整合 211
　　　　　罗米佐斯基对知识和技能的分析 212
　　　　　比格斯和科利斯的 SOLO 模型 213
　　　　　奎尔马尔兹的认知过程分类法 214
　　　　　豪恩施泰因关于教育目标的概念性框架 214
　　　　　赖格卢特和穆尔的对照框架 216
　　多维分类系统 216
　　　　　德布洛克的三维框架 216
　　　　　德科尔特对吉尔福德智力结构模型的修改 217
　　　　　奥米尔对原版分类体系的修改 219
　　　　　汉纳和米凯利斯的教学目标综合框架 220
　　　　　威廉斯的教育目标行为类型学 221
　　　　　马扎诺的学习维度框架 222
　　　　　梅里尔的成分显示理论 223
　　　　　哈拉戴纳与威廉斯和哈拉戴纳的高阶测验试题类型学 225
　　本修订版的修订与 19 种相异框架的相似之处 226

第十六章　关于原版分类体系结构的实证研究 227
　　累积性层级结构问题的研究 227

　　　　　　检查累积性层级结构的弱实证方法 227
　　　　　　检查累积性层级结构的强实证方法 228
　　　　对所获得的类别之间的相关性数据所作的元分析 229
　　　　评价（评价）与综合（创造）两个类别的排序 231
　　　　来自线性结构方程建模研究的证据 231
　　　　结论 232

　第十七章　有待解决的问题 234
　　　　课程、教学和测评之间的关系 234
　　　　　　课程关注点 234
　　　　　　教学关注点 235
　　　　　　测评关注点 236
　　　　本框架对学生的用途 237
　　　　本框架与学习和认知理论的关系 238
　　　　认知、情感和动作技能领域之间的关系 238
　　　　结论 239

附　录 241

　附录 A　对原版框架所作修订的总结 243
　　　　在重点方面的四处修订 243
　　　　在术语方面的四处修订 244
　　　　在结构方面的四处修订 245
　　　　纳入"理解"并省略"问题解决"和"批判性思维"........247

　附录 B　原版《教育目标分类学：认知领域》之纲要 249
　　　　知识 249
　　　　智力能力和技能 251

　附录 C　用于第十六章元分析的数据 255

参考文献 257

其他引用文献 267

表格和图形名单

表 2.1　总体目标、教育目标和教学目标之间的关系
表 3.1　分类表
表 3.2　知识的主类别及其亚类
表 3.3　认知过程的六个类别及相关认知过程
图 3.1　如何在分类表中将目标分类
表 4.1　知识维度
表 5.1　认知过程维度
表 5.2　虚拟的欧姆定律教学单元的完整分类表
表 6.1　目标在分类表中的位置
表 6.2　目标和教学活动在分类表中的位置
表 6.3　目标、教学活动和测评在分类表中的位置
表 7.1　我们收集的教学案例
表 7.2　与对教学案例进行的分类分析相关的要素
表 8.1　《营养》案例：陈述的目标在分类表中的位置
表 8.2　《营养》案例：陈述的目标和教学活动在分类表中的位置
表 8.3　《营养》案例：陈述的目标、教学活动和测评在分类表中的位置
表 9.1　《麦克白》案例：陈述的目标在分类表中的位置
表 9.2　《麦克白》案例：陈述的目标和教学活动在分类表中的位置
表 9.3　《麦克白》案例：陈述的目标、教学活动和测评在分类表中的位置
表 10.1　《加法事实》案例：陈述的目标在分类表中的位置
表 10.2　《加法事实》案例：陈述的目标和教学活动在分类表中的位置
表 10.3　《加法事实》案例：陈述的目标、教学活动和测评在分类表中的位置
表 11.1　《国会法案》案例：陈述的目标在分类表中的位置
表 11.2　《国会法案》案例：陈述的目标和教学活动在分类表中的位置
表 11.3　《国会法案》案例：陈述的目标、教学活动和测评在分类表中的位置
表 12.1　《火山？在这里?》案例：陈述的目标在分类表中的位置
表 12.2　《火山？在这里?》案例：陈述的目标和教学活动在分类表中的位置
表 12.3　《火山？在这里?》案例：陈述的目标、教学活动和测评在分类表中的位置
表 13.1　《报告写作》案例：陈述的目标在分类表中的位置
表 13.2　《报告写作》案例：陈述的目标和教学活动在分类表中的位置
表 13.3　《报告写作》案例：陈述的目标、教学活动和测评在分类表中的位置
表 15.1　我们推断的原版分类体系与相异一维分类系统之间的关系

表 15.2	奥苏贝尔和鲁宾逊的表征学习的三个特征与本修订版框架中理解的亚类	
表 15.3	斯塔尔和墨菲的认知领域	
图 15.1	罗米佐斯基的扩展技能循环圈	
表 15.4	我们推断的本修订版分类体系与相异多维分类系统之间的关系	
图 15.2	汉纳和米凯利斯的教学目标综合框架	
表 15.5	梅里尔的行为表现—内容矩阵	
表 15.6	行为表现—内容矩阵目标的具体要求	
表 16.1	附录 C 表格的每个方格中数据的平均相关系数	
表 16.2	表 16.1 每个方格对样本大小加权后平均得到的相关系数	
表 16.3	颠倒综合与评价的顺序后表 16.1 与表 16.2 中的数据	
图 A.1	从原版框架到本修订版的结构变化一览图	
表 C.1	从六项研究的数据获得的原版分类体系六个类别的得分相关系数	

第一部分

分类学:
教育的目标与学生的学习

第一章 引论

在生活中，目标有助于我们集中注意力和努力；目标指明需要完成的使命。在教育中，目标指出预期的学生学习结果，"明确提出教育过程使学生发生的预期变化"（《手册》，1956, p.26）。在教学中，目标尤为重要，因为教学是一项*有目的的理性*行为。教学具有目的性，因为教师总是为了某一目的而教，从根本上说是为了帮助学生学习。教学是*理性*行为，因为教师教给学生的是他们认为值得教的。

教学的理性涉及教师为学生选择"*什么*"目标。教学的目的性则关系到教师"*如何*"帮助学生达到目标，即涉及教师创造的学习环境、提供的教学活动与经历。学习环境、教学活动和经历应该与选择的目标一致，或者说相符合。

教师的目标可能是外显的或内隐的，清楚的或模糊的，容易测量的或不容易测量的。它们也许不是被称作目标。过去它们曾被称为目的、意图和教学结果（Bobbitt, 1918；Rugg, 1926a and b）等，现在则更可能被称为内容标准或课程标准（Kendall and Marzano, 1996；Glatthorn, 1998）。无论人们如何陈述和称谓目标，事实上所有的教学都有其目标。简单地说，在教学时，我们希望学生通过教学活动获得相应的学习结果。这个结果就是我们的预期目标。①

分类的必要性

请思考一位中学教师近来的感叹："在刚听到有可能使用州立标准时，我很感兴趣。我当时认为，对每个年级每个科目要求学生掌握的知识和技能作出明确的计划，也许是件好事。但是，当我看到这些标准的草案时，我吓了一跳。标准实在太多了。六年级英语课（我的专业）就有85条标准，六年级数学课有100多条标准，而且这些标准都写得含糊不清。我特别记得其中一条，'描述历史和文化的影响与阅读书选之间的联系'，联系指的是什么？影响指的是什么？学生阅读书选有哪些？描述的意思又是什么？我问自己，'这些东西怎么有可能会帮助我教得更好，我的学生学得更好呢？'"

当教师面对大量的他们认为含义模糊不清的目标时，他们应该怎么办？面对大量的目标，教师必须以某种方式将这些目标组织起来。为了解决目标含义不清的问题，他们需要目标定义得更加准确。简言之，教师需要一个组织框架来提高目标含义的准确性，而且最为重要的是增进理解的组织框架。

---

① 本书始终使用"目标"这一术语表示预期的学生学习结果。因此，目标、课程标准和学习目的都表示预期的学生学习结果。

一个组织框架是怎样帮助教师理解目标的含义的？一个框架由与某一现象（例如，矿物、小说）相关的一组类别构成。这组类别相当于一套可以容纳物体、经历和观念等的"容器"。那些具有共同特征的物体、经历与观念被放在同一"容器"之中。与这一分类过程相关的准则是由一套用于区分类别的组织原则决定的。一旦作出了分类，该框架中每一个类别的特征以及其他类别的特征，都有助于教师更好地理解放置于类别之中的内容。

让我们以种系发生的框架（包括哺乳动物、鸟类、节肢动物等类别）为例对此加以说明。该框架的组织原则（或"分类准则"）包括躯体特征（例如，骨架的存在和/或位置；温血的或冷血的）与幼崽的出生和照料方式（例如，是卵生还是活产；养育还是不养育）。为了使用该框架来增进我们对动物的理解，我们需要弄清楚其中每一个类别的定义特征。例如，哪些特征是哺乳动物的定义特征？我们了解到，哺乳动物呼吸空气，是温血动物，哺乳幼崽，比其他动物给幼崽提供更多的保护和训练，以及具有更大、更发达的大脑。如果我们获悉蹄兔是一种哺乳动物，那么，根据其在该框架中的位置，我们就能了解蹄兔的某些情况。随后，如果我们得知长颈鹿也是哺乳动物，那么，我们可以根据它们两者均位于框架中的同一个类别而知道蹄兔和长颈鹿具有某些共同特征。

分类系统是一种特定的框架。在一个分类系统中，类别是沿着一个连续体分布的，该连续体（例如，表现为颜色的光波频率、元素周期表背后的原子结构）成为框架的重要组织原则之一。在我们的分类体系中，我们将目标分类。一个目标的陈述中包含一个动词和一个名词，动词通常描述预期的认知过程，名词通常描述我们期望学生将要习得或建构的知识。下面就是一个目标实例："学生将学会区分（认知过程）邦联制、联邦制和中央集权政府体制（知识）"。

与原版分类体系的单一维度相比较，本修订版分类框架具有两个维度。正如前面一段所提示的那样，这两个维度即是认知过程维度和知识维度，我们可以借助于分类表（见封二）来表示这两个维度之间的相互关系。认知过程维度（即分类表的列）包括六大类别：*记忆/回忆*（Remember）、*理解*（Understand）、*应用*（Apply）、*分析*（Analyze）、*评价*（Evaluate）和*创造*（Create）。认知过程维度背后的连续体被假定为认知的复杂程度，即*理解*被认为在认知上比*记忆/回忆*更复杂，*应用*在认知上比*理解*更复杂，等等。

知识维度（即分类表的行）包括四大类别：*事实性知识*（Factual）、*概念性知识*（Conceptual）、*程序性知识*（Procedural）和*元认知知识*（Metacognitive）。我们假定这些类别按照从具体（*事实性知识*）到抽象（*元认知知识*）的顺序排列在一个连续体上。*概念性知识*和*程序性知识*两个类别在抽象程度上有重叠，有些程序性知识可能比大部分抽象的概念性知识更为具体。

为了了解分类表是怎样帮助我们理解目标的，首先让我们考虑前面提到的关于政府体制的目标。在该目标的陈述中，动词"区分"提供了预期的认知过程的线索；在第五章中我们将会看到，"区分"与认知过程分析相联系。而名词短语"邦联制、联邦制和中央集权政府体制"给出了预期的知识类别的线索；在第四章中我们将会看到，"体制"表示*概念性知识*。这样，依据分类表，这个目标涉及*分析*和*概念性知识*。

再看来自数学课的例子："学生将学会区别有理数和无理数。"区别，如同区分，是认知过程类别*分析*的一个亚类。两个名词——有理数和无理数，都是数的类别；而类别是概念，概念则是*概念性知识*的核心所在。因此，依据分类表，这个目标也涉及*分析*和*概念性知识*。

在分类表中，上述两个目标均处于标注为*概念性知识*的行与标注为*分析*的列相交的方格中。尽管学科相异，但是，这两个分别与社会课和数学课相关的目标都被归入分类表的同一方格；两个目标都以*概念性知识*为基础，都要求学生参与*分析*的过程。一旦我们理解了*概念性知识*和*分析*的含义，我们对这两个目标就有了相当多的了解。正如将一个动物放在种系的框架中有助于我们更好地理解该动物那样，将一个目标纳入我们的框架会增进我们对该目标的理解。

使用分类表

虽然使用分类表能够增进我们对目标的理解，但这种对目标的深入理解究竟会对我们有怎样的帮助呢？长期以来，教师一直在努力解决关于教育、教学和学习的问题。下面是这些问题中最重要的四个基本问题（organizing questions）：

1. 在有限的学校和课堂教学时间内，什么值得学生学习？（学习问题）
2. 如何计划和进行教学才能使大部分学生在高层次上进行学习？（教学问题）
3. 如何选择或设计测评工具和程序才能提供学生学习情况的准确信息？（测评问题）
4. 如何确保目标、教学和测评彼此一致？（一致性问题）

上述四个基本问题会在本书中反复出现，作为依据展示使用本分类框架的方式。我们将在本章下面的四个小节中对这些问题进行详细的论述。

分类表、目标与教学时间

最常见而且存在已久的课程问题之一是：什么是值得学习的？这是上述基本问题中的第一个问题。抽象地说，该问题的答案界定了什么叫做"受过教育的人"。更具体地说，该答案定义了教学内容的含义。例如，数学究竟是孤立的、只需记忆的知识，还是一个需要理解的、有组织的、连贯的概念体系？阅读只是记住一套语音与符号的关系，还是包括从印刷的文字中获得意义？对科学、历史、艺术、音乐和其他领域，我们也可以提出类似的问题。

当今人们强调州级标准就是要为学习问题提供至少部分答案。但是，正如那位中学教师的感叹所表明的那样，单有标准并不必然地为学习问题提供一个合理的、无懈可击的答案。如同"杂货单"一般，罗列的标准可能会使人更加糊涂和无所适从，而不能给人以启发和帮助。教师仍然必须回答这一问题：什么是值得学习的？在很大程度上，教师是以课堂教学时间的分配和向学生强调关于什么*真正*重要来对这个问题作出回答的。

上个世纪以来，随着我们集体的知识（collective knowledge）和可获得信息总量的增加，对这一基本的课程问题，人们能够给予的答案越来越丰富了。然而，与一百年前相比，我们的学校一学年的教学时间并没有改变。如果我们不解决"什么值得学习"这一难题，那么，教师们非常可能没有足够的教学时间。例如，当教师基于教科书进行一门课程的教学时，他们只完成时间允许他们教的那些章节。

借助于分类表，教师可以更加清楚地看到各种预期的目标以及这些目标之间的关系。这样，在依据分类表对一门课程作整体或部分分析时，我们就能够对该课程获得更为全面的理解。分类表中填有多个目标以及完全未填有目标的行、列和方格显得一目了然。一整行或一整列都未包含任何目标的情形可以提醒我们，可能还有一些目标没有考虑到。

总之，本分类框架显然不能够直接告诉教师什么是值得学习的。但是，通过帮助教师将标准转化为通用语言，以便与他们个人的预期目的进行比较，通过展示各种可能的目标以供参考，本分类体系能够提供某种视角以指导课程决策。

分类表与教学

在把目标放进分类表中一个特定的方格之后，我们就可以着手系统地解决如何帮助学生达到该目标的问题。因此，第二个基本问题涉及教学。我们曾经使用过下面两个目标实例：

- 学生将学会区分邦联制、联邦制和中央集权政府体制。
- 学生将学会区别有理数和无理数。

我们曾把这两个目标放进分类表中*分析*和*概念性知识*相交的方格中，换言之，这两个目标都是*分析概念性知识*的形式。那么，这样放置目标对我们计划教学究竟有怎样的帮助呢？

类别和分类构成*概念性知识*的基础，因此，与以上两个目标相关的教学必须帮助学生形成这些目标中所固有的类别和分类概念：在第一个目标中是邦联制、联邦制和中央集权的政府体制，在第二个目标中是有理数和无理数。众多研究的结果表明，例子有助于学生形成类别和分类概念（Tennyson，1995）。因此，应该把例子纳入涉及*概念性知识*目标的教学计划之中。

再回到上述两个目标，我们看到区分和区别两者都是与分析相联系的认知过程。事实上，区别涉及根据相关性或重要性来区分一个整体结构中的各个部分。在第一个目标中，整体结构是"政府体制"；部分则是"邦联制、联邦制和中央集权"，它们在许多方面存在差异。问题是，哪些方面是这些部分之间相关的或最重要的差异呢？类似地，在第二个目标中，整体结构是"实数系统"；部分则是"有理数和无理数"。同样，以"整体"为背景，部分之间相关的或最重要的差异是什么？

因此，当教学针对归入*分析概念性知识*类型的目标时，无论具体的目标是什么，我们都可以预期如下教学活动：

- 把学生的注意力集中在类别和分类上；
- 使用正例和反例帮助学生形成适当的类别概念；
- 帮助学生看到与一个更大的分类系统相关的具体类别；
- 强调在更大的系统背景下类别之间相关的和重要的差异。（Tennyson，1995）

现在我们来看第三个目标："学生将学会美国和英国小说家重要作品的名称。"在本分类框架中，"学会名称"指的是*记忆*，而"美国和英国小说家重要作品的名称"间接地表明*事实性知识*。因此，该目标具有*记忆事实性知识*的形式，为该目标设计的教学活动不同于为前两个目标所设计的教学活动。对属于*记忆事实性知识*类型的目标，其教学计划可能使我们期望教师：

- 周期性地提醒学生需要记住的具体细节（例如，名称，而不是情节和人物）；
- 向学生传授帮助他们记住相关知识的策略（如复述）和技巧（如助记方法）；
- 为学生实践这些策略和技巧提供机会。（Pressley and Van Meter，1995）

这里需要指出两点：第一，不同类型的目标要求不同的教学方式，即不同的学习活动、不同的课程教材以及不同的教师和学生角色；第二，无论论题或学科内容的差别如何，类型相似的目标可能要求相似的教学方式（Joyce and Weil，1996）。例如，对于某些特定种类的教学目的，罗米佐斯基（Romizowski，1981）列举了多种有助于达到这些目的的教学方法。因此，使用本框架对特定的目标进行分类，有助于教师系统地设计一种能有效地促进学生针对该目标学习的教学方式。

分类表与测评

前面的段落中指出的两点同样适用于测评，这就把我们带到了第三个基本问题。不同类型的目标（即位于分类表不同方格中的目标）要求不同的测评方式；相似的目标（即位于分类表同一方格中的目标）则可能具有相似的测评方式。我们还是以前面的三个目标为例对这些论点加以说明。

为了测评关于政府体制这个目标的学习结果，我们可以对每个学生描述一个虚构国家的政府体制，然后要求学生回答关于政府体制的问题。使用虚构的国家能够确保学生在过去从未见过这个国家，因此他们不能够单凭记忆来回答问题。下面是三个示范性的测评问题：

- 这个政府的体制属于哪一种类型（邦联制、联邦制和中央集权制）？
- 你怎么知道该政府体制属于你所说的类型？
- 需要进行哪些变革才能把这个国家的体制转变为其他两种体制？换句话说，如果这是一个联邦制国家，把它变为一个邦联制或中央集权制国家要做哪些变革？

为了测评关于实数系统这一目标学生的学习结果，我们可以给每个学生提供一个数列，假设该数列包含六个数，所有这些数不是有理数就是无理数，然后向学生提出关于该数列的问题。我们所选择的六个数应该尽可能不同于教科书中或在课堂上讨论过的数字。下面是三个示范性的测评问题：

- 所有这些数属于哪一种实数系统：是有理数系统还是无理数系统？
- 你怎么知道该数属于你所说的实数系统？
- 你怎样改变该数列中每一个数，使它变成另一实数系统中的一个数？换句话说，如果它是一个无理数，怎样把它变成一个有理数；如果它是一个有理数，怎样把它变成一个无理数？

请注意，上述两组测评问题具有相似性。每组问题都从一个类别中的一个例子或一组例子开始；例子或例组都不包括在教科书中或在课堂上提到过的那些例子。为了确保测评针对的是理解而不是回忆，这个条件是必要的。上述每组测评问题中的三个问题在本质上都等同于：例子或例组属于哪个类别？你是怎么知道的？你怎样改变例子或例组使得它们属于不同的类别？因此，这一问题模式可以用来为*分析概念性知识*类型的许多目标设计测评任务。

前面第三个示例目标是学会美国和英国小说家重要作品的名称。针对该目标的测评重在回忆而不在理解，因此，这类目标常用的测评形式是配对，我们需要将所有出现在教科书中或在课堂上讨论过的作品和小说家都包括在测评工具中。例如，将小说的名称列在 A 栏，美国和英国小说家的姓名列在 B 栏，然后对于 A 栏中每一部小说，要求学生在 B 栏中找到对应的作家姓名。请注意，这种测评形式适合于*回忆事实性知识*类型的许多目标。

一致性概念

*一致性*指目标、教学、测评之间彼此相符的程度，这是第四个也是最后一个基本问题的论题。在政府体制的例子中，目标具有*分析概念性知识*的形式。与该目标很好地保持一致的教学活动将学生的注意力集中在三个具体类别上，使用例子帮助学生形成适当的类别概念，帮助学生看到与一个更大的分类系统相关的三个具体类别，以及在更大的系统中强调类别之间相关的和重要的差异。同样地，与该目标很好地保持一致的测评任务为学生提供关于陌生政府的信息，要求学生把该政府体制归入三个类别之一并给出归类的理由，然后要求学生描述需要进行哪些变革才能够把政府体制转变为其他两种类型。

当目标、教学、测评之间高度不一致时，就会产生问题。例如，如果教学与测评不一致，那么，即使高质量的教学也无助于提高学生的测评成绩。类似地，如果测评与目标不一致，那么，测评结果将无法表明目标是否达到。

通常，一致性的程度是将目标与测评、目标与教学以及教学与测评加以比较来确定的。然而，这种比较经常导致肤浅的分析。分类表为方便比较提供了另外一条重要的途径。分类表就像试金石，其严格定义的术语及组织结构为以上所有三种比较提供了准确性。这样，我们可以准备一份特殊的分类表，使用不同的记号分别标记归入该表方格中的目标、教学和测评。通过确定三种记号是否都出现在同一方格中（一致性程度高），或有的方格只包含两种记号（一致性程度较差），或许多方格只包含一种记号（一致性程度最差），我们能够对一致性程度作更深入的审视，这种审视依据预期的学生学习结果来强调一致性。这一比较方法将在本书第八章到第十三章的教学案例中得到阐明。

结语：作为课程制订者的教师与作为课程实施者的教师

一百年来，"教什么"的控制权大部分已逐渐从学校转移到州议会——这是一个十分勉强的，经常引起动荡的转变。在公共教育方面，手握大权的各州领导人比以往任何时候都更热切地试图实现他们的前任在一百年前就为之奋斗的期盼和诺言。(Manzo, 1999, p.21)

本章的介绍已经表明，我们预期本分类体系将在"教师作为课程实施者"的背景中使用，即教师首先获得多个目标（例如，从教科书中，或越来越多地从州级或校区颁布的标准中），然后进行教学并使大部分学生达到这些目标的预期结果。分类表应该能够帮助教师完成这一工作，而且完成得相当好。

然而，我们同时也认识到，有些课程理论家、教师培训者以及教师本人认为，教师应该是"课程制订者"（参见，例如，Clandinin and Connelly, 1992）。在这一情境中我们的框架还有用吗？我们相信它同样有用。但是，对这些教师而言，本框架的作用可能更具有启发性，而不是指导性。例如，分类表可以提示教师需要考虑的认知目标的范围和类型。为了进一步证明本框架的有用性，我们推荐读者仔细研究对教学案例所作的分析，了解它们怎样有利于课程开发。这些教学案例都是由那些发挥课程制订者作用的教师编写而成的。有的教师在他们认为合适的地方相当灵活地设计了教学单元；另一些教师则或多或少地受到各种规章制度、州立标准、校区指导方针、所采用的教科书等等的束缚。无论教师能够获得的自由度如何，本分类框架在一定程度上为我们理解至今还不易理解的教学活动提供了帮助，使我们更清楚地看到教师教学的优点和尚需改进之处。

我们希望，无论教师作为课程实施者还是课程制订者，本分类体系的修订版都将有助于教师理解课程、计划教学以及设计与课程内在的目标相一致的测评，最终改进教学质量。此外，本框架应该提供一种思考教学的通用方式和一套探讨教学的通用词汇，从而增进教师与教师以及教师、教师培训者、课程协调人、测评专家和学校行政管理者之间的相互交流。

第二章 目标的结构、具体性及相关问题

继阐明了目标在教育中的重要性之后，本章将论及目标的结构、具体性以及对目标的批评等问题。我们知道，目标具有多种形式，包括从非常具体的目标到总体性的目标以及从外显的目标到内隐的目标等。我们也知道，对于形式各异的目标的价值和用途，人们持不同的观点。我们主要关注的目标是我们认为在辨认学校教育的预期认知成果、在指导选择有效的教学活动以及在选择或设计适当的测评等方面最为有用的目标。我们还知道，其他类型和形式的目标在别的方面也许是有用的。

目标的结构

最常用的教育目标模型是以拉尔夫·泰勒（Ralph Tyler，1949）的工作为基础建立起来的。泰勒提出，"陈述目标最有用的方式是用术语来表达目标。这些术语表明学生需要发展的*行为种类*，同时表明行为在其中产生作用的……*内容*"（p.30）。（我们用斜体字表示强调）本书第一章已指出，目标的陈述中包括一个动词和一个名词。动词描述预期的*认知过程*，名词则描述我们预期学生习得的或建构的*知识*。因此，在这一目标的表达方式中，我们以"认知过程"替代了"行为"，并以"知识"替代了"内容"。因为这些替代是我们有意作出的，所以让我们对它们进行更详细的考察。

内容与知识

在教育文献中，人们经常论及"内容（content）"，但却很少给它下定义。我们读到过"内容域"和"学科内容"（Doyle，1992），"内容知识"和"教学内容知识"（Shulman，1987）等术语。韦氏词典中（Merriam-Webster，网址 www.m-w.com/home）收录了好几条关于*内容*的定义，其中与我们的讨论最紧密的一条定义是："一个学习领域所研究的问题"。该定义提示我们，"内容"相当于传统上所说的"专题（subject matter）"（即内容域）。该词典列举了"实质（substance）"一词作为内容的同义词。因此，在应用于某一特定的专题时，内容指的是它的实质。

谁来决定特定专题的实质？传统上，承担这一任务的是那些终生在一个领域从事研究和工作的学者，如数学家、科学家、历史学家，等等。随着时间的推移，在什么可以称之为"整个历史上的共享知识"这个定义其学科专题的问题上，他们达成了共识。这个"整个历史上的共享知识"不是一成不变的，当新思想和新证据被学界承认，它就会发生变化。正是在这种意义上，内容等同于"整个历史上的共享知识"。相应地，我们用*知识*这一术语来表达一种信念，即学科在知识方面是不停地变化和发展的，而知识被承认则需要在学科内部取得共识。

"知识"与"专题内容（subject matter content）"还以另一种方式相联系。英文"subject matter"可以表示一门学科的知识，也可以表示用来向学生传授知识的材料，因此，这两种含义经常彼此混淆。出于教育的种种用途，专题内容必须以某种方式"打包"。"打包"的例子包括教科书、年级、课程以及日益增加的多媒体"包"等。"打包"涉及到选择和组织内容，以便使内容"有利于教学法的实施并且适应学生能力背景的差异"（Shulman，1987，p.15）。我们把一门学科的内容称为知识，而将为促进学习所设计的"打包的内容" 称为课程材料、教材或简称为材料，这在很大程度上消除了"subject matter"两种含义之间的混淆情形。

总之，我们有两条理由以"知识"替代"内容"。第一条，为了强调学科内容是"整个历史上的共享知识"这一事实，它通过一个学科内部现有的共识而获得，并随时间的推移而变化；第二条，为了把一门学科的内容与包含着内容的教材区分开来。

行为与认知过程

回顾当时泰勒对*行为*这个术语的选择，至少有两条理由表明他的选择是令人遗憾的。第一，由于行为主义心理学理论在当时占主导地位，因此，许多人错误地把行为主义等同于泰勒所使用的术语*行为*。在泰勒看来，学生行为的改变是教学的预期结果；详述学生的行为，是为了把概括和抽象的学习目的变得更加明确和具体，从而使教师能够引导教学，并提供学习发生的证据。如果教师能够描述将要获得的学生行为，那么当学习发生时，教师就容易辨认学生的行为。

相反，行为主义是达到预期目的的手段。按照行为主义理论，教学原则包括工具性条件作用和刺激—反应联结的形成。因此，一点也不奇怪，那些把行为主义与行为混为一谈的人士批评说，泰勒的目标主要是那种通过操作和控制进行的教学。

第二，在20世纪50年代和60年代，借助于目标管理、任务分析和程序教学的流行，*行为*变成了一个修饰目标的形容词。这些新"行为目标"的具体和详细的程度都远远超出了泰勒原有的目标概念，以至包括学生要展示其学习的条件以及表明其学习成果的行为标准。考虑下面这个20世纪50年代和60年代典型的行为目标：**对于一张特定的地图或航海图**上的八个有代表性的标记和符号，学生将给出其中的六个的正确定义。"在该目标中，粗体字部分表示条件；斜体字部分则表示行为标准。因此，不难理解，为什么那些将泰勒更为概括的目标等同于行为目标的批评者会认为这些目标过于狭窄和不合适。

我们以术语"认知过程"替代"行为"，部分原因就是为了消除这种混淆。这一替代也反映了以下事实，即认知心理学和认知科学已经成为心理学和教育学中的主导性理论，我们能够利用认知研究的成果来更好地理解目标中动词的含义。为了阐明这一点，让我们考虑下列动词：*列举* (list)、*书写* (write)、*陈述* (state)、*分类* (classify)、*说明* (explain) 和*归因* (attribute)。

前三个动词——*列举、书写*和*陈述*——是传统行为目标的基本成分（例如，"学生将能够列举东欧共产主义出现的三条理由"）。但是，这些动词所表示的认知过程是不明确的。例如，学生是怎样得出这三条理由的？他们是通过回忆教师提到过的三条理由，还是在教科书中见到过这三条理由？或者是在分析几本书中的资料之后，他们自己归纳了这三条理由？在该例中，一个动词*列举*可以与本分类体系中两个完全不同的类别*回忆*和*分析*相联系。

相反，后三个动词——*分类*、*说明*和*归因*——在本分类框架中具有明确的含义。分类是确定某物是否属于一个特定的类别；*说明*是构建一个系统的因果模型；*归因*是确定潜在于呈现材料背后的观点、倾向、价值或意图。这些动词更加明确的含义有助于我们关注预期的学生学习目的（例如，"分类"），而不是关注我们期望学生如何展示其学习行为（例如，"列举"）。因此，我们以术语"认知过程"替代"行为"，这不仅消除了与行为主义的混淆，而且反映了我们在努力将认知心理学的研究成果融入到本分类框架的修订之中。

综上所述，本分类表具有两个主干维度，即四类知识的知识维度和包含六个主要认知过程类别的认知过程维度。

目标的具体性

总的目标域可以极为形象地表示为一个从相当概括到非常具体的连续体。沿着该连续体，克拉思沃尔和佩恩（Krathwohl and Payne，1971）确定了三个具体性层次，并把这三个层次的目标分别称为总体（global）目标、教育（educational）目标和教学（instructional）指导目标，其中第三个目标现在被更加普遍地称为教学目标。在讨论目标的这三个层次时，我们应当记住它们代表了目标连续体上具体程度不同的三个位置，所以，将任何一个目标分类都涉及判断把该目标放在哪个层次上最合适的问题。

总体目标

总体目标是需要大量时间与教学努力才能实现的复杂的和多方面的学习结果。这类目标经常被概括地加以陈述，并且包含着许多更为具体的目标。下面就是三个总体目标的例子：

- 所有学生都将为入学学习作好准备。
- 所有完成四年级、八年级和十二年级学业的学生都将具备解答学科难题的实际能力。
- 所有学生都将养成良好的思维习惯，为成为负责的公民、继续深入学习和在国家经济体系中实现生产性就业作好准备。

这些总体目标引自《目标2000》（*Goals 2000*）法案，该法案包括了美国教育在2000年以前需要达到的一系列目标（U.S. Department of Education，1994）。

总体目标或目的的作用是为未来提供愿景，并为决策者、课程开发者、教师和全体公众提供战斗口号。这些目标较为粗线条地表明了人们认为的好的教育中应该包含的重要因素。因此，总体目标是"目前不能达到，而要为之奋斗，向其迈进或要实现的结果。它是一种目的或意图，它的陈述激发人们的想象，促使人们想要为之奋斗"（Kappel，1960，p.38）。

教育目标

总体目标必须被细分为更具有针对性、更为明确的目标，教师才能把这些目标用于规划和教学。恰恰是总体目标能够"激发想象"所必须具有的概括性，使得它们很难以一种有意义的方式应用于计划课堂教学活动，确定适当的测评程序以及评价学生的表现。这些任务要求更加具体的目标。

原《手册》的主要目的之一就是把注意力集中在比总体目标稍微具体一些的目标上，这些目标被称为教育目标。下面一些目标实例引自《手册》，以阐明教育目标的性质及其更为详细和明确的特点。

- 看懂乐谱的能力（p.92）
- 解释各种社会数据的能力（p.94）
- 区分事实与假说的技能（p.146）

与泰勒关于教育目标的描述相符，上述每一个目标都描述了一种学生行为（例如，看懂、解释、区分）以及该行为所针对的某一内容主题（例如，乐谱、各种社会数据、事实与假说）。

教育目标位于目标连续体的中间位置。因此，它们比总体目标更为具体，但相比教师用于指导日常课堂教学所需要的目标却要更为概括。

教学目标

《手册》出版之后，教育的发展趋势催生了对更加具体的目标的需求（Airasian,1994；Sosniak,1994）。这些教学目标的用途是使教学和测验专注于相当具体的内容领域中狭窄的、日常的学习。一些教学目标的实例如下：

- 学生能够区别四种常用的标点符号。
- 学生将学会进行两个一位数的加法运算。
- 学生能够引述美国南北战争的三个起因。
- 学生能够将目标分为总体目标、教育目标和教学目标。

总之，教学目标比教育目标要更为具体。

目标层次的总结

在表 2.1 中，我们从范围、时间、功能和用途等方面对目标的三个层次作了比较。总体目标的涉及范围较为"广泛"，而教学目标则较为"狭窄"；也就是说，总体目标不涉及细节，而教学目标只处理细节。总体目标的实现也许要求一年或多年的学习努力，而教学目标可以在几天之内达到。总体目标提供愿景，它们通常会成为支撑教育目标的基础，而教学目标位于目标连续体的另一端，它们在计划日常课堂教学中发挥作用。

教育目标位于目标连续体的中间部位，它们的涉及范围为"中等"，用于计划要求几个星期或几个月的时间学习的单元。本分类框架的设计使其有助于教育目标的使用。

表 2.1 总体目标、教育目标和教学目标之间的关系

	目标层次		
	总体目标	教育目标	教学目标
范围	广泛	中等	狭窄
学习所需时间	一年或多年（通常多年）	几周或几个月	几小时或几天
目的或功能	提供愿景	设计课程	准备教学计划
用途实例	计划一个年度的课程（例如，初级阅读）	计划教学单元	计划每天的教学活动、经历和练习

什么不是目标

至此，我们已经探讨了"什么是目标"这一问题。现在，我们来讨论"什么不是目标"的问题。一些教育者有将方法与目的混淆的倾向。目标描述目的——预期的结果、预期的成果及预期的变化；而教学活动如阅读课文、听教师讲课、进行实验和野外考察等都是达到目标的方法。简言之，经过明智的选择并被适当使用的教学活动使目标得以实现。为了强调方法与目的（即教学活动与目标）之间的区别，我们在陈述目标时包括或隐含了"能够"或"学会"两个措词。例如，"学生将学会运用书写连贯段落的准则"就是一个目标，其中书写段落的行为只是一项活动，它并不一定导致目标的实现。类似地，在"学生将学会求解两个未知数的联立方程的算法"这一目标中，求解联立方程的行为是一项活动，通过进行该活动，学生也许能够、也许不能够学会解答联立方程。

当目标不是被明确地加以陈述时，目标通常内隐于教学活动之中。例如，一项教学活动可能是要求学生"阅读《太阳照常升起》"一书。为了确定与该活动相联系的目标，我们可以询问教师"通过阅读《太阳照常升起》，你希望学生学到什么东西？"对该问题的回答就是活动的目标（例如，"我希望学生了解海明威的写作技巧"）。如果问题具有多种回答，那么就可能存在多个目标。

正如教学活动不是目标一样，测验或其他形式的测评也不是目标。例如，"学生应能够通过州级高中水平测试"就不是一个教育目标。为了确定该考试涉及的教育目标，我们必须查明学生考试及格所必须学会或掌握的知识及认知过程。

总之，把目标与教学活动或测评区分开来是很重要的。虽然教学活动与测评都可以用于帮助辨认和澄清预期的学生学习结果，但是，只有依据预期的学生学习结果清楚地阐明教学活动或测评之后，目标才能够变得明确和易于理解。

变化的目标词汇

如同第一章提及的那样，*目标*不是用于描述预期的学生学习结果的唯一术语。关于预期的学生学习结果的词汇一直在变化。现今术语的变化受到当前注重通过基于标准的教育来改进学校的潮流的驱动。基于标准潮流的核心是在州级层面上规定每个年级的学生不同学科的预期学习结果。通常，与标准挂钩的州级测评项目旨在监控学生个体以及整个学校达到标准的程度。

尽管关于目标的词汇有了上述新的变化，但州级标准中使用的各种术语都很好地适用于三个层次的目标：总体目标、教育目标和教学目标。下面是引自南卡罗莱纳州小学数学课程的两条标准。在小学数学课中，学生将：

- 通过探讨如计数、分组、位值和估算等概念来建立强烈的数感；
- 发展分数、带分数和小数等概念，利用模型建立分数与小数的联系并找到等值分数。

虽然这些标准不具有前面列举的总体目标那样的概括性，但它们最好被看作总体目标，因为它们包括概括性的论题（例如，数感）或多个论题（例如，分数、带分数、小数）以及相当模糊的认知过程（例如，建立、探讨和发展）。

为了评估达到标准的情况，对于每一条标准，南卡罗莱纳州为教师规定了被称为"指标（indicator）"的更加具体的目标。以上第一条标准的指标实例包括：

- 学生将能够使用标准式、展开式和文字书写整数；
- 学生将学会估算各种物品集合中的物品数量。

第二条标准的指标实例包括：

- 学生将能够理解分数、带分数和小数的含义；
- 学生将能够解释表示分数、带分数、小数及其相互关系的实物模型或图画模型。

这些指标将总体性的标准具体化，使其具体程度达到单元层次，但还未具体到教学层面，因此，它们与教育目标非常相似。

目标不仅用于基于标准的课程，而且还用于州级和学区范围的教育问责项目。这些项目被设计用于决定是否将学生安排到补习班或是否授予高中毕业证书，以及是否升入高年级和其他一些事情。当测验结果对学生或教师产生重要后果时，诉讼就成为一种可能的威胁。与清楚的、公开陈述的目标和标准挂钩的教育问责项目将提供某种程度的法律保护作用。

各种专业机构和协会以学科标准的形式提出了各种目标（例如，美国科学进步协会 American Association for Advancement of Science，1993；全美社会课协会 National Council for the Social Studies，1994；全美英语教师协会和国际阅读协会 National Council of Teachers of English and International Reading Association，1996；全美研究理事会 National Research Council，1996）。全美数学教师协会（NCTM，1989）最先推荐了所谓的内容标准。这些标准中有一条是："五年级到八年级的数学课程应该包括代数概念与过程的探索。"注意，这条"标准"描述的是课程应该包括什么（即内容），而不是学生从课程中学到什么（即目标）。因此，这条内容标准不符合我们的目标准则。然而，这条标准很容易转变成教育目标，例如："学生应该理解变量、表达式和等式等概念""学生应该学会分析表格和图表以辨认属性和关系"以及"学生应该能够应用代数方法去解决各种现实世界的问题以及纯数学的问题"。

如前所述，大部分基于标准的课程包含提供概括性愿景的总体目标（即标准）和指导课程单元设计的教育目标（即指标）。由于在州级或国家层面上很难对课堂教学的具体情况发表看法，因此，基于标准开发教学目标的工作就留给了授课教师。为了从指标中开发教学目标，教师必须继续缩小认知过程和内容知识的范围。例如，对于下面的教育目标/指标："学生将能够理解分数、带分数和小数的含义"，与之相应的教学目标可能包括："学生将学会把小数表达为分数以及把分数表达为小数""学生将能够表达等值分数"以及"学生将学会把带分数表达为假分数和小数"。

当没有具体的教学目标时，教师经常求助于测评工具以明确总体目标和教育目标的含义及其教学重点。在这种情况下，测评任务实际上变成了教育目标或教学目标。虽然这一做法历史悠久，但它通常会导致人们对"为考而教"的担忧。

与目标有关的问题

尽管在教育中目标用途广泛，但一些作者已经对目标是否恰当以及目标产生的结果表示了关注（Furst，1981；DeLandsheere，1977；Dunne，1988）。本节将探讨他们的某些顾虑，论述如下有关的特别议题：目标的具体性、目标与教学的关系、目标声称的相对教育哲学和课程的价值无涉（value-free）性质。

具体性与包容性

在1956年《手册》出版以前，就有过一场关于目标究竟应该具体到什么程度的讨论。总体目标过于概括，无法用于实际指导教学和测评，因此，该讨论主要针对教育目标和教学目标。

与总体目标相似，教育目标也因过于概括无法用来指导教学和测评而受到批评。教育目标不能为教师计划、帮助和测验学生的学习提供具体的指导作用（Mager，1962；Popham，1969），这一论点有一定的道理。但是，如前所述，教育目标所表达的预期的学生学习结果要比狭窄的教学目标更为开放、更加丰富，这一点也是事实。《手册》的作者们认识到了这一点，有意识地拒绝过于狭窄的目标，寻求具有"一定程度的概括性、不过于支离破碎"（p.6）的目标。教育目标会提供一条通向更为具体的教学目标的途径，《手册》作者的意图在于先认清森林再行进到树木。

而且，教育目标为课堂教师解释和选择那些适合学生特定需求的目标提供了可能性。教育目标的这一优点与当前注重教师的判断和提高教师的地位是一致的。许多批评目标过于具体、局限以及"行为化"的人士也许未能把教育目标与教学目标区分开来。

尽管教学目标的具体性为教学和测评提供了关注的焦点，但这种具体性可能导致出现大量极小的狭窄的目标。于是，问题变成了这些具体目标是否会联合形成超越单个目标总和的、涉及范围更广的、更具综合性的含义（Broudy，1970；Dunne，1988；Hirst，1974）。

在与目标的包容性有关的问题上，批评者认为，并不是所有重要的学习结果都可以变得外显或具有操作性（Dunne，1988；Armstrong，1989；Marsh，1992），《手册》也未能充分地说明隐性理解和开放式情境的作用。例如，在预期导致共同学习结果的学习经历与预期导致个体独特的学习经历之间存在差异。目标用来描述前一种学习经验。尽管的确有从后一种经历导致的学习，但实际上不可能预先详细指明该学习的性质。

从关于预期的学习结果对非预期的学习结果的讨论中，我们认识到，并不是所有重要的学习结果都能够、应该或必须陈述为先验的目标。然而，这一认识不应该妨碍我们为清楚地表达重要的预期学习结果所作的努力，即使这些学习结果不是课堂教学产生的唯一结果。

目标的同步性

关于目标的另一个问题是对目标的同步性提出的批评，即目标对所有的学生规定相同的预期学习结果。艾斯纳指出（Eisner，1979），并非所有的目标都必须产生同一的学生学习结果。事实上，艾斯纳辨认出"表现性学习结果（expressive outcomes）"，并将其定义为"有意计划的提供个性化发展和个体经历的课程活动的必然结果"（p.103）。表现性学习结果可以从参观博物馆、观看演出或听古典音乐等体验或活动中获得。表现性学习结果来自没有先验预期学习结果的活动，只不过由于参与了活动或有了某种体验，每个学生都会以某种方式被独特地改变。目的不是存在于活动之前，而是从活动中独特地产生出来，从这种意义上说，表现性学习结果是唤起的，而不是规定的。

表现性学习结果的活动导致学习的发生，但从这些活动中学生被预期学到的东西却不能事先加以陈述。此外，每个学生所学到的东西很可能各不相同。注意，表现性学习结果也许更适用于某些特定的学科领域和较复杂的认知形式。它们为学习指出方向，而不是指出特定的目的地。

在某种程度上，所有的目标都是表现性的，因为即使预期的目标相同，也不是所有的学生都能从相同的教学中学到相同的东西，辅助性的学习（ancillary learning）会始终存在的。当前我们强调表现性评价（performance assessment）或真实性评价（authentic assessment），鼓励使用那些允许学生对于同一测评任务或一组任务得出各种可接受答案的测评程序。虽然这些较新的测评形式并不完全反映表现性学习结果的本质，但很明显它们的意图就在于此。我们仅指出，这些测评形式很可能更适合于教育目标而不是总体目标和教学目标。

目标描绘什么——学习还是表现？

众多关于目标的批评都集中在"目标究竟描绘什么"这一问题上（Hirst，1974；Ginther，1972）。例如，目标越具体，与之对应的测评越容易进行，但我们也越有可能模糊目标的预期含义与目标的测评之间的区别，简言之，我们越有可能使用被测评的表现来推断目标描述的预期的学生学习结果。尽管存在所谓的表现性目标（performance objectives），但在本质上表现并不是目标。

此外，除了少数例外，用于对测评目标的题目（例如，提问、试题、问题）只是能够使用的可能题目的样例。考虑下面的数学课目标："学生将学会用重组法进行三个两位数的加法运算。"对该目标的测评可以使用许多试题进行，因为存在许多两位数的不同组合可供选择（例如，25 + 12 + 65；15 + 23 + 42；89 + 96 + 65）。教师不可避免地要从可能的题目中取样，并且利用学生在这些样本上的表现来推断他们在其他类似的但未测评的题目上的表现。目标越概括，可用于测评的题目总体数目就越大。

测评上述两位数加法的目标所需的证据范围相对狭窄，而测评教育目标"学生将学会应用各种经济理论"所需的证据范围则更为广泛。比较这两个目标，第一个目标的具体性使我们可以使用相对较少的测评题对学生的学习进行推断；相反，第二个目标的涉及范围要广泛许多，从而使得能够用于测评的题目数几乎是无限的。由于任何一次测评只能选用少量的测评题,因此,目标越概括,学生的测评表现足以描绘该学生全部学习情况的可信度就越低。当目标侧重较为概括的知识类别或较为复杂的认知过程时,这一问题尤为突出。

目标使用的局限性

批评者已经指出,对于不同的学科,目标陈述的难易程度差别很大(Stenhouse,1970—1971;Seddon,1978;Kelly,1989)。例如,在创造性写作、诗作以及艺术解读等方面,陈述目标也许十分困难。在要求阐明目标时,这些领域的教师也许会选择容易陈述的较低层次的目标,但是,这并不意味着他们认为这些目标对学生学习很重要。另外,从针对目标的教学和测评方式上看,那些看似要求学生进行复杂学习的目标,也许实际上并不要求学生进行复杂学习。因此,正确地给一个目标分类要求知道或推断教师是如何针对目标进行教学的以及学生是如何学习的。

在有些学科领域中,陈述目标可能很容易,但目标却难以获得学界的广泛认可,尤其是在社会学科、性教育以及宗教等领域,价值观和政治观念的差异使得在目标陈述的适当性方面达成共识十分困难。在这种情况下,总体目标(例如,优秀公民的权利和义务)通常要比更为具体的教育目标和教学目标更容易达成共识。

在一些领域中陈述目标,以及在另一些领域中与他人就目标达成共识,都存在内在的困难。事实上,这两条理由可以说明为什么在有些学科领域中,即使能够陈述目标,目标也是受到限制的。然而,考虑到目标的重要性,我们需要的是克服而不是回避这些问题。

结语

我们的分类框架是一种工具,有助于教育者阐明和沟通他们打算让学生通过教学活动学到什么。我们把这些意图称为"目标"。为了方便交流,我们采用了一种标准形式来陈述目标:"学生将能够或学会 + *动词 名词*",其中动词指明认知过程,而名词一般指明知识。此外,虽然目标能够从非常概括变化到高度具体,但是,我们推荐和提倡使用中间具体程度的目标,即教育目标。

我们对目标的关注并没有包括所有可能的或重要的学习结果,其部分原因是我们只关注认知方面的成果。此外,我们不否认在每个学校和课堂都会有伴随学习发生,然而,不能预期的学习超出了本书的范围。同样地,表现性学习经历带来大量的不能预期的、在很大程度上取决于学生自己的反应和回应。我们在本书中略去伴随学习和表现性学习经历,这并不意味在许多情形下它们不重要或没有用处。

总之,我们的重点在于陈述以学生为本的、基于学习的、外显的以及可以测评的预期认知学习结果。由于采纳了这一重点,我们实际上是在追随原《手册》作者的足迹。如同他们一样,我们力图创建起一个分类框架,我们预料该框架将会以许多方式但不是所有的方式,被许多教育者但不是所有的教育者所使用。

第二部分

修订版分类体系的结构

第三章　分类表

我们在第一章曾提及，本分类体系可以用一个称之为分类表的二维表格来表示（参见表 3.1，为了方便查阅，该表同时被印在封二上）。分类表的行和列分别由知识维度和认知过程维度构成，我们对每一个类别都进行了仔细的描述和定义。知识维度与认知过程维度相交之处构成分类表的一个个方格。无论目标是外显的还是内隐的，它们都包含了能够在本框架中分类的知识部分和认知过程部分，因此，目标能够被放置在分类表的方格之中。任何一个强调认知的教育目标都应该能够被归于该表的一个或多个方格之中。

表 3.1　分类表

知识维度	认知过程维度					
	1. 记忆/回忆 (Remember)	2. 理解 (Understand)	3. 应用 (Apply)	4. 分析 (Analyze)	5. 评价 (Evaluate)	6. 创造 (Create)
A. 事实性知识 (Factual Knowledge)						
B. 概念性知识 (Conceptual Knowledge)						
C. 程序性知识 (Procedural Knowledge)						
D. 元认知知识 (Metacognitive Knowledge)						

知识的类别

考虑到知识类别各种不同的名称，特别是原版分类框架创建以来认知心理学的发展，我们选定了四大知识类别：*事实性知识、概念性知识、程序性知识和元认知知识*。表 3.2 对这四类知识及其亚类作了简要的描述。

*事实性知识*是相互分离的、孤立的内容要素——"信息片段"(见第 35 页)形式的知识,包括术语知识以及具体细节和要素的知识。与之对比,*概念性知识*是"更为复杂的、结构化的知识形式"(见第 37 页),包括分类和类别的知识、原理和通则的知识以及理论、模型和结构的知识。

*程序性知识*是"关于如何做某事的知识"(见第 40 页),包括技能和算法的知识以及技术和方法的知识,还包括用来决定和判断在特定领域或学科中"何时做何事"的准则知识。最后,*元认知知识*是"关于一般认知的知识以及关于自我认知的意识和知识"(见第 42 页),包括策略性知识、关于认知任务的知识(包括情境性知识和条件性知识)以及关于自我的知识。当然,元认知知识的某些部分并不等同于由专家共同定义的那些知识。第四章将对这个问题作更详细的讨论。

表 3.2 知识的主类别及其亚类

主类别及其亚类	例子
A. 事实性知识——学生通晓一门学科或解决其中的问题所必须了解的基本要素	
A$_A$. 术语知识(Knowledge of terminology)	技术词汇、音乐符号
A$_B$. 具体细节和要素的知识(Knowledge of specific details and elements)	重要的自然资源、可靠的信息源
B. 概念性知识——在一个更大体系内共同产生作用的基本要素之间的关系	
B$_A$. 分类和类别的知识(Knowledge of classifications and categories)	地质时期、企业产权形式
B$_B$. 原理和通则的知识(Knowledge of principles and generalizations)	勾股定理、供求规律
B$_C$. 理论、模型和结构的知识(Knowledge of theories, models, and structures)	进化论、美国国会的组织构架
C. 程序性知识——做某事的方法,探究的方法,以及使用技能、算法、技术和方法的准则	
C$_A$. 具体学科的技能和算法的知识(Knowledge of subject-specific skills and algorithms)	水彩绘画的技能、整数除法的算法
C$_B$. 具体学科的技术和方法的知识(Knowledge of subject-specific techniques and methods)	访谈技巧、科学方法
C$_C$. 确定何时使用适当程序的准则知识(Knowledge of criteria for determining when to use appropriate procedures)	确定何时运用牛顿第二定律的准则;判断使用某一方法估计企业成本是否可行的准则
D. 元认知知识——关于一般认知的知识以及关于自我认知的意识和知识	
D$_A$. 策略性知识(Strategic knowledge)	知道概述是获得教材中一课的结构的方法;使用启发法的知识
D$_B$. 关于认知任务的知识,包括适当的情境性知识和条件性知识(Knowledge about cognitive tasks, including appropriate contextual and conditional knowledge)	知道某一教师实施的测验类型;知道不同任务的认知要求
D$_C$. 关于自我的知识(Self-knowledge)	知道对文章进行评论是自己的长处而写作是自己的短处;知道到自己的知识水平

认知过程的类别

认知过程的类别为目标所包括的学生的认知过程提供了一个全面的分类。如表 3.1 所示，认知过程维度包括*记忆/回忆*、*理解*和*应用*这些在目标中最常见的认知类别，还包括*分析*、*评价*和*创造*这些在目标中不太常见的认知类别。*回忆*是指从长时记忆中提取相关的知识。*理解*是指从包括口头、书面和图像等交流形式的教学信息中建构意义。*应用*是指在给定的情景中执行或使用某一程序。*分析*是将材料分解成它的组成部分，并确定部分之间的相互关系以及各部分与总体结构或总目的之间的关系。*评价*是指基于准则或标准作出判断。最后，*创造*是将要素组成新颖的、内在一致的整体，或者生成原创性的产品。

认知过程维度包括六个主类别，每个主类别又包含两个或更多具体认知过程。这些具体认知过程总共有 19 种，其英文名称采用了动名词形式，即在词尾添加 "ing"，以示与六个主类别的区别（见表 3.3）。*记忆/回忆*类别的具体认知过程有*识别*和*回忆*；类似地，*理解*类别的具体认知过程有*解释*、*举例*、*分类*、*总结*、*推断*、*比较*和*说明*；应用类别的具体认知过程有*执行*和*实施*，等等。

表 3.3 认知过程的六个类别及相关认知过程

过程类别	认知过程及其例子
1. 记忆/回忆（Remember）——从长时记忆中提取相关的知识。	
1.1 识别（Recognizing）	如，识别美国历史中重要事件的日期
1.2 回忆（Recalling）	如，回忆美国历史中重要事件的日期
2. 理解（Understand）——从口头、书面和图像等交流形式的教学信息中建构意义。	
2.1 解释（Interpreting）	如，阐释重要讲演和文献的意义
2.2 举例（Exemplifying）	如，列举各种绘画艺术风格的例子
2.3 分类（Classifying）	如，将观察到的或描述过的精神疾病案例分类
2.4 总结（Summarizing）	如，写出录像带所放映的事件的简介
2.5 推断（Inferring）	如，学习外语时从例子中推断语法规则
2.6 比较（Comparing）	如，将历史事件与当代的情形进行比较
2.7 说明（Explaining）	如，说明法国 18 世纪重要事件的原因
3. 应用（Apply）——在给定的情景中执行或使用程序。	
3.1 执行（Executing）	如，两个多位数的整数相除
3.2 实施（Implementing）	如，在牛顿第二定律适用的问题情境中运用该定律
4. 分析（Analyze）——将材料分解为它的组成部分，确定部分之间的相互关系，以及各部分与总体结构或总目的之间的关系。	
4.1 区别（Differentiating）	如，区分一道数学应用题中的相关数字与无关数字
4.2 组织（Organizing）	如，将历史描述组织起来，形成赞同或否定某一历史解释的证据
4.3 归因（Attributing）	如，依据其政治观点来确定文章作者的立场

（待续）

(续上表)

过程类别	认知过程及其例子
5. 评价（Evaluate）——基于准则和标准作出判断。	
5.1 检查（Checking）	如，确定科学家的结论是否与观察数据相吻合
5.2 评论（Critiquing）	如，判断解决某个问题的两种方法哪一种更好
6. 创造（Create）——将要素组成内在一致的整体或功能性整体；将要素重新组织成新的模型或体系。	
6.1 产生（Generating）	如，提出解释观察现象的假设
6.2 计划（Planning）	如，计划关于特定历史主题的研究报告
6.3 生成（Producing）	如，有目的地建立某些物种的栖息地

分类表与目标：一个图解式总结

图 3.1 描绘了从陈述目标到在分类表中将目标分类的分析过程。这一过程是从在目标中查找动词和名词开始的。将动词放在认知过程的六个类别——*记忆/回忆、理解、应用、分析、评价和创造*——的语境中进行审视，一开始就对准 19 种具体的认知过程而不是对准六个认知类别，这通常有助于我们将动词归入适当的类别。同样地，将名词放在知识的四个类别——*事实性知识、概念性知识、程序性知识和元认知知识*——的语境中进行审视，一开始就对准知识类别的亚类，这通常有助于名词的适当归类。我们可以将最初陈述的目标、教学活动体现的目标以及测评针对的目标分类，并检查这三种分类结果是否彼此一致。第八章到第十三章的教学案例将阐明检查一致性的过程。

考虑图 3.1 中这个相当简单明了的目标："学生将学会应用'节约—重复使用—循环使用'的方法保护自然资源"。该目标的动词是"应用"，既然应用是六个认知过程类别之一，我们就不必再查看具体的认知过程了。该目标的名词短语是"'节约—重复使用—循环使用'的方法保护自然资源"，由表 3.2 可见，方法或技术属于*程序性知识*。因此，基于对动词和名词的分析，我们把该目标归入分类表中位于*应用*与*程序性知识*交叉点的方格之中。

遗憾的是，将目标分类通常比上述例子的情形要更加困难些。困难产生的原因有两个。第一，目标的陈述中也许不仅包含动词和名词，而且还包含其他成分。例如，在"学生将能够列举当地供求规律的例子"这一目标中，"当地"一词就是与目标的分类无关的。该目标的动词是"列举……的例子"（即举例），名词短语是"供求规律"，"当地"一词只是确定了选择例子的条件。

图 3.1 如何在分类表中将目标分类

（学生将学会应用"节约—重复使用—循环使用"的方法保护自然资源）

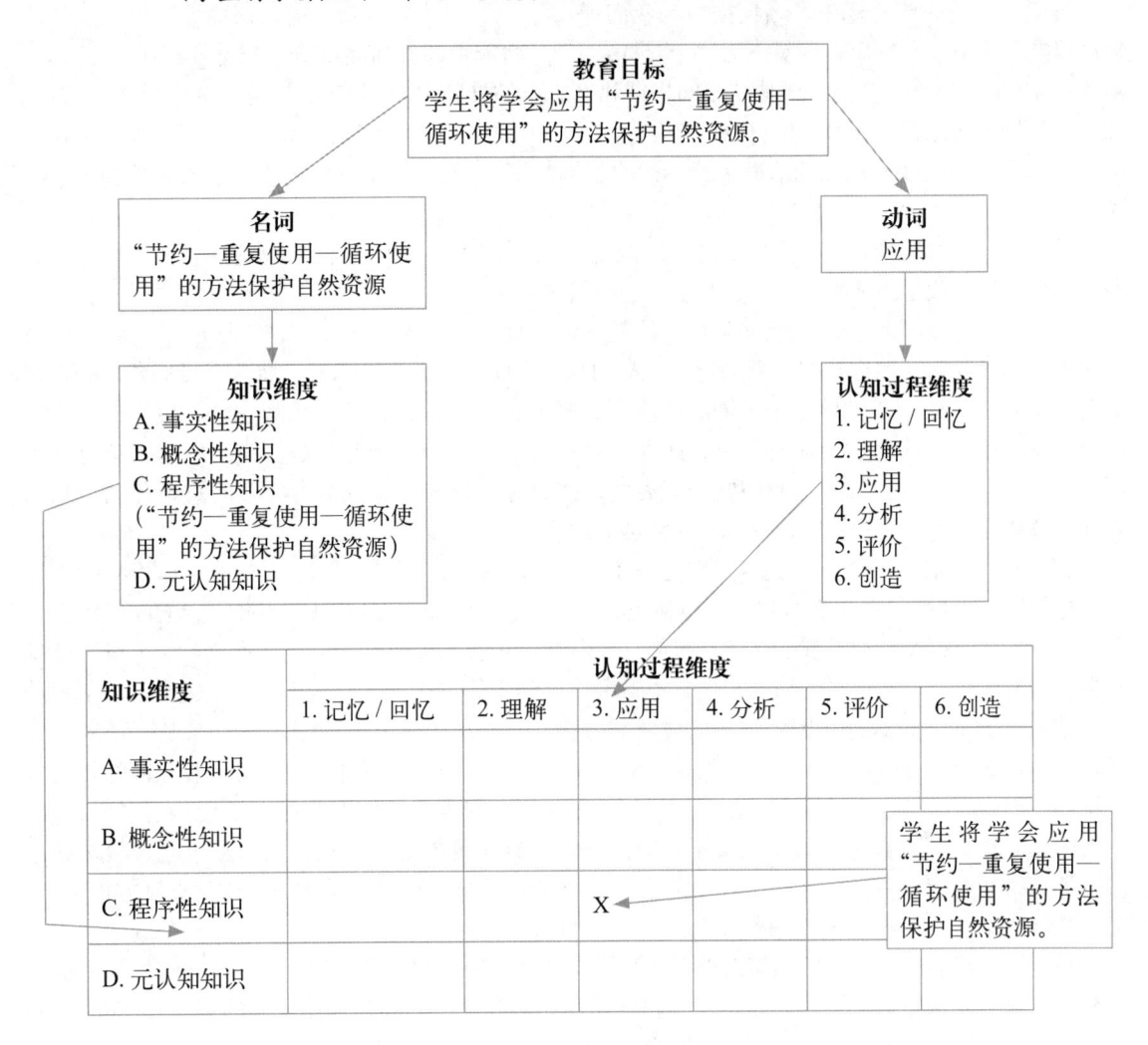

```
           教育目标
    学生将学会应用"节约—重复使用—
      循环使用"的方法保护自然资源。
        ↙              ↘
      名词              动词
"节约—重复使用—循环使     应用
用"的方法保护自然资源
      ↓                 ↓
    知识维度          认知过程维度
  A. 事实性知识       1. 记忆 / 回忆
  B. 概念性知识       2. 理解
  C. 程序性知识       3. 应用
 ("节约—重复使用—循环使    4. 分析
  用"的方法保护自然资源)   5. 评价
  D. 元认知知识       6. 创造
```

知识维度	认知过程维度					
	1. 记忆/回忆	2. 理解	3. 应用	4. 分析	5. 评价	6. 创造
A. 事实性知识						
B. 概念性知识						
C. 程序性知识			X			
D. 元认知知识						

X：学生将学会应用"节约—重复使用—循环使用"的方法保护自然资源。

　　考虑另一个目标："学生将能够创作满足适当的口头或书面形式的准则的原创性作品"。该目标的动词是"创作"，名词是"准则"，短语"恰当的口头或书面形式"只是澄清了"准则"的含义。因此，在将该目标分类时，应该忽略修饰性的短语；在为分类而试图辨认相关部分时，它们也许会造成混淆。

　　目标分类中困难产生的第二个原因是，表示预期认知过程的动词或表示预期知识的名词的含义不明确。请看以下目标："学生将学会描述物质的变化及其原因"。"描述"具有多种含义，学生所描述的可能是他们回忆起来的，也可能是他们要加以解释或说明的，还可能是他们思考出来的，而回忆、解释、说明或产生则是非常不同的认知过程。因此，为了将该目标分类，我们必须对教师预期的认知过程究竟是什么作出推断。

类似地，在一些目标中，名词很少为我们提供与知识相关的信息，这在那些涉及较复杂的认知过程的目标中尤为突出。请看下面这个目标："学生将能够评价新闻报纸和杂志上的社论"。该目标的动词是"评价"，名词短语是"新闻报纸和杂志上的社论"。正如我们在第二章中讨论的那样，社论不是知识而是课程或教学的材料。在本例中，知识是内隐的，即知识是学生评价社论所使用的准则（即有无倾向性、观点的清晰度、论据的逻辑性等）。因此，该目标应该被归入*评价*和*概念性知识*。

显然，在将目标分类时，人们必须作出推断。为了阐明这一点，让我们考虑下面两个目标，其中第一个目标直截了当，第二个目标则要求进行较多的推断。

第一个目标是"学生应该能够为特定的教学情境计划一个教学单元"（《手册》，p.171）。在该目标中，单元计划（名词）与计划的行为（动词）是用同一个词来表示的。将这个目标归入分类表中何处最合适？计划是指导未来行动的*模型*，参照表3.2可见，"模型"出现在分类表第二行（即B行）*概念性知识*的第三个亚类之中；此外，参照表3.3可见，"计划"是分类表中第六项*创造*类别的第二个认知过程。因此，我们的分析表明，该目标应该被归入分类表中B行*概念性知识*与第六列*创造*相交的方格之中，即该目标与学生*创造概念性知识*相联系。

第二个目标是"学生应该能够识别史料作者的立场和倾向"（《手册》，p.148）。该目标的名词是"史料"，如同教科书和文章那样，史料应该被看作课程或教学的材料。因此，我们的问题仍然是，该目标涉及哪类知识？我们认为它可能涉及两类知识：*事实性知识*或*概念性知识*。究竟涉及哪一类，这取决于：（1）史料的结构；（2）史料呈现给学生的方式；（3）很可能是上述两者的某种结合。该目标的动词短语是"识别作者的立场和倾向"，但动词却不是"识别"，如果是"识别"的话，那么，我们就可以把它归入*回忆*类别。实际上，该目标中识别（即确定）立场和倾向的行为具有认知过程*归因*的特征（见表3.3）。*归因*与复杂程度更高的类别*分析*相联系，因此，我们把该目标归入分类表第四列*分析*中的某个位置上。既然涉及的知识可能是*事实性知识*，也可能是*概念性知识*，那么，我们把该目标归入两个方格之中，一个对应于*分析*与*事实性知识*的交叉点（方格A4），另一个对应于*分析*与*概念性知识*的交叉点（方格B4）。

教师还有可能对学生讲授*如何*识别立场和倾向，这会涉及*程序性知识*，因而上述目标的分类会变得更加复杂。由于教师预期学生会对史料使用*程序性知识*（如同对他们讲授的那样），因此认知过程类别就可能由*分析*转变为*应用*。相应地，该目标就应该被归入在方格C3中了。

总之，在分类时如果人们能够正确地进行推断，那么，分类表就能够用于将目标分类。因为分类涉及推断，而且每个人接触到的信息会有所不同，所以，人们可能在目标的正确分类上存在分歧。正如本章通篇所表明的那样，最明显的信息来源是陈述的目标，但是陈述的目标与教学目标和测评目标之间也许存在差异。因此，分类时还需要考虑其他信息来源，例如课堂教学的观察结果、对测验试题和其他测评任务的检查分析以及教师之间的讨论。根据我们的经验，使用多种信息来源才有可能使目标的分类最恰当，也最经得起质疑。

为什么将目标分类？

为什么将目标分类？使用本分类框架将目标分类有何意义？我们对这些问题给出以下六种回答。第一种回答是，*使用本框架将目标分类可以使教育者从学生的角度审视目标*。为了达到某个目标，学生必须掌握哪些知识与技能？他们是仅需要一份罗列孤立事实的"杂货单"（*事实性知识*），还是需要能够组织这些事实的内在一致的结构（*概念性知识*）？学生必须具备分类（*理解*）能力还是区别（*分析*）能力，或者同时具备这两种能力？当我们使用本框架来将目标分类从而试图回答"学习问题"（见第一章）时，我们通常都会提出诸如此类的问题。

第二种回答是，*使用本框架将目标分类有助于教育者全面考虑教育的各种可能性*。这是原《手册》的一个主要价值所在，它提出了针对所谓的高阶（higher-order）目标教学的可能性。本修订版则为那些强调元认知知识的目标提供了可能性和有利条件。元认知知识能够增强学生的能力，并且是"学会如何学习"的重要基础（Bransford，Brown，and Cocking，1999）。出于这一目的，将目标分类同样有助于我们处理"学习问题"。

第三种回答是，*使用本框架将目标分类有助于教育者看到目标中知识与认知过程之间不可分离的、内在的关系*。预期学生能够应用事实性知识是现实的吗？帮助学生*理解*程序性知识会使他们在*应用*程序性知识时感到容易一些吗？通过*分析*事实性知识，学生能够学会*理解*概念性知识吗？这些都是我们在试图回答"教学问题"时提出的一些典型的问题。

对于为什么将目标分类，我们的第四种回答与原《手册》是一致的：*这会使我们的工作更加容易一些*。有了这个分类体系，测验者就没有必要单独处理每一个目标。相反，他们能够对自己说："哦，这是一个分析性目标，我知道如何为分析性目标编写测试题目"。他们可以制作自己的"模板"（《手册》中的样题），并根据学科知识的差异性对模板作一些修改，这样就能在很短的时间内编写出几道试题。可见，通过将目标分类，我们能够更好地处理"测评问题"。

同样地，我们预期使用分类表的教育者都能够达到如下认识："哦，这个目标强调的是*理解概念性知识*。我知道如何针对关于*概念性知识*的目标进行教学，我会将教学重点放在该概念的关键特征上，对于各种*概念性知识*，我都能够找到它们的正例和反例，我希望将某个概念放进更大的概念框架之中，并在此框架中讨论概念之间的相似点与不同点"。我们也预期测评者具有这样的认识："我能够设计要求学生*举例*和*分类*的测评任务。我需要确保这些测评任务不同于教科书上的作业或我授课时使用的练习"。这样，将目标分类再次有助于我们处理"教学和测评问题"。

第五种回答是，*使用本框架将目标分类使得陈述的单元目标、单元的教学方式以及如何对学习进行测评这三者之间的一致性问题更加明显*。将基于陈述的目标、教学活动、测评任务三者的分类结果加以比较，我们就能够发现这三个教育阶段在本质上或在相对的侧重点上彼此是否一致。然而，一位曾经参与过审阅本修订版早期草稿的教师梅洛迪·尚克对此事提出过重要的告诫（personal communication，1998）：

> 我能够想象，教师们会为他们是否将目标、教学活动、测评放到了分类表中正确的方格中而发愁……而不是去充分地审视那些内隐目标和外显目标、教学活动计划以及测评。是否将教学的每一个成分放到正确的方格里并不重要，而教师意识到他们计划的教学

活动与预期的目标（陈述的或直觉的）是否一致以及如何调整这些教学活动才是真正重要的事情。我宁愿教师在分析的过程中进行深思熟虑的、富有成效的讨论，而不是去为试题在分类表中的正确放置而争论。

这段话很好地阐明了我们使用分类表的重点所在，以及后面对教学案例的分析中示例的重点之所在。因此，将目标分类有助于教育者处理"一致性问题"。

第六种也是最后一种回答是，*使用本框架将目标分类有助于教育者更好地理解教育中经常使用的众多术语*。我们的19种认知过程都具有非常明确的含义，例如，*推断*要求学生识别给定信息中存在的某种模式，而*说明*则要求寻找该模式背后的因果关系。*实施*要求根据新的情境调整过程；而*执行*则对此不作要求。*产生*要求发散式思维；而*组织*则要求聚合式思维。*检查*关注内部的一致性；而*评论*则关注与外部准则的一致性。我们能够把其他词语和术语与本框架中这些含义明确的认知过程联系起来，从这个意义上说，我们提高了这些词语和术语含义的精确度。精确度提高了，我们才能更好地进行交流。

使用多种定义形式

为了使本框架成为有用的工具，我们必须清楚而准确地理解知识类别及其亚类的定义，必须清楚而准确地理解认知过程类别及其具体认知过程的定义。由于使用多种定义形式往往有助于我们更好地进行理解，因此，在随后的章节中，我们将给出四种定义形式：文字描述、目标实例、测评试题实例以及教学活动实例。

文字描述

文字描述类似于好的字典中的定义，而且，"这些定义准确的措词，一直是我们讨论的主题。尽管目前这些定义还远未达到完善的程度，但是，我们已经尽了最大的努力，尽可能仔细地描述了每一个类别的一些主要方面"（《手册》，p.44）。原版作者的这番话对本书同样适用，本书第四章和第五章中给出了每一个类别的文字描述。

目标实例

目标实例为我们提供了理解类别的第二条途径。本书中的目标实例是从多种渠道获得的，其中有的摘自公众可以获得的目标陈述，例如《目标2000》中以及美国数学教师协会提出的目标，因为它们可以作为当前许多教师感兴趣和关注的目标的典型例子。此外，教师版本的教科书、测验出版商的各种手册、教师准备的教学案例（见第三部分）等都是目标实例的其他来源。

测评试题实例

第五章中的测评试题实例与教学案例中的测评也是理解本框架中类别的另一条途径。这些测评试题被挑选出来，向我们展示了对知识与认知过程相结合的情形进行测评的方式。有些人将用于测评学习的方法当作"真正的"教学目标，因为，无论陈述的目标多么富有想象力，学生的学习内容与学习方式往往还是要由测验和其他测评中目标的具体表征来决定。

教学活动实例

教学案例中所示范的教学活动为我们理解本框架中的类别提供了第四条也是最后一条途径。这些案例为知识与认知过程提供了另外的例子，也许更为重要的是，它们还提供了知识与认知过程两者相互作用的例子。这些案例不仅有助于我们理解类别，而且它们的设计使其更便于教师、教师培训者、课程开发者、测评专家以及教育管理者使用，使分类表对他们更加有用。

结语

对目标在分类表中的分类进行了审视之后，现在我们就要转到对构成分类表的两个维度——知识维度与认知过程维度——进行详细的描述。我们将在第四章中描述四类知识及其亚类，在第五章中描述认知过程的六个主类别以及帮助定义这些认知类别的 19 种具体认知过程。

第四章　知识维度

当今的学习观关注有意义学习的主动性、认知性和建构过程。学习者被认为是学习的主动参与者；他们自己选择需要学习的信息并从中建构意义。学习者既不是被动接受者，也不是家长、教师、教科书或媒体提供的信息的简单记录者。这种观念摆脱了传统的被动学习观，更接近于学习的认知观和建构主义观点。在主动参与有意义学习时，学习的认知观和建构主义观点强调学习者**知道什么**（知识）以及**他们是如何思考**（认知过程）这些知识的。

在教学情境中，学习者被认为是基于自己已有的知识和教学环境提供的各种机会和约束（包括学习者能够获得的信息），通过各种认知活动和元认知活动自主建构意义。进入任何教学情境时，学习者都已经具备各种各样的知识，有着自己的学习目的以及在该教学环境中的先前经历。他们利用所有这一切去"理解"获得的信息。这一建构式"理解"过程涉及先前知识的激活以及对这些知识进行加工的各种认知过程。

记住这一点是很重要的：学生能够而且确实经常使用他们获得的信息去建构意义，而他们建构的意义往往与事实的真相或该信息公认的、规范的概念并不相符。事实上，许多关于概念转变和有关学生学习的文献论及学生如何建构起日常现象中诸如"热"、"温度"和"重力"等概念，这些文献表明，学生建构的概念与关于这些现象的公认的科学知识和模型**并不**相符。当然，人们对于这些"个人的"见解、"天真的"构想或"错误概念"持有不同的立场。我们认为，教育者应该把学生引向可信的、规范的概念，这些概念体现了在学科领域内被广为接受的、当今最好的知识和思维。

因此，我们充分认识到，学生和教师都从教学活动和课堂事件中建构自己的意义，并且他们对学科内容的自主建构结果也许不是可信的或规范的概念。但是，采纳这种认知观和建构主义观点并不意味着，不存在值得学习的知识或所有的知识具有同等的学习价值。教师能够也应该并且实际上决定着哪些东西值得在课堂上讲授。我们在第一章和第二章中提及，一个关键问题是在学校中学生应该学习什么的问题。当教师试图决定教什么时，教育目标能够为他们提供某种程度的指导作用。

本章描述的四类知识能够帮助教育者区分他们所教的知识。我们对这四类知识的设计考虑了与教育目标相关的中等程度的具体性，因此，这四类知识所具有的概括性使它们能够应用于所有的年级和学科。当然，有些年级或某些学科也许包括更多与某一知识类别（如*概念性知识*）相关的目标。这主要是由学科内容、学生观和学生学习观、教师的学科观来决定的，或者是由这些因素的某种组合决定的。虽然如此，我们认为，本框架所包括的四类知识对于思考各门学科以及不同年级的教学都是有帮助的。

知识与学科内容的区别：四位教师的故事

本书第二章对知识与内容作了区分，现在我们举例对这一重要区分予以阐明。这个例子涉及四位教师——帕特森女士、张女士、杰弗森先生、温伯格女士——以及他们为《麦克白》教学单元（第九章）建立的教育目标。在学生应该从该单元学到什么知识的问题上，四位教师有着不同的视角。当然，这四位教师都有着多个教育目标，但是，本例强调他们是怎样把注意力集中在反映不同知识类别的目标上的。

帕特森女士认为，她的学生应该知道《麦克白》剧中角色的名字以及角色之间显而易见的关系（例如，麦克白与麦克德夫是仇敌），学生应该知道剧情的细节，知道哪个角色说了什么话，甚至能够凭记忆背诵剧本中某些重要的段落。帕特森女士把注意力集中在《麦克白》的细节和要素上，因此，按照分类表的用语，她关注的似乎是*事实性知识*。

张女士认为《麦克白》能够使学生懂得一些重要概念，如野心、悲剧英雄和讽刺。她还有兴趣让学生懂得这些概念之间的关系，例如野心在悲剧英雄的发展过程中扮演了什么角色？张女士认为，关注这些概念及其关系，可以使学生在剧情和用来理解人类现状的那些不同概念之间建立起联系，从而使《麦克白》在学生看来栩栩如生。根据分类表的用语，她关注的是*概念性知识*。

杰弗森先生认为，《麦克白》只不过是英语文学课程中的许多剧本之一。他的目的是把《麦克白》作为载体，向学生讲授通常应该如何对剧本进行思考。为了达此目的，他开发了一套他希望学生在阅读剧本时使用的一般性方法。该方法先让全班先讨论剧情，然后审视角色之间的关系，再理解剧作者传达的信息，最后考虑剧本的写作方式和它的文化背景。假设由这四个一般性步骤构成的学习程序不仅可以用于《麦克白》，而且可以用于所有剧本的学习，那么，根据分类表的用语，杰弗森先生关注的似乎是*程序性知识*。

与杰弗森先生相似，温伯格女士把《麦克白》看作学生在高中以及今后的学习中将会遇到的许多剧本之一。她也希望学生学会一套一般的程序或"工具"，用以学习、理解、分析和欣赏其他剧本。然而，温伯格女士同时还关心学生不是仅仅生搬硬套地或机械地应用或使用这些工具，她希望学生"边学习边思考"，对自己使用这些工具的方式加以反省和进行元认知活动。例如，她希望学生把使用程序时遇到的问题记下来（例如角色发展混同于剧情），并从这些问题中学习。最后，她希望通过对剧本的角色的认同，学生对自己有所了解，如自己的野心或自己的长短处。按照分类表的用语，温伯格女士关注的是*元认知知识*。

在上述例子中，剧本内容都是相同的。但是，四位教师以不同的方式使用该剧本的内容，这使得他们关注的目标在强调的知识类别上有所不同。所有的学科都具有特定的内容，但是，教师根据目标和教学活动以不同方式组织该内容会导致单元强调的知识类别出现差异。因此，即使教学内容看起来相同，但教师建立的教育目标不同，为达到这些目标所组织的教学活动不同，甚至对学生在这些目标上的学习的测评不同，都会导致不同的学习结果。

知识的种类

如何刻画知识的特性以及个体如何描述知识，这是哲学和心理学由来已久的一个问题。知识的哲学观以及心理学理论或模型多种多样，对它们进行评述远远超出了本章的范围。总的说来，我们的观点深受当代认知科学与认知心理学关于知识表示法观点的影响。我们不倾向一种简单的行为主义的看法，即认为知识应该被表示为刺激—反应联结的积累（虽然有的知识确实这样表示），或者知识只不过是信息片段的量的增加（经验主义传统的一大特点，见 Case, 1998；Keil, 1998）。确切地说，我们的看法所反映的观点是，知识是学习者按照理性主义—建构主义传统组织和结构化的。但是，考虑到认知心理学和发展心理学的近期研究结果（例如，Case, 1998），我们也并不追随传统的思维发展阶段模型（例如皮亚杰模型）的观点，不认为知识是按照严格的"阶段"或整个系统的逻辑结构组织的。

基于认知科学在专业发展、专家思维和问题解决等方面所取得的研究成果，我们认为知识具有领域性和情境性。我们对知识的理解应该反映这种具体领域的特性以及社会经历和情境在知识建构与发展的过程中所起的作用（Bereiter and Scardamalia, 1998；Bransford, Brown, and Cocking, 1999；Keil, 1998；Mandler, 1998；Wellman and Gelman, 1998）。

知识的种类众多，而用于描述知识的术语似乎更多，其中一些术语如下（原文按英文字母顺序排列——译者注）：概念性知识、条件性知识、内容知识、陈述性知识、学科知识、话语知识、领域知识、情节知识、显性知识、事实性知识、元认知知识、先备知识、程序性知识、语义性知识、情境性知识、社会文化知识和隐性知识等（例如，参阅 Alexander, Schallert, and Hare, 1991；deJong and Ferguson-Hessler, 1996；Dochy and Alexander, 1995；Ryle, 1949）。

这些不同的术语有些表明了不同类别知识之间的重要差异，而有些则只是同类知识的不同标记。我们将在本章稍后指出，对"重要差异"与"不同标记"进行仔细的甄别，对于本修订版分类体系中不同的知识类别及其亚类的划分是极为重要的。由于存在许多不同的术语，并且对知识维度在许多方面缺乏一致意见，因此很难提出这样一种知识的分类法，它既抓住了知识总体的复杂性与综合性，同时又相对简单、实用、易于使用，并且只有很少数目的类别。考虑到以上这些约束条件，我们最终确定了以下四大知识类别：（1）*事实性知识*；（2）*概念性知识*；（3）*程序性知识*；（4）*元认知知识*。

在本章下一个重要部分中，我们将定义所有这四类知识及其亚类。但在此之前，我们首先说明本分类体系为什么包括事实性知识、概念性知识和元认知知识。

事实性知识与概念性知识的区分

在认知心理学中，陈述性知识（declarative knowledge）通常是用术语"知道"来定义的。例如，*知道*波哥大是哥伦比亚的首都，或者*知道*正方形是由等长且互成直角的四条边构成的二维图形。陈述性知识可能是：（1）具体的内容要素，例如术语和事实；（2）更加一般性的概念、原理、模型或理论（Alexander, Schallert, and Hare, 1991；Anderson, 1983；deJong and Ferguson-Hessler, 1996；Dochy and Alexander, 1995）。在本修订版的分类体系中，我们希望把分离的、孤立的内容要素形式的知识（即术语和事实）与更大的、更为结构化的知识系统（即概念、原理、模型或理论）区分开来。

这一区分对应于认知心理学中对这两类知识所作的一般性区分，即把"信息片段"形式的知识和较一般的"心理模型"、"方案"或"理论"（内隐的或外显的）区别开来，后者有助于人们以互相联系的、非任意性的、系统化的方式组织大量信息。因此，我们专门使用术语*事实性知识*表示分离的、孤立的、"信息片段"形式的知识，同时使用术语*概念性知识*表示更为复杂的、结构化的知识形式。我们认为这一区分对教师和其他教育者很重要。

此外，研究已经表明，许多学生不能够在从课堂学到的事实之间建立起重要的关联，或者不能在这些事实与该学科的更大概念体系之间建立起重要的联系。尽管学生学科专业能力和思维方式的发展无疑是教育的重要目标，但实际情况往往是，学生甚至不能够应用从课堂上学到的事实和概念来理解其日常生活的经历。这种情形常被称为"惰性"知识问题，即学生往往看起来似乎习得了大量的事实性知识，但他们并没有在更深的层次上理解它，不能够融会贯通，或者不能够将它按学科或以有用的的方式系统地组织起来（Bereiter and Scardamalia, 1998；Bransford, Brown, and Cocking, 1999）。

专家的标志之一在于，他们不仅拥有大量学科知识，而且他们的知识是组织起来的，反映了他们对学科的深刻理解。概念性知识与深刻理解两者的结合能够帮助人们将所学的知识迁移到新的情境，从而在一定程度上克服"惰性"知识问题（Bransford, Brown, and Cocking, 1999）。

因此，基于经验和实用性，我们在*事实性知识*与*概念性知识*之间作了区分。按照心理学知识表示法的形式模型（例如，命题网络模型或联结主义模型），这一区分也许并不恰当，但我们的确认为这一区分对课堂教学和测评是有意义的。教育目标可以把教师和学生的注意力都集中在习得细小的、片段形式的知识上而不必关心这类知识怎样属于一个更大学科或适合于更加系统的视角。通过分离*事实性知识*与*概念性知识*，我们强调了教育者为深入理解*概念性知识*，而不是仅仅为记忆孤立的和细小的片段形式的*事实性知识*进行教学的必要性。

为什么包括元认知知识

本分类体系包括了元认知知识，这反映了在学生自我认知**知识**和自我认知**控制**如何在学习中发挥重要作用方面近期所取得的研究成果（Bransford, Brown, and Cocking, 1999；Sternberg, 1985；Zimmerman and Schunk, 1998）。尽管行为主义心理模型一般拒绝接纳诸如意识、觉察、反思、自我调节、思考与控制自己的思维和学习等概念，但当今的认知学习模型和社会建构主义学习模型强调这些活动的重要性。因为这些活动关注认知本身，所以，我们给认知加上前缀"元"，以表明元认知是关于认知的或者是"高于"或"超越"认知的。社会建构主义学习模型还强调反思活动是学习的一个重要方面，在这个问题上，认知学习模型和社会建构主义学习模型两者都承认帮助学生思考自己的思维的重要性。因此，我们把这个新的类别添加到本分类体系中，以反映关于元认知知识在学习中的重要性的近期研究成果和理论。

人们已经在多种不同的含义上使用*元认知*这一术语，但这些含义之间存在着一个大体的、重要的区别，该区别涉及元认知的两个基本方面：(1) **关于认知的知识**；(2) **认知过程的控制、监控和调节**。后者也被称为元认知控制和调节，或者被更一般地称为自我调节（Boekaerts, Pintrich, and Zeidner, 2000；Bransford, Brown, and Cocking, 1999；Brown, Bransford, Ferrara, and Campione, 1983；Pintrich, Wolters, and Baxter, in press；Zimmerman and Schunk, 1998）。元认知知识与元认知控制或自我调节之间的这一基本区别对应于本分类表中两个维度之间的区别。相应地，我们把*元认知知识*限制在关于认知的知识的范畴之内；涉及到元认知控制和自我调节的元认知方面则反映了不同类别的认知过程,因此属于第五章讨论的认知过程维度的范畴。

*元认知知识*包括可以用于不同任务的一般性策略、使用这些策略的条件、这些策略有效的范围以及关于自我的知识(Bransford, Brown, and Cocking, 1999;Flavell, 1979;Pintrich, Wolters and Baxter, in press;Schneider and Pressley, 1997)。例如,学习者能够掌握阅读教科书中一个章节的不同策略,同时了解关于监控和检查自己阅读理解情况的策略。学习者还能够激活与自己在阅读的强项和弱项相关的知识以及完成该阅读作业的动机方面的知识。例如,学生也许认识到他们对教科书中一章的论题已经有了相当程度的了解并对该论题有兴趣。这种元认知知识可能会使学生改变阅读方式,如调整速度或采用完全不同的阅读方式。

学习者还能够激活在某一情境中(例如,在某一课堂上、对某一测验类型、在某一情形下、在某种亚文化群中)解决问题所需的那些与情境、条件或文化相关的知识。例如,他们也许知道教师只采用选择题型进行测验,此外,他们还知道选择题只要求识别出正确的答案,不像问答题那样要求实际回忆出信息。这种*元认知知识*可能影响他们准备测验的方式。

在本修订版分类体系的设计工作会议上,我们经常详细地讨论为什么纳入元认知知识以及元认知知识处于什么位置才是适当的等问题。我们纳入元认知知识是因为,我们相信它对理解学习和促进学习是极为重要的,这一信念符合认知心理学的基本法则并得到实证研究的支持(Bransford, Brown, and Cocking, 1999)。正如原版分类体系提出了"高阶"目标的教学可能性那样,本修订版的分类框架指出了*元认知知识*以及自我调节的教学可能性。

关于元认知知识的定位,我们探讨过如下几个问题:*元认知知识*是否应该成为一个独立的维度,从而形成一个三维的分类体系结构? *元认知知识*的关注点是否应该是元认知过程和自我调节,而不是知识,如果是这样,是否把*元认知知识*放在分类表的认知过程维度上更好些? *元认知知识*与*事实性知识*、*概念性知识*和*程序性知识*之间是否有重叠之处,如果有,那么*元认知知识*是否是一个多余的知识类别? 在相当长的一段时间内,我们都在设法解决这些合乎逻辑的问题。

我们选择把*元认知知识*作为知识的第四个类别,主要有两个原因:第一,元认知控制和自我调节需要使用分类表中另一个维度的认知过程。元认知控制和自我调节涉及*回忆、理解、应用、分析、评价*和*创造*等认知过程类别,因此,我们认为,将元认知控制和自我调节过程添加到认知过程维度是多余的;第二,原版分类体系所构想的*事实性*、*概念性*和*程序性知识*是相对于特定的学科内容而言的,相反,无论从个体还是从整体上看,*元认知知识*都是关于多种学科(例如,所有的科学分支、一般的学术性科目)的认知的知识和关于自我的知识。

当然,*元认知知识*与其他三类知识的情形有所不同。我们曾在前面提及,其他三类知识是通过科学或学科领域内部达成共识发展起来的。建立在个体的自我意识和知识基础之上的*关于自我的知识*(D_C)显然不属于这种情况。*策略性知识*(D_A)和*关于认知任务的知识*(D_B)是在不同学科领域内部发展起来的。例如,关于记忆、学习、思维和问题解决等不同认知策略的用途,认知心理学已经逐渐形成了非常丰富的成果。当学生终于知道并理解了这些基于科学研究的关于策略的元认知知识,他们也许能够比在依赖自己的独特学习策略时学习得更好些。

知识维度的类别

表 4.1 列出了四类知识。本修订版分类体系的前三类知识包括了原版分类体系的全部知识类别（见附录 B），然而，有些类别的名称与原版的不一样，而且一些原版的亚类已被合并到更为一般的类别之中。此外，后面章节中的许多文字和例子都引自原《手册》，以反映原《手册》的先见之明。最后，正如前面提及的那样，第四个类别——*元认知知识*及其亚类都是新添加进来的。

A. 事实性知识

*事实性知识*包括学科专家用于学术交流、理解以及系统地组织学科的基本要素。通常，这些要素就以其呈现的形式被工作于该学科的人们所使用；当使用的情境改变时，它们几乎或完全不需要改变。*事实性知识*包括学生通晓一门学科或解决其中任何问题所必须了解的基本要素，这些要素通常涉及某些具体指称对象的符号或表达重要信息的"符号串"。大部分*事实性知识*处在相对较低的抽象水平上。

这些基本要素的数量极为庞大，因此，学生弄清楚与某一学科相关的全部要素几乎是不可能的。随着社会科学、科学和人文科学的发展，甚至这些领域的专家都很难及时了解所有新的要素。因此，出于教育的种种目的，人们几乎总是需要对这些要素进行某些取舍。为了分类，我们可以依据*事实性知识*非常具体这一特征将它与*概念性知识*分开，也就是说由于事实性知识本身就是具有某种价值的要素和信息片段，因而它能够独立存在。*事实性知识*的两个亚类分别是*术语知识*（A$_A$）与*具体细节和要素的知识*（A$_B$）。

表 4.1 知识维度

主类别及其亚类	例子
A. 事实性知识——学生通晓一门学科或解决其中的问题所必须了解的基本要素	
A$_A$. 术语知识（Knowledge of terminology）	技术词汇、音乐符号
A$_B$. 具体细节和要素的知识（Knowledge of specific details and elements）	重要的自然资源、可靠的信息源
B. 概念性知识——在一个更大体系内共同产生作用的基本要素之间的关系	
B$_A$. 分类和类别的知识（Knowledge of classifications and categories）	地质时期、企业产权形式
B$_B$. 原理和通则的知识（Knowledge of principles and generalizations）	勾股定理、供求规律
B$_C$. 理论、模型和结构的知识（Knowledge of theories, models, and structures）	进化论、美国国会的组织构架

（待续）

（续上表）

主类别及其亚类	例子
C. 程序性知识——做某事的方法，探究的方法，以及使用技能、算法、技术和方法的准则	
C_A. 具体学科的技能和算法的知识（Knowledge of subject-specific skills and algorithms）	水彩绘画的技能、整数除法的算法
C_B. 具体学科的技术和方法的知识（Knowledge of subject-specific techniques and methods）	访谈技巧、科学方法
C_C. 确定何时使用适当程序的准则知识（Knowledge of criteria for determining when to use appropriate procedures）	确定何时运用牛顿第二定律的准则；判断使用某一方法估计企业成本是否可行的准则
D. 元认知知识——关于一般认知的知识以及关于自我认知的意识和知识	
D_A. 策略性知识（Strategic knowledge）	知道概述是获得教材中一课的结构的方法；使用启发法的知识
D_B. 关于认知任务的知识，包括适当的情境性知识和条件性知识（Knowledge about cognitive tasks, including appropriate contextual and conditional knowledge）	知道某一教师实施的测验类型；知道不同任务对于认知要求的知识
D_C. 关于自我的知识（Self-knowledge）	知道对文章进行评论是自己的长处而写作是自己的短处；知道自己的知识水平

A_A. 术语知识

*术语知识*包括关于言语的和非言语的特殊标记与符号（例如，文字、数字、记号、图画）的知识。每一门学科都包含大量有着特别指称对象的标记和符号（言语的和非言语的），它们是该学科的基本语言——专家用来表达自己的知识的速记法。在试图与他人就学科的现象进行交流时，专家发现使用本领域规定的特殊标记和符号是非常必要的。在许多场合，不使用这些基本术语，专家就无法讨论专业问题。实际上，如果不使用这些标记和符号，专家甚至不能思考本专业的许多现象。

初学者必须了解这些标记和符号，并记住它们所对应的、公认的指称对象。正如专家必须使用这些术语才能够进行交流一样，专业的学习者也必须具备术语及其指称对象的知识才能够领会或思考专业的现象。

与其他类别的知识相比较，专家发现这一知识亚类的标记和符号非常有用、精确，因此，他们要求学习者掌握的标记和符号更有可能超过学习者的实际学习需要和学习能力。这种现象在科学中可能更常见，因为科学要求非常精确地使用标记和符号。科学工作者感到，使用非专业的符号或外行熟悉的那些"流行的"或"民间的"的术语，他们将很难表达自己的观点或讨论特定的现象。

术语知识的例子
- 关于字母的知识
- 科学术语知识（例如，细胞各部分的标记，亚原子粒子的名称）
- 绘画词汇知识
- 重要的会计术语知识

- 地图和图表中标准描述符号的知识
- 表示单词正确发音方法的符号的知识

A_B. 具体细节和要素的知识

*具体细节和要素的知识*包括关于事件、地点、人物、日期、信息源等的知识。这类知识可以包括非常精确或具体的信息，例如事件的准确日期或现象的精确量值；也可以包括近似的信息，例如事件的时段或现象的大致量级。具体事实是指能够被分离成单独的、分立的要素形式的事实，与此形成对比，有些事实只有在更大的情境中才能够被了解。

每门学科都包括一些事件、地点、人物、日期以及其他细节，专家熟悉并认为它们代表该领域的重要知识，这些具体事实是专家用于描述本领域以及思考本领域的具体问题或论题的基本信息。这些事实与术语的区别在于：术语一般代表了领域内部的惯例和一致意见（即一种共同语言）；而事实认定的方式则不同于为了交流而达成一致意见。本亚类 A_B 还包括涉及具体论题和问题的特定书籍、著述及其他信息来源的知识。因此，具体事实的知识与该事实来源的知识都被归入该亚类之中。

同样地，具体事实的数量极为庞大，这迫使教育者（例如，课程专家、教科书作者、教师）作出以下选择，即主要对专家而言，哪些具体事实是基本的，哪些是次要的或重要的。教育者还必须考虑对于不同的事实学生需要了解到怎样的精确程度。在许多情况下，教育者也许满足于学生只了解现象的大致量级而不是精确数量，或者只知道某一具体事件发生的大概时段而不是精确的日期或时间。教育者非常难以决定，许多具体事实究竟是作为一个教育单元或授课的一部分让学生学习，还是将它们留下来让学生在实际需要时再来学习。

具体细节和要素的知识的例子
- 关于特定文化和社会的一些主要事实的知识
- 对健康、公民权以及其他人类的需求和关心的问题很重要的实用事实的知识
- 关于新闻中重要的人名、地点和事件的知识
- 关于某一介绍政府问题的作者的声誉的知识
- 关于一些国家的主要产品和出口商品的知识
- 理性采购商品所需要的可靠信息来源的知识

B. 概念性知识

*概念性知识*包括关于分类和类别以及它们之间的关系的知识，是更为复杂的、结构化的知识形式。*概念性知识*包括图式、心理模型或者不同认知心理模型中或明或隐的理论。这些图式、模型和理论描述个体所具有的那一类知识，它涉及某一学科是如何组织和结构化的，信息的不同部分或片段是如何以一种更为系统的方式互相联系的，以及这些部分是如何共同产生作用的。例如，季节形成原因的心理模型可能包括如下概念：地球、太阳、地球绕太阳旋转以及地球在一年中的不同时期

朝太阳方向的倾斜度等等。这一切不仅包括关于地球和太阳的一些简单的、孤立的事实，而且还包括地球和太阳的关系以及它们与季节变换的联系。这类概念性知识也许是所谓的"学科知识"的一个方面或学科专家对一种现象的思考方式——在本例中就是对季节现象的科学解释。

*概念性知识*包括三个亚类：*分类和类别的知识*（B$_A$），*原理和通则的知识*（B$_B$）以及*理论、模型和结构的知识*（B$_C$）。分类和类别是原理和通则的基础，原理和通则又构成理论、模型和结构的基础。这三个亚类应该涵盖了所有不同学科内部所产生的大量知识。

B$_A$. 分类和类别的知识

亚类 B$_A$ 包括用于不同学科的具体类别、组别、部类和排列。随着学科的发展，从事该学科专业工作的人员发现，形成分类和类别有利于将各种现象结构化、系统化。与术语知识和具体事实形式的知识相比，这类知识要更加概括些，而且往往更加抽象。每一门学科都有用于发现新要素以及安排这些新发现的要素的一套分类系统。分类和类别不同于术语和事实，它们构成连接具体要素的纽带。

例如，在写作或分析一个故事时，主要的类别包括情节、人物和背景。应该注意，**作为**类别的情节本质上不同于该**故事**的情节。当我们关注于作为类别的情节时，关键的问题是：什么使得一个情节成为情节？类别"情节"是由所有具体情节的共同点来定义的。相反，当我们关注于某一故事的情节时，关键的问题是：该故事的情节是怎样的？这是*具体细节和要素的知识*（A$_B$）。

有时，我们很难将*分类和类别的知识*（B$_A$）与*事实性知识*（A）区分开来。使事情变得更为复杂的是，基本的分类和类别能够被归入更大更具综合性的分类和类别之中。例如，在数学中，整数和分数都可以归入有理数类别。每一个更大的类别都使我们更加远离具体的细节而更为接近抽象的领域。

就本分类体系而言，知道亚类的若干特征有助于我们对它们进行区分。分类和类别的划分主要是基于一致意见和出于交流的方便，而具体细节形式的知识则更加直接地来自于观察、实验和发现。*分类和类别的知识*反映了该领域的专家一般是如何思考和处理问题的，而知道哪些具体细节重要则是这些思维和问题解决的结果。

在一个学科中，*分类和类别的知识*是专业知识发展的一个重要方面。信息或经验的适当分类是学习和发展的代表性标志。不仅如此，关于概念转变和理解方面的近期认知研究结果表明，信息的非适当分类可能阻碍学生的学习。例如，凯及他的同事（参见 Chi, 1992；Chi, Slotta, and deLeeuw, 1994；Slotta, Chi, and Joram, 1995）指出，当学生把热、光、力和电等概念归入物质实体而不是物理过程时，他们可能难以理解这些基本的科学概念。因为，一旦概念被归入实体或物体，学生就会借助于一整套"物体"所具有的特征和属性来理解这些概念。结果是，学生试图将那些属于物体的特性应用于使用科学术语才能够描述得更好的物理过程。将这些概念分类为物质实体是幼稚的，不如将它们分为物理过程，这样的分类更科学、准确。

把热、光、力和电归入物质实体成为这些物理过程应该如何起作用的一种隐性理论的基础，并且导致对这些物理过程本质的系统的错误理解。这种隐性理论又反过来使学生难以形成正确的科学概念。因此，与只是学习概念的定义相比较（如同在*事实性知识*类别的场合），学会适当地分类和懂得正确的类别系统是"概念转变"的一种反映，它能够使得学生更恰当地理解概念。

出于一些原因，学生学习*分类和类别的知识*比学习事实性知识似乎要更加困难些：第一，学生见到的许多分类和类别形式具有相对的随意性，甚至人为性，于是这些分类和类别只是对那些能够认识到对其工作具有工具价值和技术价值的专家才有意义；第二，即使不像专家预期的那样掌握适当的学科分类和类别知识，学生也许照样能够从事日常学习活动；第三，*分类和类别的知识*要求学生在具体的内容要素（即术语和事实）之间建立起联系；第四，当分类和类别结合形成更大的分类和类别时，学习变得更加抽象。尽管如此，我们仍然预期学生懂得分类和类别，并且懂得在处理学科问题中如何恰当地使用它们。当学生着手解决学科问题并且学会使用这些工具时，分类和类别的价值就会变得更加明显。

分类和类别的知识的例子
- 关于各种文学作品类型的知识
- 关于企业产权形式的知识
- 关于句子成分（例如，名词、动词、形容词）的知识
- 关于各种心理问题类型的知识
- 关于不同地质年代的知识

B$_B$. 原理和通则的知识

前面提到过，原理和通则是由分类和类别构成的。在一门学科中，原理和通则往往占支配地位，并被用来研究该学科的现象或解决问题。学科专家的特点之一是，他们能够识别出有意义的模型（例如，通则），而且几乎不需要认知方面的努力就能够激活与这些模型相关的知识（Bransford，Brown，and Cocking，1999）。

亚类 B$_B$ 包括对现象的观察结果予以概括的一类抽象知识。这类抽象的知识在描述、预测、说明或确定最合适、最恰当的行动或行动方向等方面具有最大的价值。原理和通则汇集大量的具体事实和事件，描述这些具体细节之间的过程和相互关系（从而形成分类和类别），并进一步描述分类和类别之间的过程和相互关系，从而使专家能够以简洁连贯的方式使整体系统化。

原理和通则往往是学生难以理解的一般性的思想和概念，这是因为学生也许并不完全了解原理和通则所要总结与组织的那些现象。然而，如果学生真正懂得了原理和通则，那么，他们就掌握了联系和组织大量学科问题的方法。因此，他们将对学科问题具有更加深刻的洞察力，并能够更好地记忆知识。

原理和通则的知识的例子
- 关于特定文化的主要通则的知识
- 物理学的基本定律知识
- 与生命过程和健康有关的化学原理知识
- 关于美国外贸政策对国际经济和国际友好的意义的知识
- 与学习有关的主要原理的知识

- 联邦制的原理知识
- 指导算术基本操作的原理知识（例如，互换律、结合律）

Bc. 理论、模型和结构的知识

亚类 Bc 包括原理和通则及其相互关系的知识，它们为复杂的现象、问题或一个学科提供清晰、全面、系统的见解。这类知识表达得最为抽象，它们能够阐明一系列具体细节、分类和类别以及原理和通则之间的相互关系和结构。亚类 Bc 不同于亚类 Bв，它强调将一组原理和通则以某种方式相互联系，从而形成理论、模型或结构。亚类 Bв 中的原理和通则不需要以任何一种有意义的方式相互联系。

亚类 Bc 包括不同学科用于描述、理解、说明和预测现象的各种范式、认识论、理论和模型。各门学科都有自己组织探究的范式和认识论，学生应该逐渐了解这些使学科及其研究领域概念化和结构化的不同方法。例如，在生物学中，进化论以及如何从进化论的角度进行思考以说明不同生物学现象的知识，就属于*概念性知识*这一亚类。同样地，在心理学中，行为主义、认知主义和社会建构主义都提出了不同的认识论假设，反映了关于人类行为的不同观点。学科专家不仅知道本学科的各种理论、模型和结构，而且还知道它们之间相对的优点和缺点，他们不仅能够在其中一种理论、模型和结构的范围内进行思考，还能够超越这一范围进行思考。

理论、模型和结构的知识的例子
- 构成化学理论基础的化学原理之间的相互关系的知识
- 关于美国国会的总体结构的知识（即组织、功能）
- 关于地方市政府的基本组织结构的知识
- 阐述的进化论的知识
- 板块构造学的理论知识
- 基因模型知识（例如，DNA）

C. 程序性知识

*程序性知识*是关于如何做某事的知识。这里，"某事"可能是完成相当程式化的练习，可能是解决新问题，也可能是它们之间的任何事情。通常，*程序性知识*以需要遵循的一系列或序列步骤的形式出现，它包括技能、算法、技术和方法等被统称为程序的知识（Alexander, Schallert, and Hare, 1991; Anderson, 1983; deJong and Ferguson-Hessler, 1996; Dochy and Alexander, 1995）。*程序性知识*还包括确定何时使用各种程序的准则知识。事实上，布兰斯福德、布朗和科金（Bransford, Brown, and Cocking, 1999）曾提及，专家不仅拥有本学科的丰富知识，而且他们的知识是"条件化的（conditionalized）"，所以，他们知道何时何地使用知识。

如果说*事实性知识*和*概念性知识*表示的是知识的"什么"方面，那么，程序性知识则涉及到知识的"如何"方面。换言之，程序性知识反映的是各种"过程"的知识，而*事实性知识和概念性知*

识则涉及可以被称为"成果"的那些知识。有一点必须特别提到，*程序性知识*只表示关于这些程序的知识，程序的实际使用将在第五章中另行讨论。

与元认知知识不同（元认知知识包括跨学科或专业的更为概括的策略性知识），*程序性知识*是对具体学科或专业而言的，或与具体学科或专业有着密切的关系，因此，我们用术语*程序性知识*来表示具体学科或专业的技能、算法、技术和方法的知识。例如，数学课中的长除法、解答二次方程式以及确定三角形全等的算法；科学课中设计和做实验的一般方法；社会课中查阅地图、估计文化遗产的年代与收集历史资料的程序；语文课中拼写英语单词和使用正确的语法造句的程序。由于这些程序带有具体学科的特征，因此，关于这些程序的知识同时反映了具体学科的知识或具体学科的思维方式，这与那些可以应用于跨越多学科的一般性问题解决策略是不同的。

C_A. 具体学科的技能和算法的知识

我们曾提及，*程序性知识*可以表示为一系列或序列步骤，这些步骤被统称为一个程序。在有些程序中，步骤完成的顺序是固定的；在另一些程序中，人们必须决定下一个要完成的步骤。类似地，有时，最终结果是确定的（例如存在一个事先规定的答案）；有时则不确定。虽然步骤完成的过程可能是固定的或是更为开放的，但在知识的这个亚类中，最终结果一般被认为是确定的。一个常见的例子是用于数学练习的算法知识。在算术中，分数乘法的算法一般会产生一个确定的答案（当然，计算错误除外）。

尽管我们此时关注的是*程序性知识*，但运用*程序性知识*得到的结果却常常是*事实性知识*或*概念性知识*。例如，我们用于 2 加 2 的整数加法算法是*程序性知识*；而所得的答案 4 却属于*事实性知识*。这里我们再次强调，*程序性知识*指的是学生所具有的关于程序的知识，而不是学生使用程序的能力。

具体学科的技能和算法的知识的例子
- 水彩绘画的技能知识
- 根据结构分析来确定词义的技能知识
- 解答二次方程式的各种算法的知识
- 涉及跳高的技能知识

C_B. 具体学科的技术和方法的知识

与通常导致确定结果的具体技能和算法不同，有些程序并不导致一个预先确定的答案或解决方案。例如，我们可以遵循一般的科学方法按某种顺序设计一项研究，但由于多种因素的影响，实验性设计的结果却可能大不相同。因此，在*程序性知识*的这一亚类 C_B 中，结果更为开放和不确定，这与亚类 C_A，即技能和算法的知识形成对照。

在很大程度上，*具体学科的技术和方法的知识*是通过达成共识，取得一致意见或学科规范等途径得到的结果，而不是直接来源于观察、实验或发现。通常，程序性知识的这一亚类反映的是一个领域或学科的专家思考和解决问题的方式，而不是这些思考和问题解决的结果。例如，一般的科学方法以及如何将其应用于不同情境（包括社会形势与政策问题）中的知识，就反映了一种"科学的"思维方式。另一个例子是将原本不是数学问题的问题"数学化"，例如，在超市选择哪一行排队这一普通问题，就可以变成一个运用数学知识和程序加以解决的数学问题（例如，每一行的人数、每个人的购货数量）。

具体学科的技术和方法的知识的例子
- 社会科学研究方法的知识
- 科学家寻找问题解决方案的方法知识
- 评价健康概念的方法知识
- 各种文学评论的方法知识

Cc. 确定何时使用适当程序的准则知识

除了懂得具体学科的程序之外，学生还需要知道*何时*使用这些程序，这常涉及了解这些程序以往的使用方法。这类知识几乎总是具有历史的或百科全书的性质。与实际使用程序的能力相比，虽然何时使用适当程序的知识要简单些，作用也许要小一些，但懂得何时使用适当程序是正确使用程序的重要前提。因此，在参与一项探究活动之前，学生也许需要了解在类似的探究活动中已被使用过的方法和技术，在探究活动的后期，学生也许需要指出自己使用的方法和技术与别人的方法之间有着怎样的关系。

确定何时使用适当的程序同样是学科专家在解决本领域问题时的一种理性化行为。专家懂得何时何地应用他们的知识。他们拥有能够帮助他们决定何时何地使用具体学科的程序性知识的准则，即他们的知识是"条件化的"，因为他们知道应用程序的条件（Chi, Feltovich, and Glaser, 1981）。例如，在解答一个物理问题时，专家能够识别该问题的类别，然后应用适当的程序解决问题（例如，某个涉及牛顿第二定律 $F=ma$ 的问题）。所以，我们预期学生掌握准则知识并能够使用这些准则。

本书第五章将讨论在实际问题的情境中使用准则的方法。在本节中，我们仅提及*确定何时使用适当程序的准则知识*。随学科的改变，准则会有明显的不同。起初，准则可能对学生显得复杂和抽象；但当准则与具体的情境和问题联系起来之后，准则就具有了内涵。

确定何时使用适当程序的准则知识的例子
- 确定写作文章的文体（例如，说明文、论述文）的准则知识
- 确定用于解答代数方程的方法的准则知识
- 确定用于处理某一实验数据的统计程序的准则知识
- 确定在一幅特定的水彩画中应用哪种技巧创造某种预期效果的准则知识

D. 元认知知识

*元认知知识*是关于一般认知的知识以及关于自我认知的意识和知识。原《手册》出版以来，关于学习的理论和研究的一大特点是强调使学生对自己的知识和思维多一些意识与责任。这一变化跨

越了从新皮亚杰模型到认知和信息加工模型,再到维果茨基文化或情境学习模型等关于学习和发展的各种理论见解。无论研究者持有上述哪一种理论,他们都承认,随着学习的进展,学生通常会更加意识到自己的思维并懂得更多的认知知识,而且,基于这种意识去学习时,学生通常会学得更好(Bransford,Brown,and Cocking,1999)。对于这一理论和研究的总体发展趋势,不同的理论流派有着不同的称谓,其中包括元认知知识、元认知意识、自我意识、反省和自我调节。

正如我们在前面提及的那样,关于**认知的知识**不同于对**认知的监控、控制和调节**,这两者之间存在着重要的区别(Bransford,Brown,and Cocking,1999;Brown,Bransford,Ferrara,and Campione,1983;Flavell,1979;Paris and Winograd,1990;Pintrich,Wolters,and Baxter,in press;Schneider and Pressley,1997;Zimmerman and Schunk,1998)。由于认识到这种区别,因此,在本章中,我们只是对学生关于认知各个方面的知识进行描述,而不描述认知的实际监控、控制和调节。第五章中描述的认知过程以某种方式作用于本章描述的其他类别的知识,也以同样的方式作用于元认知知识。

在弗拉维尔(Flavell,1979)关于元认知的经典文章中,他提出,元认知包括关于策略、任务和个人变量(person variables)的知识。我们的分类体系展现了弗拉维尔的这一总体框架,在元认知知识类别中包括了关于学生学习和思维的一般性策略知识(*策略性知识*)、关于认知任务的知识以及关于何时与为何使用这些不同策略的知识(*关于认知任务的知识*)。最后,我们还纳入了与行为认知和行为动机两者相关的关于自我(个人变量)的知识(*关于自我的知识*)。

D$_A$. 策略性知识

*策略性知识*是关于学习、思维和解决问题的一般性策略的知识。这一知识亚类中的策略能够用于许多不同的任务和学科,而不是只对某一学科领域中某一类任务(例如,解答二次方程式或应用牛顿第二定律)才最为有用。

亚类 D$_A$ 包括关于各种学习策略的知识,学生可以使用这些策略去记忆材料、提取文字的意义或者领会课堂、书本以及其他教材的内容。学习策略的种类繁多,我们可以将它们分成三个大类,即复述策略、精加工策略(elaboration)和组织策略(Weinstein and Mayer,1986)。复述策略涉及一遍又一遍地重复需要回忆的单词和术语;对于更深层次的学习和领会,它们一般不是最有效的策略。与此不同,精加工策略包括对记忆任务使用的各种记忆方法,还包括总结、释义以及选择教科书中的主要观点等技巧。精加工策略能够促使学生对学习材料进行深加工,从而产生比复述策略更好的理解和学习效果。组织策略包括各种形式的概述、绘制"认知地图"或概念图以及做笔记等;学生将材料从一种形式转变为另一种形式。组织策略通常产生比复述策略更好的理解和学习效果。

除这些一般的学习策略之外,学生还能够掌握用于计划、监控和调节认知的各种元认知策略的知识。学生最终将能够使用这些策略去计划认知(例如建立子目标)、监控认知(例如,在阅读一段课文时给自己提问;自己检查一个数学问题的答案)以及调节认知(例如,重新阅读他们不理解的某段课文;回头"修补"一个数学问题的计算错误)。同样地,在这个类别中,我们提及学生的各种策略性知识而不谈策略的实际使用。

最后,亚类 D$_A$ 还包括问题解决和思维的一般性策略(Baron,1994;Nickerson,Perkins,and

Smith, 1985; Sternberg, 1985)。这些策略代表了学生能够用于解决问题,尤其是那些没有固定解答方法的结构不良问题的各种一般启发法。启发法的例子有"方法—目的"分析法以及从预期目标状态逆向思维的方法。除问题解决策略之外,还有一般的演绎思维策略和归纳思维策略,其中包括不同逻辑陈述的效度评价、避免循环论证、根据不同来源的资料作出恰当的推断;以及使用适当的样本进行推断(即避免可得性启发法——基于方便而不是基于代表性样本作决定的一种方法)。

策略性知识的例子
- 知道复述信息是记住信息的一种方法
- 关于各种记忆策略的知识(例如,利用诸如 Roy G Biv 这些缩写词表示光谱的颜色)
- 关于释义和总结等各种精加工策略的知识
- 关于概述和作图等各种组织策略的知识
- 关于建立阅读目标等计划策略的知识
- 自我测验或自问自答等"领会—监控"策略的知识
- 知道"方法—目的"分析法是解决结构不良问题的一种启发式方法
- 知道可得性启发法及其取样有偏差的问题

D$_B$. 关于认知任务的知识,包括情境性知识和条件性知识

除关于各种策略的知识之外,个体还积累关于认知任务的知识。弗拉维尔(Flavell, 1979)对*元认知知识*的传统性划分还包括了:知道不同的认知任务可能难度不同;知道不同的认知任务可能对认知系统提出不同的要求;知道不同的认知任务可能要求不同的认知策略。例如,知道回忆题比识别题更加困难些。回忆题要求主动搜索记忆并提取相关的信息,而识别题只要求辨别备选项然后选择正确的或最佳的答案。

学生发展的关于各种学习和思维策略的知识包括两个方面,即使用一般策略的是哪些以及如何使用这些一般策略。然而,如同*程序性知识*的情形那样,具备这些知识也许还不能满足学生学习的需要。学生还需要发展应用这些一般认知策略的条件性知识;换言之,学生需要发展关于何时以及如何正确地使用这些策略的若干知识(Paris, Lipson, and Wixson, 1983)。这些不同的策略也许并不适用于所有的情境,学习者必须发展关于对各种策略最合适的不同的任务和条件的若干知识。条件性知识是关于学生使用元认知知识的情境的知识,与此不同,*程序性知识*是关于学生使用具体学科的技能、算法、技术和方法的情境的知识。

如果我们将策略想象为帮助学生建构知识的认知"工具",那么,不同的认知任务就要求不同的工具,如同木匠使用不同的工具来完成建造房子的全部工作一样。当然,一种工具,例如铁锤,能够以多种方式用于不同的任务,但这未必是铁锤最适当的使用方式,特别是在其他工具更适合某些任务的情形下。同样地,某些一般的学习和思维策略更适合于不寻常的认知任务,例如,当面对的是一个结构不良的新问题时,一般的问题解决启发式方法也许是有用的;相反,当面对的是一个热力学第二定律的物理问题时,更为专门的*程序性知识*要更有用、更合适些。策略学习的一个重要方面就是,知道何时、为何适当使用这些策略的条件性知识。

条件性知识的另一个重要方面是，使用各种策略的当地情境以及普遍的社会规范、习俗和文化传统。例如，一位教师可能鼓励使用某种监控阅读领会的策略，懂得这一策略的学生能够更好地满足该教师的课堂要求。类似地，不同的文化及亚文化，也许对不同策略的使用以及对问题的思维方式具有不同的规范，懂得这些规范同样有助于学生在解决问题时适应文化方面的要求。例如，用于课堂学习中的策略并非用于工作中的最佳策略。关于各种策略在不同情境中使用时的情境和文化规范的知识，是*元认知知识*的一个重要方面。

关于认知任务的知识（包括情境性知识和条件性知识）的例子
- 知道回忆题（如简答题）比识别题（如选择题）通常对个体记忆系统的认知要求更高
- 知道第一手的原始资料比普通教科书或通俗书籍可能更难理解
- 知道简单的回忆题（如记住一个电话号）也许只要求复述
- 知道总结和释义等精加工策略能够获得更深刻的理解
- 知道在缺乏与具体学科或任务相关的知识或特定*程序性知识*的情况下，解决一般的问题启发法也许最为有用
- 关于如何、何时以及为何使用不同策略的当地的与普遍的社会规范、习俗和文化传统的知识

Dc. 关于自我的知识

除策略性知识和关于认知任务的知识之外，弗拉维尔（Flavell, 1979）还提出，*关于自我的知识*也是元认知的一个重要部分。按照弗拉维尔的模型，关于自我的知识包括对自己在认知和学习方面的强项和弱项的了解。例如，那些知道自己选择题通常比问答题做得更好的学生，就具有一些关于自我的测验技能的知识。在学生针对这两种不同类型的测验进行学习时，这种知识对他们也许是有用的。此外，专家的标志之一是，他们知道何时他们不懂某一问题，而且，他们具有寻找所需适当信息的某些一般性的策略。对自己知识基础的广度和深度的自我意识，是关于自我的知识的一个重要方面。最后，学生需要意识到在不同的情境中自己可能需要的各种一般策略。当存在其他对任务更为合适的策略时，如果意识到自己倾向于过度依赖某一种策略，这可能导致人们改变所使用的策略。

除关于自己的一般认知的知识之外，个体还具有关于自我动机的信念。动机是一个复杂的、不易理解的研究领域，其中存在许多模型和理论。虽然认知模型通常不考虑动机信念，但许多已发表的有价值的文章表明，在学生的动机信念与他们的认知和学习之间存在着重要的关系（Snow, Corno, and Jackson, 1996；Pintrich and Schrauben, 1992；Pintrich and Schunk, 1996）。

另一方面，围绕着动机的一般社会认知模型已经显现出一种共识，这些模型提出了三组动机信念（Pintrich and Schunk, 1996）。这些动机信念在本质上属于社会认知的范畴，因此，可以在知识的分类体系中对它们加以分类。第一组动机信念包括自我效能感，即学生对于他们完成某一任务的能力的判断；第二组动机信念包括学生完成某一任务的目的和原因（例如，学习 vs. 获得好成绩）；第三组动机信念包括价值和兴趣，描述学生对任务的个人兴趣（爱好）的认识，以及他们对该任务对自己的重要性和有用性所作的判断。学生需要发展的关于自我的知识和意识不仅包含知识和认知方面，而且还应该包含动机方面。意识到这些不同的动机信念能够使学习者以更合适的方式监控和调节自己的学习行为。

关于自我的知识是元认知知识的一个重要方面，而关于自我的知识的准确性则似乎对学习最为重要。我们不主张教师为提高学生的"自尊"（一个与关于自我的知识完全不同的概念）而向学生提供正面的但却是虚假的、不准确的甚至误导性的学习反馈信息。学生需要对自己的知识基础和专长具有准确的认识和判断，这要比他们获得夸张的、不准确的关于自我的知识更为重要（Pintrich and Schunk，1996）。如果学生自己都未能意识到不懂得某一方面的事实性知识和概念性知识或者不懂得如何去做某事（程序性知识），他们就不可能努力学习新的东西。专家的标志之一是，他们知道自己懂什么不懂什么，他们对自己的实际知识和能力没有夸张的或虚假的印象。因此，我们强调，教师需要帮助学生对其关于自我的知识进行准确的评估，并且不要以不适当的方式试图提升学生在学习上的自尊。

关于自我的知识的例子
- 知道自己在某些领域但不在其他领域具备渊博的知识
- 知道自己在某种情况下具有依赖于一种"认知工具"（策略）的倾向
- 知道自己从事某一工作所具有的准确的而非夸张（如过于自信）的能力
- 知道自己从事工作的目的
- 意识到自己对工作的个人兴趣
- 了解自己对工作的相对实用价值的判断

涉及元认知知识的目标测评

我们将在下一章中讨论涉及事实性知识、概念性知识和程序性知识的目标的测评，因为所有的目标都是知识与认知过程的某种组合，只讨论知识类别的测评而不同时考虑知识如何用于不同的认知过程，这是毫无意义的。然而，下一章里我们不打算详细讨论元认知知识，因此，有必要现在就讨论元认知知识的测评。

涉及元认知知识目标的测评有其独特性，因为这些目标要求从不同的角度来看待什么是"正确"答案。如果目标的动词与认知过程创造无关，那么，大部分涉及事实性知识、概念性知识和程序性知识的目标的测评题都具有一个"正确"答案，而且该答案对于所有的学生都是相同的。例如，一个涉及回忆事实性知识的目标，其测评题的答案"林肯作葛底斯堡演讲的日期"的答案对所有学生就都是相同的。相反，对于涉及元认知知识的目标，其测评题的"正确"答案可能存在重要的个体差异和不同看法。此外，元认知知识有三个亚类，每个亚类对"正确"答案所要求的视角可能也不相同。

对于元认知知识的第一个亚类——策略性知识，关于一般策略的某些知识也许是"正确的"。例如，如果要求学生简单地回忆关于一般记忆策略的知识（如缩略词的使用），那么，该测评事实上是存在一个正确答案的。另一方面，如果要求学生把这种知识应用到新的情境，那么，可能存在学生使用缩略词去帮助记忆重要信息的许多种方式。

元认知知识其他两个亚类的测评更有可能出现个体差异。关于认知任务的知识的确包括要求一个正确答案的某些知识，例如，识别题比回忆题更加容易是一个基本的常识，因此，关于这一关系的测评题的确具有一个正确答案。另一方面，存在许多不同的条件、情形、情境和文化背景，它们改变一般认知策略应用的方式，不具备这些不同条件和情境的某些知识就很难确定一道测评题的答案是否正确。

最后，关于*自我的知识*的测评同样更有可能出现个体差异。这一亚类假定学生个体在知识和动机方面存在差异。此外，人们如何才能确定关于自我的知识的"正确"答案？关于自我的知识甚至可能是错误的（例如，一个学生认为，如果在考试前夜吃了意大利辣香肠比萨饼，他在测验中就会有最佳表现），应该在各种场合纠正这些错误的信念和迷信。虽然如此，帮助学生变得更加明白和意识到自己的信念，根据目前关于学习的理论来帮助他们确定这些信念的可行性，以及帮助他们学会如何监控和评价这些信念，这也许是对关于自我的知识进行测评的最佳方式。

使用简单的纸笔式测量法测评*元认知知识*是很困难的（Pintrich, Wolter, and Baxter, in press），因此，涉及*元认知知识*目标的测评也许最好在课堂活动的情境中和在对各种策略的讨论中进行。毫无疑问，那些向学生讲授学习和思维的一般策略的课程设计（例如，关于学习策略、思维技能、学习技能的授课）能够使学生参与*元认知知识*所有三个方面的学习。学生能够从这些课程中学习一般的策略并了解其他学生如何使用策略，然后，将自己的策略与其他学生使用的策略进行比较。此外，不仅关于策略的课程，任何课程中针对学习和思维问题的课堂讨论都有助于学生意识到自己的*元认知知识*。通过倾听学生在这些讨论中谈论他们的策略，与学生进行个别谈话，查阅学生关于他们自己学习的笔记等，教师都可以对学生的元认知知识获得一定程度的了解。关于元认知知识的最佳测评方式，我们还有许多东西需要探索，但是，考虑到测评元认知知识对学习的重要性，在这个领域继续努力似乎是合乎时宜的。

结论

在本章中我们定义并描述了四类知识：*事实性知识*、*概念性知识*、*程序性知识*和*元认知知识*。*事实性知识*和*概念性知识*是涉及"什么"的知识，在这一点上，它们最为相似，虽然*概念性知识*比术语和孤立的事实的知识更深刻、更有条理、更具综合性以及更加系统化。*程序性知识*是关于"如何"做某事的知识。原《手册》分类体系对所有这三类知识都进行过描述。为了反映近期认知科学和认知心理学关于元认知的重要性的研究成果，我们添加了第四个知识类别：*元认知知识*。用最简单的术语来说，*元认知知识*就是关于认知的知识。

在阅读本章以后，区分这四类知识的重要性也许已经变得十分明显，但在下一章中我们还会进一步强调这一重要性。在第五章中，我们将指出不同类别的知识通常是如何与某一类别的认知过程相联系的。在对第八章到第十三章的教学案例所作的讨论和分析中，我们将进一步阐明这些知识类别之间的区别。

第五章 认知过程维度

在第四章中，我们详细地描述了四类知识。我们认为，虽然学校教育大部分局限于*事实性知识*的学习，但是，如果更加注重包括*概念性知识、程序性知识*和元认知知识在内的更为广泛的知识类别，那么，这一狭窄的知识学习范围就能够得到极大的扩展。类似地，我们在本章中表明，虽然教学和测评通常把重点放在*回忆*这一认知过程上，但我们可以扩充学校教育，使其包括的认知过程更加广泛。事实上，原《手册》分类框架一直主要用于对课程和考试的分析，以表明教学和测评过分强调*记忆/回忆*而忽视了复杂程度更高的认知过程类别（Anderson and Sosniak, 1994）。本章的目的就是更加详细地描述所有的认知过程。

教育的两个最重要的目的是促进学习的保持和学习的迁移（迁移的出现是有意义学习的标志）。学习的保持是指在学习之后的某一时间内以教学中呈现的大致方式回忆出教材的能力；学习的迁移则是指运用已学知识去解决新问题、回答新的提问或者学习新内容的能力（Mayer and Wittrock, 1996）。简言之，保持要求学生**回忆**所学知识，而迁移不仅要求学生回忆，而且要求学生**理解**并**能够运用**所学的东西（Bransford, Brown, and Cocking, 1999；Detterman and Sternberg, 1993；McKeough, Lupart, and Marini, 1995；Mayer, 1995；Phye, 1997）。换一种稍微不同的说法就是，保持着眼于**过去**，而迁移则注重**未来**。例如，学生在学习了课本中关于欧姆定律的一课之后，保持性测验也许只要求学生写出欧姆定律公式。与此不同，迁移性测验则可能要求学生重新设计电路以获得最大的电流，或使用欧姆定律去解释一个复杂电路。

尽管促进学习保持的教育目标相当容易建立，但教育者对促进学习迁移的目标的阐述、教学和测评也许感到困难（Baxter, Elder, and Glaser, 1996；Phye, 1997）。本修订版分类框架旨在帮助拓展典型的教育目标的范围，使其包括针对促进学习迁移的目标。本章将首先介绍学习的保持和迁移，然后描述六个认知过程类别（其中一个类别注重学习的保持，其他五个类别注重学习的迁移，尽管这五个类别也有助于学习的保持）。最后，我们以一个如何把以上论述应用于关于欧姆定律一课的教学、学习和测评的实例来结束本章。

三种学习结果的故事

作为本章的引子，让我们简要地考虑以下三种学习情形：第一种是零学习的例子（即没有进行预期的学习）；第二种是机械学习的例子；第三种则是有意义学习的例子。

零学习（No Learning）

埃米在学习科学课本中关于电路的一章。她快速地浏览了教材，自信测验会轻而易举，但是，当要求她回忆部分功课时（如同一个保持性质的测验），她只能回忆出很少几个关键性的术语和事实，例如，尽管这一章描述过电路的主要部件，但她不能够把它们列举出来。而且，她也不能够按照要求使用课本中的信息去解决问题（如同一个迁移性测验的一部分），例如，她不能够回答要求她诊断一个电路问题的测验提问。这是一种最糟糕的学习情形，埃米既未掌握也不能够运用相关的知识。在学习时，埃米既没有足够专心地学习也未能消化教材，她学习的结果在本质上可以被称为**零学习**。

机械学习（Rote Learning）

贝姬也在学习关于电路的相同章节。她认真地阅读教材，确实做到了没有漏掉任何一个单词。她重新温习教材并且记住了关键性的事实。当要求她回忆教材时，她几乎能够回忆所有的重要术语和事实。与埃米不同，贝姬能够列举出电路的主要部件。然而，与埃米一样，她也不能够按照要求使用课本中的信息去解决问题，回答不了要求她诊断一个电路问题的测验提问。这一情形表明，贝姬掌握了相关的知识但不能运用这些知识去解决问题。她不能够把自己的知识迁移到新的情境。贝姬专心地学习了相关的信息，但她并没有理解这些信息因而不能够加以运用，她的学习可以被称为**机械学习**。

有意义学习（Meaningful Learning）

卡拉同样学习关于电路的相同章节。她认真地阅读，并努力理解教材。当要求她回忆教材时，她与贝姬一样几乎能够回忆出这一课所有的重要术语和事实。此外，当要求她使用课本中的信息解决问题时，她提出了许多可能的解决方案。这一情形表明，卡拉不仅掌握了相关知识，而且还能够运用掌握的知识去解决问题和理解新的概念。她能够把知识迁移到新的问题和新的学习情境之中。卡拉专心地学习了相关的信息，并且理解了这些信息，她的学习结果可以被称为**有意义学习**。

有意义学习为学生成功地解决问题提供了必要的知识和认知过程。问题解决是指学生构思方法以达到自己从未达到的目标，即想办法将一种情境从初始状态变为目标状态，他们就在进行问题解决（Duncker，1945；Mayer，1992）。问题解决的两个基本组成部分是问题表象（学生建立问题的心理表象）和问题解决方案（学生设计和执行解决问题的方案）（Mayer，1992）。原《手册》的作者们曾经认识到，学生经常采用类比法来解决问题，这与近期的研究结果（Gick and Holyoak，1980，1983；Vosniadou and Ortony，1989）是相符的。这就是说，学生以一种更为熟悉的方式重新表述有待解决的问题，识别出重新表述过的问题与某一类熟悉的问题相似，概括出该类熟悉的问题的解决方法，然后把这一方法应用到有待解决的问题上。

建构知识框架的有意义学习

关注有意义学习与将学习看作学生试图理解其经历的知识建构观是一致的。第四章开始时曾提及，在建构主义学习过程中，学生参与主动认知加工活动，例如注意相关的输入信息，在心理上把输入的信息组织成连贯的表象形式，把输入的信息与已有知识融为一体，等等（Mayer，1999）。

相反，机械学习将学习看作知识习得，即学生试图把新的信息添加到他们的记忆中去（Mayer, 1999）。

建构主义学习（即有意义学习）被认为是教育的重要目标。建构主义学习要求教学超越简单地呈现事实性知识这一目标，同时要求测评任务不是仅只要求学生简单地回忆或识别事实性知识（Bransford, Brown, and Cocking, 1999; Lambert and McCombs, 1998; Marshall, 1996; Steffe and Gale, 1995）。本章所总结的认知过程描述了学生在建构主义学习中的认知活动范围，就是说，这些认知过程展示了学生能够积极参与意义建构过程的方式。

保持和迁移的认知过程

如果我们教学和测评的兴趣主要在于学生学习某一学科内容以及在某一时间内将其记住的程度，那么，我们就会主要关注一类认知过程，即与*回忆*相联系的过程。相反，如果我们希望考察培养和评估有意义学习的多种方式从而扩大我们的关注点，那么，我们需要审视回忆以外的其他认知过程。

哪些认知过程可以用于知识的保持和迁移？正如我们讨论过的那样，本修订版分类框架包括六个认知过程类别，其中一个认知类别（*记忆/回忆*）与知识的关系最为紧密，其他五个认知类别（*理解、应用、分析、评价和创造*）与迁移的关系越来越紧密。基于对原《手册》列举的示例性目标的回顾，以及对其他分类系统所作的研究分析（例如，DeLandsheere, 1977; Metfessel, Michael and Kirsner, 1969; Mosenthal, 1998; Royer, Ciscero and Carlo, 1993; Sternberg, 1998），我们选择了适合于这六个认知类别的19种具体的认知过程。表5.1为每一种认知过程提供了简明的定义及其例子，列出了其同义词，并且表明了其所属的类别。我们规定，这19种具体认知过程之间具有互斥性，它们一起描绘出六个认知类别的范围和边界。

认知过程的类别

在下面的讨论中，我们将逐一定义六个认知类别中的每一种认知过程，必要时将与其他认知过程进行比较。我们还将为每一种认知过程提供不同学科的教育目标实例和测评题实例以及测评题型。下面的每一个示例性目标都应该读作好像在前面加上了"学生能够……"或者"学生学会……"之类的短语。

1. 记忆/回忆

当教学目标是让学生几乎原封不动地记住教学所呈现的材料时，与之相关的认知过程类别就是*记忆/回忆*，它涉及从长时记忆中提取相关的知识。*记忆/回忆*类别的两个具体认知过程是*识别*和*回忆*，与该类别相关的知识可能是*事实性知识*或*概念性知识*，也可能是*程序性知识*或*元认知知识*，还可能是这几类知识的某种组合。

为了测评学生关于这个最简单的过程类别的学习情况,我们可以让学生在与学习条件非常相似的情形下完成一个识别题或回忆题,在这些试题中,超出学生学习条件的情形即使存在,也要尽可能地少些。例如,如果学生学会了20个西班牙语单词的英语对等词,那么,相应的回忆测验可能是要求学生把一列西班牙语单词与另一列英语单词配对(即*识别*),也可能是要求学生在这列西班牙语单词的旁边写出其英语对等词(即*回忆*)。

在把知识运用到较为复杂的任务时,*回忆*该知识对有意义学习和问题解决是必不可少的。例如,如果一位学生要熟练地写作小品文,那么,该学生必须具备与一定年级水平相称的正确拼写常见英语单词的知识。在教师只关注机械学习的情形下,教学和测评就会只针对知识要素或片段的回忆,而这些知识要素或片段往往脱离其所处的情境。然而,当教师关注有意义学习时,回忆知识就会融入建构新知识或解决新问题这一更大的任务之中。

表 5.1 认知过程维度

类别 & 认知过程	同义词	定义及其例子
1. 记忆/回忆(Remember)——从长时记忆中提取相关的知识		
1.1 识别(Recognizing)	辨认(Identifying)	在长时记忆中查找与呈现材料相吻合的知识(例如,识别美国历史中重要事件的日期)
1.2 回忆(Recalling)	提取(Retrieving)	从长时记忆中提取相关知识(例如,回忆美国历史中重要事件的日期)
2. 理解(Understand)——从口头、书面和图像等交流形式的教学信息中构建意义		
2.1 解释(Interpreting)	澄清(Clarifying) 释义(Paraphrasing) 描述(Representing) 转化(Translating)	将信息从一种表示形式(如数字的)转变为另一种表示形式(如文字的)(例如,阐释重要讲演和文献的意义)
2.2 举例(Exemplifying)	示例(Illustrating) 实例化(Instantiating)	找到概念和原理的具体例子或例证(例如,列举各种绘画艺术风格的例子)
2.3 分类(Classifying)	归类(Categorizing) 归入(Subsuming)	确定某物某事属于一个类别(如概念或类别)(例如,将观察到的或描述过的精神疾病案例分类)
2.4 总结(Summarizing)	概括(Abstracting) 归纳(Generalizing)	概括总主题或要点(例如,书写录像带所放映的事件的简介)
2.5 推断(Inferring)	断定(Concluding) 外推(Extrapolating) 内推(Interpolating) 预测(Predicting)	从呈现的信息中推断出合乎逻辑的结论(例如,学习外语时从例子中推断语法规则)
2.6 比较(Comparing)	对比(Contrasting) 对应(Mapping) 配对(Matching)	发现两种观点、两个对象等之间的对应关系(例如,将历史事件与当代的情形进行比较)
2.7 说明(Explaining)	建模(Constructing models)	建构一个系统的因果关系(例如,说明法国18世纪重要事件的原因)

(待续)

（续上表）

类别 & 认知过程	同义词	定义及其例子
3. 应用（Apply）——在给定的情景中执行或使用程序		
3.1 执行（Executing）	实行（Carrying out）	将程序应用于熟悉的任务（例如，两个多位数的整数相除）
3.2 实施（Implementing）	使用，运用（Using）	将程序应用于不熟悉的任务（例如，在牛顿第二定律适用的问题情境中运用该定律）
4. 分析（Analyze）——将材料分解为它的组成部分，确定部分之间的相互关系，以及各部分与总体结构或总目的之间的关系		
4.1 区别（Differentiating）	辨别（Discriminating） 区分（Distinguishing） 聚焦（Focusing） 选择（Selecting）	区分呈现材料的相关与无关部分或重要与次要部分（例如，区分一道数学文字题中的相关数字与无关数字）
4.2 组织（Organizing）	发现连贯性（Finding coherence） 整合（Integrating） 概述（Outlining） 分解（Parsing） 构成（Structuring）	确定要素在一个结构中的合适位置或作用（例如，将历史描述组织起来，形成赞同或否定某一历史解释的证据）
4.3 归因（Attributing）	解构（Deconstructing）	确定呈现材料背后的观点、倾向、价值或意图（例如，依据其政治观来确定该作者文章的立场）
5. 评价（evaluate）——基于准则和标准作出判断		
5.1 检查（Checking）	协调（Coordinating） 查明（Detecting） 监控（Monitoring） 检验（Testing）	发现一个过程或产品内部的矛盾和谬误；确定一个过程或产品是否具有内部一致性；查明程序实施的有效性（例如，确定科学家的结论是否与观察数据相吻合）
5.2 评论（Critiquing）	判断（Judging）	发现一个产品与外部准则之间的矛盾；确定一个产品是否具有外部一致性；查明程序对一个给定问题的恰当性（例如，判断解决某个问题的两种方法中哪一种更好）
6. 创造（Create）——将要素组成内在一致的整体或功能性整体；将要素重新组织成新的模型或结构		
6.1 产生（Generating）	假设（Hypothesizing）	基于准则提出相异假设（例如，提出解释观察的现象的假设）
6.2 计划（Planning）	设计（Designing）	为完成某一任务设计程序（例如，计划关于特定历史主题的研究报告）
6.3 生成（Producing）	建构（Constructing）	生产一个产品（例如，有目的地建立某些物种的栖息地）

1.1 识别

*识别*涉及从长时记忆中提取相关的知识，以便与被呈现的信息进行比较。在*识别*这一认知过程中，学生搜寻其长时记忆，寻找与被呈现的信息（由工作记忆所表征）相同的或极为相似的信息，从而确定被呈现的新信息是否对应于已学过的知识，也就是寻找已学知识的对应物。*识别*的同义词是辨认。

目标实例及其测评题　　在社会课中，目标可能是要求学生识别美国历史上重要事件的准确日期，与之对应的测验题是："判断对错：1774 年 7 月 4 日通过了《独立宣言》"。在文学课中，目标可能是识别英语文学作品的作者，与之对应的测评是一个配对测验题，其中包括一列具有 10 位作家的名单（包括查尔斯·狄更斯）和一列稍微多于 10 部小说的小说名单（包括《大卫·科波菲尔》）。在数学课中，目标可能是识别各种基本几何图形有多少条边，与之对应的测评是一个选择题，例如："一个五边形有多少条边？(a) 四，(b) 五，(c) 六，(d) 七"。

测评题型　　前面的段落已经表明，识别的三种主要测评题型是：验证题、匹配题和强迫选择题。验证题为学生提供某种信息，学生必须决定该信息是否正确，是非判断是验证题最常见的形式。匹配题提供给学生两列清单，要求学生将一列清单中的每一个条目与另一列清单中的条目配对。强迫选择题提供给学生一个题干和几个备选答案，学生必须决定哪个答案是正确的或是"最佳答案"。选择题是强迫选择作业最常见的题型。

1.2 回忆

*回忆*涉及获得提示（通常是一个提问）后从长时记忆中提取相关的知识。在*回忆*这一认知过程中，学生从长时记忆系统中搜索相关信息，并把该信息调入到能够对其进行操作或加工的工作记忆系统中。*回忆*的同义词是提取。

目标实例及其测评题　　在*回忆*时，学生在得到提示后回忆已学过的信息。在社会课中，目标可能是回忆南美各国的主要出口商品，与之对应的测验题为"玻利维亚有哪些主要出口商品？"在文学课中，目标可能是回忆创作过各种各样诗歌的诗人，与之对应的测验题是"谁创作了《英烈传》？"在数学课中，目标可能是回忆整数的乘法事实，与之对应的测验题要求学生进行 7×8（或 $7 \times 8 = ?$）的乘法运算。

测评题型　　测评*回忆*的试题提供给学生的提示的数量和质量可能是多样化的。弱提示不提供给学生任何线索或相关的信息（例如，"什么是一米？"），强提示为学生提供几条线索（例如，"在公制系统中，一米是_____的度量。"）。

测评*回忆*的试题被置于一个更大的有意义情境的程度也是有变化的。在情境弱嵌入的情形下，试题作为单个的、孤立的事件呈现给学生，就像前面的例子那样。在情境强嵌入的情形下，试题被包括在一个更大的问题情境之中，例如，要求学生在解答一个需要利用圆面积公式的数学文字题的情景中回忆该公式。

2. 理解

如前所述，如果教学的主要目的是为了促进学习的保持，那么，我们关注的将是强调*回忆*的目标。然而，如果教学的目的是为了促进学习的迁移，教育的重心就会转移到其他五个认知类别，即从*理解*到*创造*的认知类别。在这些类别中，在学习迁移的教育目标中，*理解*被认为是各级学校强调的基于迁移的教育目标的最大类别。当学生能够从授课、书本或计算机等渠道获得言语、文字和图形等呈现形式的教学信息并从中建构意义时，我们就说学生*理解*了。除无数的书面文字、图示以及符号表达式之外，课堂物理实验演示、野外考察中观察到的地质层组、计算机模拟的艺术博物馆观光、管弦乐队演奏的音乐作品等等，都可能成为教学信息的来源。

理解需要在将要获得的"新"知识和已有知识之间建立起联系，更为具体地说，理解是新获得的知识与现有的心理图式和认知框架的整合。因为概念是组成这些图式和框架的基本模块，所以，*概念性知识*是理解的基础。*理解*类别中的认知过程包括*解释*、*举例*、*分类*、*总结*、*推断*、*比较*和*说明*。

2.1 解释

*解释*是指学生能够将信息从一种表示形式转变为另一种表示形式，它可能涉及将文字转变为文字（例如释义），将图画转变为文字，将文字转变为图画，将数字转变为文字，将文字转变为数字，将音符转变为声音，等等。*解释*的同义词是转化、释义、描述和澄清。

目标实例及其测评题 在*解释*这一认知过程中，对于一种表示形式的给定的信息，学生能够将它转变为另一种形式。例如，在社会课中，目标可能是学会解释美国历史上内战时期重要讲演和文献的意义，与之对应的测评试题要求学生阐释一个著名演讲，如林肯的葛底斯堡演讲的意义。在科学课中，目标可能是学会以画图的方式描述自然现象，与之对应的测评试题要求学生使用图解法说明光合作用的原理。在数学课中，目标可能是学会用文字表达的数学关系转变为用数学符号表达的代数方程式，与之对应的测评试题要求学生写出与"这个班男生人数是女生人数的两倍"这一文字陈述相对应的数学方程式（用 B 表示男孩的数目，用 G 表示女孩的数目）。

测评题型 测评*解释*的适当题型包括构答题（constructed response）（即需要学生提供答案）与选择题（selected response）（即需要学生从给定的答案选项中作出选择）。在测评时，信息以一种形式呈现出来，学生需要以另一种形式建构或者选择与之相同的信息。例如，一个构答试题为："邮寄一个包裹的费用是第一磅 \$2，以后每磅加收 \$1.5。写出与上面的陈述相对应的方程式，用 T 代表费用，P 代表用磅表示的重量。"这道题的选择题试题为："邮寄一个包裹的费用是第一磅 \$2，以后每磅加收 \$1.5。下面哪一个等式与上面的陈述相对应，等式中 T 代表费用，P 代表用磅表示的重量。(a) $T = \$3.50 + P$，(b) $T = \$2.00 + \$1.50 \ (P)$，(c) $T = \$2.00 + \$1.50 \ (P-1)$"

为了尽量保证测评针对的是*解释*而不是*回忆*，测评题包含的必须是新的信息。在这里，"新"的意思是学生在教学过程中未曾遇见过。如果不能遵从这条规则，我们就不能确保被测评的认知过程是*解释*而不是*回忆*。如果测评题与教学过程使用过的作业或例子相同，我们所测评的认知过程就有可能是*回忆*，尽管我们想要测评的并不是回忆。

如果测评任务针对的是高阶的认知过程，那么，它们必须满足这样一个要求，即单凭记忆，学生不能够得到正确的答案。尽管从现在起我们将不再重复这一点，但是，它适用于除*记忆/回忆*以外的所有其他过程类别和认知过程。

2.2 举例

*举例*是指学生列举一般概念或原理的具体例子。*举例*涉及辨认一般概念或原理的定义特征（例如，一个等边三角形必定有两条等长的边），并利用这些特征去选择或建构一个具体例子（例如，确定给出的三个三角形中哪一个是等边三角形）。*举例*的同义词是示例和实例化。

目标实例及其测评题 在*举例*这一认知过程中，教师提供给学生一个概念或原理，学生必须选择或列举一个在教学中不曾遇见过的该概念或该原理的具体例子。在艺术史课中，目标可能是学会列举各种艺术绘画风格的例子，与之对应的测评题要求学生在四幅画中选择一幅印象派风格的作品。在科学课中，目标可能是能够列举各种化合物的例子，与之对应的测评要求学生在一次野外考察时找到一种无机物，并说出为什么它是无机物（即说明其定义特征）。在文学课中，目标可能是学会列举各种戏剧的流派的例子，与之对应的测评是，在简要地向学生叙述四场戏剧（其中一场是浪漫喜剧）后要求他们说出其中浪漫喜剧的剧名。

测评题型 *举例*的测评题型可以包括构答题（学生必须举出一个例子）与选择题（学生必须从给定的例组中选择一个例子）。科学课的试题"找到一种无机物并说出为什么它是无机物"要求学生建构答案。相反，试题"下列物质中哪一种是无机物？(a) 铁，(b) 蛋白质，(c) 血液，(d) 腐殖土"则要求选择答案。

2.3 分类

分类要求学生识别某事/某物（如某一事件或例子）属于某一个类别（如某一概念或原理），这涉及查明与具体例子和概念或原理两者都"相符"的相关特征或模式。分类与*举例*是一对互补的认知过程：*举例*从一般的概念或原理出发要求学生寻找一个具体例子；而分类则从一个具体例子出发要求学生找到一般的概念或原理。分类的同义词是归类和归入。

目标实例及其测评 在社会课中，目标可能是学会把观察到的和描述过的精神障碍病案例分类，与之对应的测评试题要求学生观看一个精神病人的行为录像，然后指出该病人表现出来的精神障碍。在科学课中，目标可能是学会将各种史前动物的物种分类，与之对应的测评题是为学生提供一些带有文字说明的史前动物图片，然后要求学生将相同的物种归到相应的类别之中。在数学课中，目标可能是能够确定数字所属的类别，与之对应的测评题提供给学生一个数字，要求学生在一列数字中圈出与该数字类别相同的所有数字。

测评题型 构答试题为学生提供一个例子，学生必须思考出与该例子相关的概念或原理。选择试题为学生提供一个例子，学生必须从一个列表中选择与该例子相关的概念或原理。分拣式（sorting）测评题为学生提供一组例子，学生必须确定哪些例子属于一个特定的类别以及哪些不属于该类别，或者把这些例子归入相应的类别之中。

2.4 总结

*总结*是指学生用一句话来描述呈现的信息或概括出信息的主题。因此,*总结*涉及建构信息的表征,如建构戏剧中某一场景的含义,还涉及对信息进行概括,如确定主题或主要观点。*总结*的同义词是概括和归纳。

目标实例及其测评题 在*总结*这一认知过程中,针对给定的信息,学生提出其概要或概括出一个主题。在历史课中,目标可能是学会写出用图形描绘的事件的简短总结,与之对应的测评试题要求学生在观看法国革命的一段录像后简明扼要地写出其内容概略。类似地,在科学课中,目标可能是学会在阅读几篇关于著名科学家的作品后总结他们的主要贡献,与之对应的测评试题要求学生阅读关于查尔斯·达尔文的几篇代表作并总结作品的主要观点。在计算机科学课中,目标可能是学会总结一个程序中各种子程序的作用,与之对应的测评试题要求学生用一句话描述一个程序中的各部分在整个程序中所要实现的子目标。

测评题型 测评题可以是构答题,也可以是选择题,都涉及主题或概要。一般而言,主题比概要更为抽象。例如,一个构答题作业也许要求学生阅读一段无标题的关于加州淘金热的文章,然后为文章添加一个适当的标题。相应地,一个选择题作业也许要求学生在阅读同一段文章后,从一列四个可能的标题选项中选择最恰当的标题,或者按照标题与文章要点"相符"的程度排列这四个标题选项。

2.5 推断

*推断*涉及在一组例子或事件中发现模式,这要求学生能够对每个例子的相关特征编码(encoding),更重要的是,能够发现例子之间的相互关系,从而抽象出能够解释这组例子的概念或原理。例如,对于给定的一列数,如 1、2、3、5、8、13、21,如果学生能够关注其中每个数字的数值而不是其他无关的特征(如数字的形状或奇偶性),学生就能够在这列数中辨认出模式(即从第三个数开始,每个数都是它前面的两个数之和)。

*推断*的过程涉及在整个集合的背景中进行例子之间的比较。例如,为了确定上述数列中的下一个数,学生必须辨认出整个数列的变化模式。与*推断*相关的另一个认识过程是利用这一变化模式去生成一个新的例子(例如,上述数列的下一个数是 34,即 13 与 21 之和)。这是*执行*的一种情形,而*执行*是属于*应用*类别的一个认知过程,因此,*推断*和*应用*往往一起用于认知任务。

最后,*推断*有别于*归因*(属于分析类别的一个具体认知过程)。如同我们将在本章后面所讨论的那样,*归因*只关注确定作者的立场或意图等实用性问题,而*推断*则关注从呈现的信息中归纳出一种模式。*推断*与*归因*的另一个区别在于,*归因*广泛地适用于必须"体会言外之意"的情形,尤其是当人们试图确定作者的立场时;而*推断*则发生在对推断的内容提供了预期结果的情境之中。*推断*的同义词是外推、内推、预测和断定。

目标实例及其测评题 在*推断*这一认知过程中,对于一组或一列给定的例子,学生找到解释它们的概念或原理。例如,在学习第二外语西班牙语时,目标可能是从西班牙语例子中推断语法规则。与之对应的测评是提供给学生许多"冠词—名词"的配对,如"la casa, el muchacho, la senorita，el pero"，然后要求学生阐明何时使用"la"与何时使用"el"的语法规则。在数学课中，目标可能是学会从两个变量的多个观察值中推断出两个变量之间的关系，并用方程式表达这种关系，与之对应的测评试题要求学生用一个方程式来描述变量 x 和变量 y 之间的关系，该方程式需要满足的条件是：当 x 为 1，y 等于 0；当 x 为 2，y 等于 3；当 x 为 3，y 等于 8。

测评题型 要求学生进行推断（往往与*执行*一起）的三种常见测评题型是：完成式试题（completion tasks）、类比试题（analogy tasks）以及举异试题（oddity tasks）。完成式试题提供给学生一组项目，学生必须确定该组项目的下一个项目是什么，如同前面提到的数列的情形。类比试题提供给学生一个形式为"A 对于 B 犹如 C 对于 D"的类比，（如"国家"对于"总统"犹如"州"对于＿＿＿＿＿＿），学生必须生成或选择一个适合填写在空白之处的项目去完成这个类比（例如，"州长"）。举异试题要求学生在所提供的三个或四个项目中确定哪一个与其他几个不同，例如，三道物理测验题，其中两道涉及一个原理，而另一道涉及一个不同的原理。为了使测评只针对推断这一认知过程，测评试题中的问题也许需要陈述学生得到正确答案所运用的基本概念和原理。

2.6 比较

*比较*涉及查明两个或更多对象、事件、观点、问题或者情境之间的相似点与不同点，例如，确定一个广为人知的事件（例如，一个近期的政治丑闻）与一个鲜为人知的事件（例如，一个历史上的政治丑闻）的相似点。*比较*包括在两个对象、事件或观点的要素和模式之间发现一一对应的关系。与*推断*（例如，首先从更为熟悉的情境概括出规则）和*实施*（例如，其次把该规则应用到不熟悉的情境）一起使用时，*比较*有助于进行类比推理思维。*比较*的同义词是对比、配对和对应。

目标实例及其测评题 在*比较*这一认知过程中，学生查明给定的新信息与更为熟悉的知识之间的对应关系。例如，在社会课中，目标可能是通过与更为熟悉的情境相比较来理解历史事件，与之对应的测评问题是"美国独立战争与一场家庭纠纷或者朋友间的争论有何相似之处？"在科学课中，目标可能是学会将电路与一个更加熟悉的系统进行比较，与之对应的测评可能是一个提问"电路与水流的管道系统在哪些地方相似？"

*比较*也许还涉及确定两个或更多呈现的对象、事件或观点之间的对应关系。在数学课中，目标可能是学会比较结构类似的数学应用题，与之对应的测评问题要求学生比较某个混合题与某个应用题之间的相似之处。

测评题型 *比较*的一个主要测评方法是对应。在进行对应时，学生必须指明一个对象、观点、问题或情境的每一部分如何对应于（或映射到）另一个对象、观点、问题或情境的每一部分。例如，我们可以要求学生逐一讲述电路中的电池、连线和电阻是怎样分别类似于水流系统中的水泵、管道和管道构架的。

2.7 说明

*说明*要求学生建构和运用某一系统的因果模型。该模型也许从一种形式理论推导得出（在自然科学中情况经常是这样），也许建立在研究或经验的基础之上（在社会学科和人文科学中往往如此）。一个完整的*说明*涉及建构一种因果模型，包括建构一个系统中的每一个主要部分或一条事件

链中的每一个主要事件，以及运用该模型去确定改变该系统中的一部分或链中的一环将如何影响到其他部分的变化。*说明*的同义词是建模。

目标实例及其测评题　在对一个系统的给定描述加以*说明*时，学生发展以及运用该系统的一种因果模型。例如，在社会课中，目标可能是说明18世纪重要历史事件的原因，与之对应的测评题要求学生阅读与讨论关于美国独立战争的课文，然后建构独立战争中事件的一条因果链，从而对独立战争爆发的原因作出最佳的说明。在自然科学课中，目标可能是说明物理学的基本定律是如何起作用的，与之对应的测评要求学过欧姆定律的学生说明把第二节电池添加到电路中电流会如何变化，或者要求看过一段雷雨录像的学生说明温度的差异如何影响闪电的形成。

测评题型　测评学生说明能力的题型包括推理、故障诊断、重新设计和预测。推理试题要求学生说出给定事件发生的原因，例如，"当你往上拉自行车的打气筒手柄时，为什么空气会进入打气筒？"对该作业的一种回答是："因为打气筒内的气压比外面低，所以空气被压进了打气筒"，这个回答涉及寻找原理以说明给定事件。

故障诊断试题要求学生诊断一个出了故障的系统从而找出故障的原因。例如，"假设你把自行车的打气筒手柄上拉和下压了好几次，但不见空气出来，故障在哪里？"这时，学生必须对故障的症状作出说明，例如，"打气筒上有一个洞"或者"活塞在应打开的位置上被卡住了"。

重新设计试题要求学生对系统进行改变但不改变系统的功能。例如，"你如何改进自行车的打气筒使它更好地工作？"为了回答这个问题，学生必须想象如何改变系统的一个或多个部件，如"在活塞和气筒内壁之间涂些润滑剂"。

在预测试题中，需要学生回答改变系统的某一部分将会如何引起系统其他部分的变化，例如，"如果增加自行车打气筒的直径，结果会怎样？"这个问题要求学生对头脑中的打气筒心理模型进行"操作"，从而想象到流过打气筒的空气量可能会由于打气筒直径的增加而增加。

3. 应用

*应用*涉及使用程序去完成练习或解决问题，因此，*应用*与*程序性知识*有着紧密的联系。对于"练习"这类任务，学生已经知道需要使用的适当程序因此已经形成相当程式化的完成步骤。对于"问题"这类任务，学生起初不知道解决问题的程序，所以，他们必须首先确定程序然后才能解决问题。*应用*认知类别包括两个具体的认知过程：*执行*——其任务是完成练习（学生熟悉的）；*实施*——其任务是解决问题（学生不熟悉的）。

如果任务是熟悉的练习，学生通常知道需要使用哪些*程序性知识*。例如，对于一道特定的练习题（或一组练习题），学生几乎不用思考就能够完成整个解题程序。例如，一位学生遇到的第50道练习题涉及代数二次方程式，该学生可能只是简单地"代入数字然后进行运算"。

然而，如果任务是不熟悉的问题，那么，学生必须首先确定解决问题将要运用的知识。如果任务看起来要求*程序性知识*而严格符合问题情境的程序又无法获得，那么，学生也许需要对备选的*程序性知识*进行一些必要的修改。与执行不同，*实施*要求对问题以及解决问题的程序都有一定程度的理解。因此，在实施时，*理解概念性知识是应用程序性知识的前提*。

3.1 执行

执行是指学生在遇到熟悉的任务（即练习）时程式化地执行一个程序。熟悉的情境往往能够为学生选择适当程序提供足够的线索。*执行*更经常与技能和算法的使用而不是与技术和方法的使用相联系（见第四章中关于*程序性知识*的讨论）。技能和算法具有两个特点：第一，技能和算法包括一列通常*按固定顺序*完成的步骤；第二，如果正确地完成这些步骤，那么，最终的结果就是预定的答案。正是这两个特点使技能和算法特别适合与*执行*一起使用。*执行*的同义词是实行。

目标实例及其测评题　在*执行*这一认知过程中，学生面临的是熟悉的任务并知道应该如何去完成该任务，他们只需要执行已知的程序就可以完成该任务。例如，小学数学课的目标可能是要求学生学会两个多位数的整数除法。指令"除"表示除法运算的算法，这是必要的*程序性知识*。为了测评这个目标，我们可以给学生安排 15 个整数除法习题（如 784/15）并要求学生计算出各道习题的商。在科学课中，目标可能是学会运用科学公式计算变量的值，与之对应的测评提供给学生如下公式：密度＝质量/体积，然后要求学生解答问题："一种材料的质量为 18 磅，体积为 9 立方英寸，该材料的密度是多少？"

测评题型　执行的测评题可以是一道学生能够使用熟知的程序解答的熟悉习题。例如，"利用配方法求解下题中的 x：$x^2 + 2x - 3 = 0$"。我们可以要求学生计算该题的答案，或者在适当的条件下，要求学生从一列备选答案中作出选择。此外，因为测评同时关注学生的答案以及学生使用的程序，因此，我们也许不仅要求学生计算出答案，而且还要求他们展示出计算过程。

3.2 实施

实施是指学生选择和使用一个程序去完成不熟悉的任务。由于要选择程序，学生必须理解遇到的问题类型以及可获得程序的范围。所以，*实施*是与*理解*和*创造*等认知过程类别一起使用的。

由于面临的是不熟悉的问题，学生不能马上就知道需要使用哪一个现有程序。此外，也许并不存在一个"完全适合"该问题的程序，也许还需要对程序进行某些修改。*实施*更经常与技术和方法的使用而不是与技能和算法的使用相联系（见第四章关于*程序性知识*的讨论）。技术和方法具有如下两个特点：第一，解决问题的程序也许更像一个流程图而不像一个固定的序列，即程序内部也许存在"决策点"（例如，在完成步骤 3 以后，应该进行步骤 4A 还是步骤 4B？）；第二，即使程序使用得当，通常也不存在能够预期的单一的、固定的答案。正是这两个特点使技术和方法特别适用于*实施*的情形。

在那些要求*应用概念性知识*如理论、模型和结构（亚类 Cc）而又未形成应用性程序的目标中，不存在单一的固定答案这一特点尤其明显。请看这样一个目标："学生应该能够将关于群众行为的社会心理学理论应用于群众控制。"社会心理学的理论是*概念性知识*而不是*程序性知识*，然而，这个目标显然是一个*应用*性的目标，而且不存在应用的程序。我们已经知道，理论会在应用中对学生起到非常明确的组织和指导作用，就是说，上述目标很少涉及*创造*类别的*应用*方面，而只是单纯的*应用*，所以，我们将该目标归入*实施*。

为了明白这样分类的道理，我们可以想象*应用*认知类别是沿着一个连续体组织起来的。这个连续体的开始部分是范围狭窄的、高度结构化的*执行*，几乎被程式化应用的已知*程序性知识*就位于这一部分。该连续体继续延伸至范围广阔的、结构化程度越来越低的*实施*部分。在实施的开始部分，我们必须选择程序以满足新情境；到了*实施*的中间部分，必须修改程序以便实施；到了实施的结尾部分，由于不存在备用的、可修改的*程序性知识*，我们必须以理论、模型和结构为指导从*概念性知识*中把程序加工出来。所以，虽然应用与*程序性知识*有着紧密的联系，而且这种联系存在于*应用*的大部分场合，但如前所述，在实施的结尾部位，也要用到*概念性知识*。实施的同义词是使用或运用。

目标实例及其测评题 在数学课中，目标可能是学会解决个人财务问题，与之对应的测评要求学生提出一个最为经济地购买一辆新车的财务方案。在自然科学课中，目标可能是学会在解决一个具体问题时使用最高效而且经济适用的研究方法，与之对应的测评是给学生指定一个研究问题，要求学生提出一个满足特定效果、效率和经费标准的研究计划。请注意，在上述两项测评题中，学生不仅必须应用程序（即参与实施），而且还必须依赖于对问题或程序或两者兼而有之的概念性理解。

测评题型 实施的测评题给学生提供一个他们不熟悉但必须解决的问题，因此，大多数测评题型都要首先对问题进行详细的描述。测评要求学生确定解决问题需要的程序，或使用所选择的程序来解决问题（必要时进行修改），或者两者兼有。

4. 分析

分析涉及将材料分解成它的组成部分，并确定各部分之间的相互关系，以及各部分与总体结构之间的关系。分析认知类别包括*区别*、*组织*、*归因*三个具体的认知过程。分析类别的教育目标包括学会确定信息的哪些部分是相关的或重要的（*区别*）、信息各部分是以什么方式组织在一起的（*组织*）以及信息背后的目的（*归因*）。虽然学会分析本身就可以当作目的，但在教育上可能更有理由把分析当作*理解*的外延，或当作*评价*、*创造*的开端。

增强学生的教育信息分析技能是许多学科的目标，科学、社会学科、人文以及艺术课的教师经常把"学会分析"作为他们的重要目标之一。例如，他们可能希望学生发展能力，从而能够：

- 区分事实与观点（或者现实与幻想）；
- 把结论与支撑性论据联系起来；
- 区分相关与无关的材料；
- 确定观点之间是如何相互关联的；
- 弄清说话人话语中隐藏的假设；
- 区分诗歌和音乐中主要的与次要的观点和主题；
- 发现那些能够佐证作者意图的证据。

理解、*分析*和*评价*这些认知过程类别是相互联系的，并且经常以循环的方式用于完成认知任务。然而，作为单独存在的过程类别，它们也是很重要的。一个能够理解交流的人也许并不能够对交流很好地进行分析，同样地，能够对交流熟练地进行分析的人可能不善于对交流进行评价。

4.1 区别

*区别*涉及根据相关性和重要性来区分总体结构的各个部分。在*区别*这一认知过程中,学生将相关的(或重要的)和无关的(或不重要的)信息区分开来,然后专注于相关信息或重要信息。*区别*有别于*理解*类别的具体认知过程,因为*区别*涉及结构的组成,尤其是涉及确定要素如何适配于总体结构。更为具体地说,*区别*与*比较*的不同之处在于,两者确定什么相关或重要和什么无关或不重要所使用的更大的语境是不相同的。例如,在水果含义上*区别*苹果与柑橘时,它们内部的核是相关的,颜色和形状则是无关的;而在进行*比较*时,所有这些方面(即核、颜色和形状)都是相关的。*区别*的同义词是辨别、选择、区分和聚焦。

目标实例及其测评作业 在社会课中,目标可能是学会确定研究报告中的主要观点,与之对应的测评试题要求学生在一份关于古代玛雅人城市的考古报告上圈出要点(例如,城市何时建立以及灭亡,城市存在期间的人口、地理位置、自然建筑,城市的经济功能和文化功能、社会组织,城市建立以及废弃的原因,等等)。

类似地,在科学课中,目标可能是在某事物如何产生作用的文字描述中选出重要的阶段,与之对应的测评试题要求学生阅读书本中描述闪电形成的章节,然后把闪电形成的过程划分成主要的阶段(包括潮湿的空气上升形成云,云层中产生上升气流和下降气流,云层中电荷的分离,电荷从云层传达至地面的阶梯先导运动,以及从地面返回到云层的闪电的形成)。

最后,在数学课中,目标可能是区分一道文字题中的相关数字与无关数字,与之对应的测评试题要求学生在一道文字题中圈出相关数字并删去无关数字。

测评题型 *区别*的测评可以采用构答题或选择题。构答题在提供给学生一些材料后要求学生指出材料中哪一部分是最重要的或最相关的,例如,"一盒铅笔有 12 支,价钱是每盒 \$2.00。约翰有 \$5.00,想买 24 支铅笔。他需要买多少盒铅笔?请写出解答这一问题需要用到的数字。"选择题要求学生从提供的材料中选择出最重要或最相关的部分,例如,"一盒铅笔有 12 支,价钱是每盒 \$2.00。约翰有 \$5.00,想买 24 支铅笔。他需要买多少盒铅笔?请从下列选项中选出解答该问题所需要用到的一组数字:(a) 12, \$2.00, \$5.00, 24;(b) 12, \$2.00, \$5.00;(c) 12, \$2.00, 24;(d) 12, 24"。

4.2 组织

*组织*是指学生在呈现的信息之间建立起系统的、内在一致的联系。因此,*组织*涉及辨认信息或情境的要素以及识别这些要素如何构成一个连贯的结构。*组织*与*区别*两种认知过程通常同时存在,即学生首先辨认相关的或重要的要素,然后确定这些要素构成的总体结构。*组织*与*归因*(其认知活动的中心是确定作者的意图或观点)两种认知过程也能够同时存在。*组织*的同义词包括构成、整合、发现连贯性、概述和分解。

目标实例及其测评题 在*组织*这一认知过程中,对于给定的情境或问题的描述,学生辨认出相关要素之间系统的、连贯的关系。在社会课中,目标可能是学会将历史性描述组织成赞同或否定某一解释的证据,与之对应的测评试题要求学生用概述的方式展示美国历史教科书的某个段落中哪些事实支持或不支持"美国内战是由于南方和北方城乡布局的差异造成的"这一结论。在自然科学课中，目标可能是学会按照假设、方法、数据和结论四个部分来分析研究报告，与之对应的测评要求学生写出一份特定研究报告的提纲。在数学课中，目标可能是学会对数学教材中各课进行概述，与之对应的测评题要求学生在学习了教材中关于基础统计学一课后制作一份包含着各种统计量的名称、公式和使用条件的表格。

测评题型 *组织*涉及到使材料结构化（例如，形成概述、表格、阵列或分层的图表），因此，测评题可以基于构答题或选择题进行设计。构答题也许要求学生写出一个段落的文字概述；而选择题可能要求学生从四个备选结构图中选择与给出的段落结构最为对应的一个结构图。

4.3 归因

*归因*是指学生能够断定交流背后的观点、倾向、价值或意图。*归因*涉及到信息的解构过程，在此过程中，学生要确定呈现材料的作者的意图。与*解释*（在*解释*这一认知过程中，学生试图*理解*呈现材料的含义）不同的是，*归因*超出了基本理解的范围而进一步推断呈现材料中隐含着的作者的意图和观点。例如，在阅读关于美国内战时期亚特兰大战役的文章时，学生需要确定作者是站在北方的立场上还是南方的立场上。*归因*的同义词是解构。

目标实例及其测评题 在*归因*这一认知过程中，学生能够确定已知信息作者的潜在观点和意图。例如，在文学课中，目标可能是学会确定故事中人物一连串行为的动机。对于已经阅读过莎士比亚的剧本《麦克白》的学生，与上述目标对应的测评题是提问"莎士比亚将谋害国王邓肯归因于麦克白的什么动机？"在社会课中，目标可能是学会依据自己的理论视角确定在一篇有争议的文章中作者的观点，与之对应的测评题则是询问学生一篇关于亚马孙热带雨林的报告的立场是倾向于环保还是倾向于商业利益。这个目标也可用于科学课，对应的测评题要求学生确定一篇论述人类学习的文章作者究竟是一个行为主义者还是认知心理学家。

测评题型 *归因*用如下方式测评：首先向学生介绍一些书面的或言语的材料，然后要求学生书写或选择对材料作者或说话人的观点、意图等所作的描述。例如，一个构答题为"作者写作关于亚马孙热带雨林文章的目的是什么？"而相应的选择题为"作者写作文章的目的是：(a) 提供有关亚马孙热带雨林的事实性知识，(b) 提醒读者需要保护热带雨林，(c) 证明热带雨林的经济效益，(d) 描述开发热带雨林给人类带来的后果"。该题的另一种形式给出一些陈述如"热带雨林是独特的生态系统"，然后要求学生指出文章作者对这一陈述会：(a) 非常赞同，(b) 赞同，(c) 不赞同也不否定，(d) 否定，(e) 强烈否定。

5. 评价

*评价*是指基于准则和标准作出判断。一些最常使用的准则包括质量、效果、效率和一致性等。这些准则许是由学生或其他人决定。标准可以是定量的（如，够量了吗？）也可以是定性的（如，够好了吗？）。我们能够把标准应用到准则上（例如，这个过程充分有效吗？这是高质量的产品吗？）。*评价*类别包括的认知过程有*检查*（判断内部一致性）和*评论*（基于外部准则进行判断）。

必须强调的是，并不是所有的判断都是评价性的，例如，判断一个具体的例子是否属于一个类别，判断某一程序对于特定的问题是否适当，判断两个对象是相似还是不同，等等，这些判断就不具有评价性。事实上，大部分认知过程都要求进行某种形式的判断。我们在此定义的*评价*与学生所作的其他判断最为明显的区别在于，*评价*使用了有着明确定义的准则作为绩效标准。这台机器具有它应有的效率吗？这是达到目的最好的方式吗？这种方式比其他方式具有更好的成本效益吗？诸如此类的问题都要由从事*评价*的人作出回答。

5.1 检查

*检查*涉及到检验一项工作或一件产品内部的矛盾或错误之处。例如，学生检验结论是否从其前提中得出，数据是否支持假设，呈现的材料是否存在彼此矛盾的部分等，这些都是*检查*的情形。与*计划*（属于*创造*类别的具体认知过程）和*实施*（属于*应用*类别的具体认知过程）结合起来，*检查*可以确定计划的运作状态。*检查*的同义词包括检验、查明、监控和协调。

目标实例及其测评题　　*检查*需要学生查找内部矛盾。在社会课中，目标可能是学会查明论说文字中存在的矛盾之处，与之对应的测评作业要求学生在观看一位政治候选人的电视广告节目后指出其言论的逻辑漏洞。在科学课中，目标可能是学会确定科学家的结论是否与观察数据吻合，与之对应的测评题要求学生在阅读一份化学实验报告后确定报告结论是否来自实验结果。

测评题型　　*检查*的测评题涉及为学生提供的操作和产品，或学生自己创造的操作或产品。在落实一个问题的解决方案或完成一项任务时，人们关注方案或任务实际实施的一致性（例如，根据迄今为止我所做的，这是我应该所处的位置吗？），因此，这通常也会涉及到*检查*的认知过程。

5.2 评论

*评论*涉及基于外部的准则和标准对产品或工作进行判断，是我们称之为批判性思维的核心。在*评论*这一认知过程中，学生注意到产品的正反两方面特征，并且至少部分地基于这些特征作出判断。例如，依据可能的效果和相关的成本来判断某一酸雨问题解决方案的价值（例如，要求全国所有的发电厂把烟囱排放物限制在某一范围内）。*评论*的同义词是判断。

目标实例及其测评题　　*评论*是学生基于规定的或自己建立的准则、标准判断产品或工作的价值。在社会课中，目标可能是学会根据可能的效果来评价一个社会问题（例如"如何改进 K-12 教育"）的解决方案（例如，"取消所有的年级"）。在科学课中，目标可能是学会评价假设的合理性（例如，假设草莓长得特别大的原因是天上的星星不同寻常地排列成一条直线）。最后，在数学课中，目标可能是学会判断两种方法中哪一种对解决已知问题更有效或效率更高（例如，为了解答"你可以利用哪些可能的方式将两个整数相乘从而得到60？"这一问题，学生需要判断是应该找出60 的全部质数因子还是应该生成一个代数方程）。

测评题型　　我们可以要求学生评论自己的或他人的假设或创造成果。评论可以基于正面、反面或正反两方面的准则，并且可以获得正反两方面的结果。例如，在*评论*某校区提议的全年教学计划时，学生会得到正面的结果，如避免了暑假从而消除了放假造成的学习损失，但也会得到反面的结果，如破坏了家庭度假计划。

6. 创造

*创造*涉及将要素组成内在一致的整体或功能性整体。属于*创造*类别的目标要求学生在心理上将某些要素或部件重组为不明显存在的模型或结构，从而生成一个新产品。涉及*创造*的认知过程通常需要学生先前的学习经历的配合。尽管*创造*要求学生进行创造性思维，但它并不是不受学习任务或情境约束的完全自由的创造性表达。

对于某些人而言，创造是生成非同寻常的产品，常常被认为是使用某种特殊技能的结果。然而，我们使用的术语*创造*，虽然它包括了要求生成独特产品的目标，但也涉及要求所有学生都能够而且一定会生成产品的目标。在实现这些目标的过程中，许多学生至少会自己对信息或材料进行综合，从而生成新的整体，如同写作、绘画、雕塑、建筑等情形那样。在这种意义上，我们说这些学生将会*创造*。

虽然*创造*类别中的许多目标强调原创性（或独特性），但教育者必须定义什么是原创的或什么是独特的。术语*独特的*是否能够用来描述单个学生的工作（例如，"这是亚当·琼斯的独特之处？"），或者这一术语是专用于一组学生的（例如，"这是五年级学生的独特之处？"）。另外，*创造*类别中的许多目标并不依赖于原创性或独特性，注意到这一点是很重要的。教师使用这些目标的意图是使学生学会将材料综合成一个整体。书面作业经常要求这种综合，在作业中，教师预期学生把以前教过的材料汇集成系统的描述。

虽然*理解*、*应用*和*分析*也许涉及查明对呈现要素之间的关系，但*创造*与这些类别不同，因为*创造*还涉及全新产品的建构。与*创造*不一样，其他认知类别涉及使用一组特定的要素，而这些要素是一个特定整体的一部分；就是说，这些要素是学生试图理解的一个更大结构的一部分。另一方面，在*创造*过程中，学生必须使用多个来源的要素，把它们整合成为一个新颖的、与自己先前的知识相关的结构或模型。*创造*的结果是一个新产品，即一个能够看得见的、内容比原有材料更为丰富的东西。在某种程度上，一项*创造*任务很可能要求使用前面每个认知过程类别的一些方面，但不一定按照分类表中的顺序使用它们。

我们认识到，创作（composition）（包括写作）常常但并不总是要求与*创造*相关的认知过程。例如，那些回忆观点或解释材料的写作就不涉及*创造*。我们还认识到，超越基本理解的深层理解可能要求与*创造*相关的认知过程。深层理解是一种建构或领悟行为，在这个意义上，它涉及*创造*中的具体认知过程。

创造过程可以分为三个阶段：问题表征（学生试图理解任务并产生可能的问题解决方案）、方案计划（学生审视可能的方案然后形成可行计划）以及方案执行（学生成功地执行计划）。因此，创造过程可以被设想为开始于一个发散思维的阶段，在此阶段中，学生试图理解任务，同时仔细思考各种可能的问题解决方案（*产生*）。此后是一个聚合思维的阶段，在此阶段中，学生把问题解决方案转变成一个详细的、逻辑有序的行动计划（*计划*）。最后，该行动计划作为学生建构的问题解决方案得到执行（*生成*）。因此，一点也不意外，*创造*类别包括*产生*、*计划*和*生成*三个具体认知过程。

6.1 产生

*产生*涉及学习者表征问题并提出满足特定准则的假设或解决方案。问题最初的表征方式经常暗示可能的解决方案；另一方面，重新定义或表征问题也许提示不同的问题解决方案。当*产生*超越先前知识和现有理论的范围或约束时，*产生*就涉及发散思维并且构成所谓的创造性思维的核心。

*产生*这一术语在本章中的使用是狭义的。*理解*也要求产生的过程，如在*解释*、*举例*、*总结*、*推断*、*比较*和*说明*认知过程中都包含产生的过程。然而，*理解*的目的大多是收敛的（即为了获得单一意义）；相反，属于*创造*类别的*产生*其目的则是发散的（即为了获得各种可能的解决方案）。*产生*的同义词是假设。

目标实例及其测评题　在*产生*这一认知过程中，学生必须针对给定的问题提出各种解决方案。例如，在社会课中，目标可能是学会提出解决社会问题的多种实用方案，与之对应的测评题是"提出尽可能多的、确保人人都有适当医疗保险的方案"。为了测评学生的回答，教师应该建立一套与学生共同使用的准则，这些准则也许包括备选方案的数目，各种方案的合理性、实用性等等。在科学课中，目标可能是学会提出解释观察现象的假设，与之对应的测评要求学生写出尽可能多的假设，用以解释草莓长得特别大这一现象。同样地，为了判断学生回答的质量，教师应该建立起明确定义的准则，并把这些准则交给学生使用。最后，在数学课中，目标可能是能够产生出获得某个结果的各种方法，与之对应的测评题为"你可以使用哪些方法找出那些乘积为 60 的整数？"上述每一项测评都需要明确的、师生共同使用的评分准则。

测评题型　测评*产生*通常采用构答题，题中要求学生生成备选方案或假设。构答题的两种传统方式分别是结果试题（consequences tasks）和用途试题（uses tasks）。在结果试题中，学生必须列举某一事件的所有可能结果，例如"如果个人收入税率是固定单一的而不是累进的，结果会怎样？"在用途试题中，学生必须列举某一对象的所有可能用途，例如，"互联网有哪些可能的用途？"选择题型几乎不可能用于*产生*认知过程的测评。

6.2 计划

*计划*涉及设计一个满足问题准则的解决方法，即形成一个解决问题的计划。*计划*是针对给定的问题生成实际解决方案之前的那个步骤。在*计划*过程中，学生可能建立子目标，或者把一个任务分成几个在解决问题时将要完成的子任务。教师经常会有所省略，不提*计划*目标，而是用*生成*来陈述目标。在这种情况下，教师要么假定*生成*目标已经包含了*计划*，要么将*计划*内隐于*生成*目标之中。如果是这样的话，学生在建构产品（即*生成*）的过程中很可能会不知不觉地*计划*。*计划*的同义词是设计。

目标实例及其测评题　在*计划*这一认知过程中，学生针对特定的问题形成解决方法。在历史课中，目标可能是能够计划某一历史论题的研究论文，与之对应的测评题要求学生提交一份关于美国独立战争的研究论文提纲，其中包括开展研究所要遵循的步骤。在科学课中，目标可能是学会设计检验各种假设的研究方案，与之对应的测评题要求学生设计一种研究方法，从而确定三个因素中哪一个决定摆的振动频率。在数学课中，目标可能是能够拟定解答几何题的步骤，与之对应的测评要求学生设计如何决定一个截去头部的锥体的体积（一个以前在课堂上未见过的试题）。该设计也许涉及分别计算大小锥体的体积，最后从大体积中减去小体积。

测评题型　　对*计划*的测评可以要求学生针对特定的问题形成问题解决方案，描述问题解决方案，或者选择问题解决计划。

6.3 生成

*生成*涉及执行计划去解决特定的、满足一定具体要求的问题。前面已经提及，与*创造*类别相关的目标并不一定要求原创性或独特性，因此，与*生成*有关的目标也不一定要求原创性或独特性。*生成*可能要求使用第四章中描述的四类知识。*生成*的同义词是建构。

目标实例及其测评题　　在*生成*这一认知过程中，学生必须创造出符合目标功能描述的产品，这涉及针对特定的问题执行解决问题的计划。下面的目标实例都与生成符合一定要求的、新颖且实用的产品相关。在历史课中，目标可能是学会写作关于特定历史时期的、达到一定学术标准的文章，与之对应的测评题要求学生写一篇发生在美国独立战争时期的短篇故事。在科学课中，目标可能是学会出于某种目的为某些物种设计栖息地，与之对应的测评题要求学生设计一个太空站的居住舱。在英语文学课中，目标可能是学会设计戏剧的布景，与之对应的测评题要求学生为一场学生演出剧《为戴茜小姐开车》设计布景。在所有这些例子中，对测评题的具体要求成为评价学生表现的准则。因此，应该将这些具体要求包括在评分细则之内，在测评之前就交给学生。

测评题型　　测评*生成*常采用设计题，这类试题要求学生按照一定具体规定创造一个产品。例如，要求学生画出一所新高中学校的设计图，图中包括方便学生贮存个人物品的新方式。

去情境化的认知过程与情境化的认知过程

我们已经分别审视了每一个认知过程（即作为去情境化的认知过程）。在下一节中，我们将在一个特定的情境中审视这些认知过程（即作为情境化的认知过程），从而将认知过程与知识重新结合在一起。与去情境化的认知过程（如计划）不同，情境化的认知过程出现在具体的学习情境中（例如，计划一篇文学短文的写作，计划解答一道算术文字题，进行一项科学实验等等）。

只关注去情境化的认知过程也许会更容易些，但是，来自认知科学的两项研究成果表明，情境在学习和思维中具有重要作用（Bransford, Brown, and Cocking, 1999; Mayer, 1992; Smith, 1991）。第一，研究表明，认知过程在本质上取决于它所应用的学科（Bruer, 1993; Mayer, 1999; Pressley and Woloshyn, 1995）。例如，学会计划数学问题的解答方案有别于学会计划文学短文的写作，因此，数学方面的计划经验并不必然地有助于学生计划短文的写作。第二，关于真实性评价的研究表明，认知过程在本质上取决于认知任务的真实性（Baker, O'Neil, and Linn, 1993; Hambleton, 1996）。例如，学会生成写作计划（并不实际写作一篇文章）与在实际写作的情境中学会生成写作计划是不同的。

虽然我们已对认知过程逐一进行了描述，但是，这些认知过程常常被同时用于促进有意义学习。大部分真实的学术性认知任务要求协同使用几类知识和几种认知过程。例如，为了解答一道数学文字题，学生也许需要：

- *解释*（理解题中的每一个句子）；
- *回忆*（提取答题所需的、相关的事实性知识）；
- *组织*（建立起题中关键信息的连贯的表征，即*概念性知识*）；
- *计划*（拟定解题计划）；
- *生成*（执行解题计划，即*程序性知识*）（Mayer，1992）。

类似地，为了写作一篇文章，学生也许需要：

- *回忆*（提取可能包括在文章中的相关信息）；
- *计划*（决定文章应该包括的内容，确定具体写什么以及如何写）；
- *生成*（创作文字作品）；
- *评论*（确保所写的文章"言之有理"）（Levy and Ransdell，1996）。

一个具体情境中的教育目标例子

用最简单的话来说，本修订版分类框架旨在帮助教师更好地教学，学习者更好地学习，测评者更好地测评。例如，假设有一位教师，她希望学生学会欧姆定律，并为这个较为宽泛的目标设计一个教学单元。由于目标不是很具体，因此，这个单元的教学可能需要包括所有四类知识：*事实性知识*、*概念性知识*、*程序性知识和元认知知识*。事实性知识包括电流的单位是安培，电压的单位是伏特，电阻的单位是欧姆等等；*程序性知识*包括运用欧姆定律公式（电压＝电流×电阻）计算的步骤等。

虽然该教学单元很明显地包括这两类知识，但更深刻地理解欧姆定律还需要其他两类知识：*概念性知识和元认知知识*。*概念性知识*的一个例子是由电池、电线和灯泡组成的电路的结构及其工作原理。电路是一个概念性系统，该系统中的元件之间存在因果关系（例如，如果把更多的电池串联起来，电压就增加，从而引起电线中流动的电子数增加，使得测量到的电流增加）。*元认知知识*的一个例子是，教师也许预期学生懂得何时使用记忆策略记住欧姆定律的名称、公式以及类似的知识。教师也许还希望学生建立自己学习和运用欧姆定律时要达到的目标。

回忆所学的东西

关于欧姆定律的教学单元完全可以只关注学习的保持，这样，该单元的教学目标数量将非常有限。促进学习保持的目标主要是基于记忆这一认知类别建立起来的，它包括*回忆和识别事实性知识、概念性知识、程序性知识和元认知知识*。例如，*回忆事实性知识*的目标为：学生将能够回忆欧姆定律公式中各个字母所表示的意思；*回忆程序性知识*的目标为：学生将能够回忆运用欧姆定律的步骤。

虽然这些都是该单元需要包括的明显的保持型目标，但该单元也可能包括涉及*概念性知识和元认知知识*的保持型目标。对于*概念性知识*，目标可能是：学生将能够凭记忆画出电路图。由于该目标侧重于*回忆*，因此，对每个学生所画的电路图的评价依据是它与教科书上或授课时展示的电路图之间的一致性程度。对于与*概念性知识*和*元认知知识*相关的测评提问，学生也许会完全依赖于以前介绍过的材料以死记硬背的方式来回答。当单元的总体目的是为了促进学习的迁移时，我们就需要纳入涉及更复杂认知过程的目标作为对*回忆性*目标的补充。

最后，*回忆元认知知识*的目标可能是：学生能够记住"吃一堑，长一智"这一口号。换言之，在解决问题或寻找答案的初次尝试不成功时，学生能够记得中止尝试同时考虑其他可能的解答方法。同样地，该目标强调的是*回忆*，因此，对学生的测评提问也许是，在解决一个问题的初次尝试遇到困难时，他们是否记得那个口号。如果对学生的回答予以评分的话，那么，学生就会根据教师希望得到的答案来回答提问（即"当然，我记得"）而不是真正理解了该口号的含义，因此，只有当学生认识到该口号的目的是为了帮助他们改进学习时，这个测评题才能够起到它应有的作用。

领会和运用所学的东西

一旦教师将教学的关注点转到促进学生的学习迁移上，他们就需要考虑全部的认知过程类别。这样，关于欧姆定律的教学单元将可能拥有如下所示的各种各样的目标：

- *解释事实性知识*的目标："学生应该能够使用自己的语言来定义关键词（例如，*电阻*）。"
- *解释概念性知识*的目标："学生应该能够解释电流会怎样随电路的改变（例如，两个原来串联的电池并联后重新接于电路）而变化。"
- *执行程序性知识*的目标："学生将能够在特定电流（以安培为单位）和电阻（以欧姆为单位）的条件下使用欧姆定律计算电压。"
- *区别概念性知识*的目标："学生将能够确定在有关欧姆定律的文字题中哪些信息能够用于决定电阻（例如，灯泡的瓦数、电线的粗细、电池的电压）。"
- *检查程序性知识*的目标："学生将能够确定一个对于涉及欧姆定律的问题所提出的解题方案是否有效。"
- *评价元认知知识*的目标："学生将能够选择最适合他们目前理解水平的、能够解决涉及欧姆定律问题的方案。"
- *产生概念性知识*的目标："学生将能够提出不改变电池而使电路中的灯泡变得更亮的各种方法。"

用字母 X 表示上述各目标，我们可以将所有这些目标都放置到分类表中（见表 5.2）。该表有些方格中未填写 X，这是因为该教学单元的目标并未包括认知过程和知识的所有可能的组合。尽管如此，该单元显然还是包括了*回忆事实性知识*以外的许多目标。我们对教学单元中不同目标的关注表明，针对教育目标进行教学和测评的最有效的方法，也许是把教育目标包含在少数几个基本的情境之中（例如一个教学单元），而不是孤立地关注每一个目标。我们将在后面再次谈到这个问题。

表 5.2 虚拟的欧姆定律教学单元的完整分类表

知识维度	认知过程维度					
	1. 记忆/回忆	2. 理解	3. 应用	4. 分析	5. 评价	6. 创造
A. 事实性知识	X	X				
B. 概念性知识	X	X		X		X
C. 程序性知识	X		X		X	
D. 元认知知识	X				X	

结论

本章的主要目的之一是，审视如何能够拓展教学和测评的范围，使其超越对*回忆*认知过程的专一关注。我们描述了与 6 个认知过程类别相关联的 19 种具体的认知过程，其中与*回忆*相关的具体认知过程有 2 种，另外 17 种则与*回忆*以外的其他过程类别相联系，这些过程类别是*理解、应用、分析、评价和创造*。

我们的分析对教学以及测评都具有重要意义。在教学方面，有 2 种认知过程有助于促进学习的保持，而其他 17 种认知过程则有助于促进学习的迁移。因此，如果教学的目的是为了促进学习的迁移，目标应该包括与*理解、应用、分析、评价和创造*相联系的认知过程。本章的描述旨在帮助教育者提出涉及范围更广、可能产生保持和迁移两种学习结果的教育目标。

在测评方面，我们对认知过程进行分析是为了帮助教育者（包括测验设计者）拓展学习的测评范围。如果教学的目的是为了促进学习的迁移，测评任务应该涉及*回忆*以外的认知过程。虽然涉及*回忆*和*识别*的测评任务仍会存在，但我们能够（而且通常应该）对它们补充一些涉及学习迁移所要求的全部认知过程的测评任务。

第三部分

分类学的应用

第六章 使用分类表

在这个重要部分中,我们将至少从三个方面举例说明教育者如何使用分类表去帮助教师和其他教育者:第一,分类表能够帮助教育者更加全面地理解目标(包括他们自选的目标和别人提供的目标),即分类表有助于教育者回答我们提及的"学习问题"(见第 5 页)。第二,基于对目标的理解,教师能够使用分类表更好地决定如何针对目标进行教学和测评,即分类表能有助于教育者回答"教学问题"和"测评问题"(见第 6—7 页)。第三,分类表有助于教师确定目标、测评和教学活动在含义和使用上是否彼此相符,即分类表有助于教育者回答"一致性问题"(见第 8 页)。在这一章中,我们将在一个科学教学实例的背景下论述上述问题,以阐明如何使用分类表来帮助教育者。

使用分类表分析自己的工作

在重温分类表探讨其用途之前,我们必须告诉那些准备使用本框架去自己开发课程单元的教师们:与本章以及随后几章中应用本框架的情形相比,你们的情形会简单一些。这是因为我们分析的是别人的教学单元,这要求我们站在观察者的角度来推断目标、教学活动和测评的含义。由于我们必须对教师的意图先作假设,然后参照其他证据进行核实,这就使得结果显得复杂一些。

例如,在第八章(第一个教学案例)中,我们中断案例的叙述,多次插入分析。这些分析试图对教师纳金加斯特女士某些教学行为的意图进行推断,以便把她的行为与本分类体系联系起来。要是纳金加斯特女士自己作这样的分析,那么她的案例看上去会完全不一样,会更加简单些但也不再那么具有示范分类框架的意义了。(我们没有那样介绍教学案例的原因就在于此)这些尝试性的推断阐明了类别之间的区别,同时也展示了各种类别是如何使用的。

如果纳金加斯特女士自己进行分析,那么,她就会真正懂得自己要教些什么。本框架也就会成为她开发该教学单元所使用的依据。作为单元开发过程的一部分,她就会通过回答如下一些问题来反思自己的行为和决定。

"在陈述目标时,我所使用的措词真正描述了我的意图吗?"当教师的本意不是"建立一种因果模型"(我们的定义)时她可能使用了"说明(explain)"一词。更确切地说,她的本意可能是解释(interpret)或总结(summarize)。虽然这三个术语所表示的认知过程都属于*理解*类别,但教师选择其中之一而不选择其他,这对于教学和测评具有不同的含义。使用本分类体系的术语能够提高教师陈述目标时用词的精确性。

"从我的教学活动推断出的目标与我所陈述的目标是一致的吗?"使用本分类框架将目标和教学活动分类,其结果是否表明目标与教学活动都指向相同的知识类别和认知过程?若干因素可能影响教师对教学活动进行选择。例如,学生是否对教学活动有兴趣?他们喜爱这些活动吗?他们会不会参与这些活动？我有必要的资源来支持这些活动吗？（例如，一个实验室实验所需的设备）如果按照这些条件来选择教学活动，那么，教学活动与陈述的目标之间的联系就会被削弱。因此，从教学活动来推断目标，并把推断的目标与预期的目标加以比较，这样才能确保教学活动"放矢中的"。

"我的测评是否有效？"在本分类框架中对测评加以分类，结果是否与陈述的目标一致？有效是指教师使用的测评至少应该提供关于学生是否达到了（或正在达到）目标的信息。对目标的推断可以基于两个测评信息来源进行。第一个是真实的测评任务（例如，测验试题、项目指南）。在使用具有正确答案的选择题型时（例如，选择题、配对题），测评任务本身就足以提供对目标进行推断的信息。第二个是用于评分或评价学生成绩的准则（例如，计分键、等级量表、评分细则）。在使用拓展回答的测评题型时（例如，短文、研究报告），上述准则对于目标的推断目标是必不可少的。基于测评对目标作出推断之后的问题是推断的目标与陈述的目标是否一致。

使用分类表分析他人的工作

在使用本分类框架去分析他人的工作时，任何人都会遇到我们在分析教学案例时面临的那种复杂情形。教师也许会得到由他人制订的目标（例如，州立标准或地方标准）或测评方案（例如，州级范围的或标准化的测验），或者被邀请分析其他教师的教学单元或听同事讲课。所有这些分析都要求对意图进行归因。当目标不是用具有特定含义的语词加以陈述时，或者当辅助性的语词使人产生误解时，归因是很困难的。有时，甚至关键语词也不能表达它们看起来要表达的意思。此外，语词（即目标的陈述）与行为（即与目标相联系的教学活动和测评）也许并不一致。由于以上这些原因，为了确定目标在分类表中的位置，我们必须依据目标的含义、教学活动的目的以及测评的宗旨等来确定教师（或者在资料由他人准备的情况下的作者）的意图。

我们在第 26 页曾经说过，使用多种信息来源才有可能使目标的分类最恰当，也最经得起质疑。我们将在下一节中探讨其原因。

重温分类表

我们在前面已用表 3.1 将二维的分类表呈现出来，该表同时还被印在本书的封二上。表 4.1 对知识维度作了总结，表 5.1 则对认知过程维度作了总结，它们也被分别印在本书的前环衬页和封三上。我们鼓励你在阅读本章其余部分时参考这些表格。

学习问题

让我们从一个看似简单明了的目标"学生将学会运用电磁定律（如楞次定律和欧姆定律）去解答问题"开始我们的论述。为了将该目标放置在分类表中，我们必须考察目标中的动词和名词短语与分类表中各类别的关系。具体地说，我们必须把该目标中的动词"运用"与六个主要认知过程类别中的一个联系起来，同时把名词短语"电磁定律"与四种知识类别中的一种联系起来。这对本例中的动词是相当简单的："运用"是*实施*的同义词（见封三），而*实施*是*应用*类别的亚类；说到名词，定律属于原理或通则，而原理和通则的知识属于*概念性知识*。如果我们的分析是正确的，那么，该目标就应该放在分类表中*应用*和*概念性知识*两者交叉的方格中（即方格 B3；见表 6.1。注意：在表 6.1 中，四类知识构成标号为 A 到 D 的各行，而六个认知过程则构成标号为 1 到 6 的各列。所以，一个方格可以用一个字母和一个数字的组合来表示，表示它是一行与一列的交叉点）。这样，我们就回答了"学习问题"。我们希望学生学会应用*概念性知识*。

在上面的分析中，我们使用的是知识的亚类（例如，*原理和通则的知识*）和具体的认知过程（例如，*实施*），而不是四个主要的知识类别和六个认知过程类别。基于我们共同的经验，我们认为，对于目标在分类表中的适当位置，知识的亚类和具体的认知过程提供了最佳线索。此外，我们的分类结果也是基于对教师意图的推断作出的。例如，我们是在与*实施*而不是在与*执行*打交道，作出这一推断不仅是因为目标陈述中包含着动词"运用"，而且还因为目标中使用了"问题"一词。问题是不熟悉的（而不是熟悉的）任务（见第 58 页），因此，*实施*似乎比*执行*要更加合适些（见封三）。

表 6.1 目标在分类表中的位置

知识维度	认知过程维度					
	1. 记忆/回忆	2. 理解	3. 应用	4. 分析	5. 评价	6. 创造
A. 事实性知识						
B. 概念性知识			目标			
C. 程序性知识						
D. 元认知知识						

注
目标 = "学生将学会运用电磁定律（如楞次定律和欧姆定律）去解答问题。"

教学问题

虽然我们可以把上述目标归入分类表的一个方格之中（见表 6.1），但如考虑教师可能采用的各种教学活动，我们看到的将是一幅更加复杂和分化的画面。例如，一般说来，如果学生要运用（实施）科学定律，他们也许会：(1) 确定面临的问题类型，(2) 选择可能解决这类问题的一条定律，(3) 使用包含这条定律的一个程序去解答该问题。因此，正如我们在第 59 页所描述的那样，*实施*涉及*概念性知识*（即关于问题的类型或类别的知识）和*程序性知识*（即解决问题所遵循的步骤的知识）。教学活动应该帮助学生发展这两类知识。

请注意我们剖析上述目标时所使用的动词："确定"、"选择"和"使用"。从表 5.1 中（见封三）可以看到，确定某事属于一个类别是*分类*（*理解*）的定义，选择是*区别*（*分析*）的同义词，而使用则是*实施*（*应用*）的同义词。因此，教学活动应该帮助学生参与到分类、区别和实施这些活动中去。

在分类、区别和实施时，学生也许会出现失误，因此，在教学过程中强调元认知知识是有道理的。例如，学生也许应该学会监控自己在作决定和进行选择时所使用的策略，从而了解所作的决定和选择是否"有意义"。"我怎么知道这个问题属于某一类型？""如果它属于某一类型，我如何知道该运用哪条定律？"除了能够*回忆*这些策略，学生还应该得到如何*实施*这些策略的训练。

最后，将某些教学活动的重点放在所谓的高阶认知过程也许是明智的。由于实施的过程经常涉及作出选择，所以，应该使学生学会对自己作出的选择进行检查以及对最终的结果和答案作出评论。*检查*和*评论*两者都属于*评价*类别。

综上所述，"教学问题"的答案要比乍一看起来复杂得多。教学活动能够为学生提供机会，使他们至少发展三类知识（*概念性知识、程序性知识、元认知知识*），并涉及五个认知过程类别（*回忆、理解、应用、分析、评价*）中的至少六种认知过程（*回忆、分类、区别、实施、检查、评论*）。因此，依据分类表对教学活动所作的分析使得更多的方格被包括在分类表中了（见表6.2）。

表 6.2 目标和教学活动在分类表中的位置

知识维度	认知过程维度					
	1. 记忆/回忆	2. 理解	3. 应用	4. 分析	5. 评价	6. 创造
A. 事实性知识						
B. 概念性知识		活动 1	目标	活动 2	活动 7	
C. 程序性知识			活动 3		活动 6	
D. 元认知知识	活动 4		活动 5			

注

目标 = "学生将学会运用电磁定律（如楞次定律和欧姆定律）去解答问题。"
活动 1 = 为了帮助学生将问题分类所进行的教学活动
活动 2 = 为了帮助学生选择适当的定律所进行的教学活动
活动 3 = 为了帮助学生实施恰当的程序所进行的教学活动
活动 4 = 为了帮助学生回忆元认知策略所进行的教学活动
活动 5 = 为了帮助学生实施元认知策略所进行的教学活动
活动 6 = 为了帮助学生检查程序的实施所进行的教学活动
活动 7 = 为了帮助学生评价他们的答案是否正确所进行的教学活动

如果对目标所在的方格（B3）以及教学活动所在的七个方格（B2、B4、B5、C3、C5、D1、D3）之间的关系进行审视，我们会得到一个引人注意的结果，即没有任何一项教学活动与目标直接相关。产生这一现象的原因可以从我们对*应用*的定义（见封三）中找到。*应用*是指在特定的情境中执行或使用程序。换言之，*应用*要求*程序性知识*。因此，如果应用电磁定律（*概念性知识*），那么，这些定律一定会被包含在一个程序之中（*程序性知识*）。通常，该程序能够以一种有助于应用的方式"取出"这些定律（例如，首先，计算或估计电动势的伏特值；其次，计算或估计电流的安培值；第三，用电流除电动势得出电阻值）。我们在前面对*应用*和*程序性知识*之间关系的考虑也许已经表明了，我们最初应该把目标归入*应用程序性知识*（C3），而不是*应用概念性知识*（B3）。

测评问题

　　假设有一位教师针对这一目标已经进行了几天教学，她想了解学生的学习情况。为此，她必须作出一些决定，其中三个重要的决定如下：她的测评是只针对包含着目标的那个方格，还是同时也要评估教学活动的效果？她是把测评与教学结合起来进行（即形成性测评），还是为了给学生记分而进行一次更加独立的测评（即终结性测评）？她如何知道她的测评任务要求学生参与的认知过程是*实施*而不是*执行*（或者其他认知过程）呢？

　　集中性测评与分布性测评　　我们最初仅基于陈述的目标所作的分析提示教师把测评集中在学生已经学过的*应用概念性知识*（方格B3）的范围内。相反，我们基于相关的和适当的教学活动所作的更为详细的分析提示教师对与实现基本目标相关的各个方格（B2、B4、B5、C3、C5、D1、D3）都进行测评。两种测评的利弊权衡似乎是广度与深度的比较。一方面，集中性测评能够使该教师检查学生在单个目标上的学习深度，与该目标相关的各种问题都可以包括在一个测评之中。另一方面，更为分布性的测评允许教师广泛地审视与达到预期目标有关的各种认知过程。范围较广的测验不仅能在相关知识和认知过程的情境中针对主要目标进行测评，而且也许还能够对学生的潜在困难（例如，未能令人满意地学会*程序性知识*的一个重要方面）作出诊断。

　　形成性测评与终结性测评　　形成性测评涉及学习发生时收集学习的信息，以便改进正在进行的教学，提高学习的质与量。相反，终结性测评涉及学习发生之后学习信息的收集，其目的通常是为了给学生评分。因此，形成性测评主要用来改进学生的学习，而终结性测评主要用于记分。经常使用的形成性测评有课堂练习和家庭作业；而更为正式的测验则是应用终结性测评的一种方式。

　　测评实施与测评执行　　因为*实施*和*执行*两者都属于*应用*类别，所以把它们区分开来对于测评效度来说至关重要。如果测评任务只包括熟悉的作业或不要求学生选择相关的*程序性知识*，那么，被测评的认知过程就更有可能是*执行*而不是*实施*。我们在讨论*解释*时曾经提及（见第54页），使用对学生而言新的测评任务，是确保学生以目标所要求的最为复杂的认知过程对测评作出反应的一种基本方法。

　　测评与分类表　　继续以前面的例子为例。我们假设该教师决定，她不仅关心学生能否得到正确答案，而且对学生能否得到正确地运用程序感兴趣。该教师实际上把测评看作是形成性的。她交给学生十道电学和力学题，要求学生解答每道题，并展示解题过程。

　　正如我们对目标和教学活动所作的审视那样，我们可以依据分类表来审视这位教师的测评。在本例中，我们将把注意力集中在她所定的分值上。对于每一道，她为学生"选择正确的解题步骤"

记分。教师的评分细则要求学生能够正确地把题目分类（*理解概念性知识，得一分*），能够选择适当的定律（*分析概念性知识，得一分*），并且能够根据定律选择一个可能解题的程序（*分析程序性知识，得一分*）。因为该教师认为解题步骤和解题结果同等重要，她对选择解答每道题的正确步骤已经给了三分，所以，她对获得每道题的正确答案也给三分（即*实施程序性知识*）。我们可以再次依据分类表对以上的分析结果加以总结（见表6.3）。

一致性问题

表6.1和表6.2中的各条目都已经被复制在表6.3中，因此，我们可以只针对表6.3来阐述一致性问题。明确地说，我们可以对分类表中那些包含着目标、教学活动、测评以及它们的各种组合的方格进行审视。那些包含一个目标、一项或多项教学活动以及某种测评的方格表明高度的一致性。相反，那些只包含目标或教学活动，或者只包含某一测评的方格则表明缺乏一致性。然而，这样一种解释要求我们作出一个基本的假定。因为填好的表格反映了我们的推断，所以，我们必须假定，我们对目标的陈述，对教学活动所作的分析以及对测评的审视都进行了相当合理地推断。这样假定才能使我们把不正确的分类与不一致的情形区分开来。

如果假定我们在这三个方面（即目标的陈述、教学活动和测评）进行的分类是正确的，那么，表6.3就展示了一致性和不一致性两方面的证据。例如，方格C3中（*应用程序性知识*）包含着一项教学活动和测评所得的一分。假如目标得到适当地分类，按照我们前面的讨论，这会增强一致性。方格B2和B4都包含了一项教学活动和测评所得的一分，表现出相似强度的一致性。

表6.3 目标、教学活动和测评在分类表中的位置

知识维度	认知过程维度					
	1. 记忆/回忆	2. 理解	3. 应用	4. 分析	5. 评价	6. 创造
A. 事实性知识						
B. 概念性知识		*活动1* *测验1A*	目标	*活动2* *测验1B*	*活动7*	
C. 程序性知识			*活动3* *测验2* （被重新关注的目标—见第79页）	测验1C	*活动6*	
D. 元认知知识	*活动4*		*活动5*			

注
目标 = "学生将学会运用电磁定律（如楞次定律和欧姆定律）去解决问题。"
活动1 = 为了帮助学生将问题分类所进行的教学活动

> 活动 2 = 为了帮助学生选择适当的定律所进行的教学活动
> 活动 3 = 为了帮助学生实施恰当的程序所进行的教学活动
> 活动 4 = 为了帮助学生回忆元认知策略所进行的教学活动
> 活动 5 = 为了帮助学生实施元认知策略所进行的教学活动
> 活动 6 = 为了帮助学生检查程序的实施所进行的教学活动
> 活动 7 = 为了帮助学生评价他们的答案是否正确所进行的教学活动
> 测验 1A、测验 1B、测验 1C = 与每道题的解答程序相关的方格，测验 2 = 与正确"答案"相关的方格

审视表 6.3，我们也看到不一致的情形，它们的出现似乎有以下三个原因：

- 在目标陈述中，动词和名词之间存在"互不连接"的情形。"运用"是实施的同义词，属于"应用"类别（见封三）。*程序性知识*通常与*应用*相联系。我们分析名词短语"电磁学定律"时记住了这一点。因此，我们关注的不应是作为*概念性知识*的"定律"（它是概念性知识），而应是运用定律解答问题的程序——*程序性知识*。根据这种对程序而不是对定律的"重新关注"，该目标应该被归入于方格 C3（*应用程序性知识*），而不是方格 B3（*应用概念性知识*）。这样的分类给予方格 C3 最强可能的一致性：目标、教学活动、测评全都出现在同一个方格中。
- 表 6.3 中包括未进行测评的教学活动，因而无法对学习问题的诊断提供任何信息。这些活动的例子包括活动 4（记住在做每道题时他们应该检查自己的进展）、活动 6（确定进展是否令人满意）、活动 5（如果必要，依据"进展检查"作出改进）、活动 7（检查最终答案是否正确）。所有这四项教学活动都与检查作业进展的过程有关。单单是询问学生是否已经进行了这些检查都会强化检查的重要性。此外，个别地询问那些报告说进行了检查但依旧得出错误答案的学生，也许能够帮助他们发现他们自己作业中存在的错误，以及了解他们通常是怎样解答这类问题的。
- 记分（方格 C4）基于问题解决的过程，而问题解决的过程或者在教学活动中从未强调过，或者即使强调过，也从未与任何陈述的目标联系起来。

基于使用分类表所作的分析，该教师可以对目标的陈述、教学活动及测评作业或评价准则进行修改，从而在总体上提高它们的一致性。

目标分类中的问题

无论目标是被明确陈述出来还是内隐于教学活动之中，抑或是从测评推断得出，将目标分类都要求我们进行推断，因此，在许多情况下我们不容易给目标分类。原《手册》的作者们注意到了目标分类固有的若干问题。我们把这些问题以疑问的形式提出来：

- 我的工作是否处于分类表中最有用的那个目标的具体性程度上？

- 我是否对学生先前的学习经历作了正确的假设？
- 陈述的目标是否描述了预期的学习结果，而不是描述了教学活动或行为，即"达到目的的方法"？

目标的具体程度问题

正如我们在第12页所讨论的那样，教育方面的目标可以用三个具体性的层次加以描述。它们可能是需要一年或数年才能实现的总体项目的目标，也可能是某一课程或一门课程中某一单元的目标，还有可能是一个单元中某一节课的目标（Krathwohl，1964；Krathwohl and Payne，1971）。我们预计，课程或单元这个层次上，本分类体系对计划教学和测评最为有用。然而，就像我们在教学案例的分析中所证明的那样，在日常教学的层面上，本分类体系对学习活动和测评任务同样有意义。

在理解了目标的含义之后，对该目标的具体程度进行检验的一个有效方法是，询问你是否能够想象一个已经达到该目标的学生的表现。"学生必须做些什么来证明他或她已经学会了我预期他或她要学习的东西？"如果你能够想象学生各种不同的表现，也许你还应该问道，"什么样的表现是达到该目标最具代表性的标志？"辨别这一决定性的表现将综合的目标缩小到使用分类表所需的更为具体的目标。

例如，考虑这样一个总体性目标："学生应该学会做一个民主国家的好公民。"当你试着想象一个已经掌握了这个总体性目标的学生的行为，你的脑海中会想到什么？你大概会想到许多事情：投票？保护少数派的观点？赞同多数决定原则？每一件事都会使人联想到一个更为具体的目标，这些目标联合起来，能够帮助学生朝着综合性的公民目标迈进。一个更为具体的目标实例也许是："学生将学会解决群体冲突的各种策略（例如，投票、调解）。"稍微具体一些的目标更适合于分类表的使用。

关于学习经历的问题

为了正确地将目标分类，我们必须对学生已有的学习经历作出假设。在学生遇到已经进行过的教学活动或测评时，这一点最为明显。在这种场合，一项预期诱发一个较复杂认知过程（例如*分析*）的活动或测评任务将达不到目的，因为学生要做的仅仅是*回忆*先前的经历。如果我们打算让学生学会分析，我们必须尽量保证教学活动以及测评能够诱发这一预期的复杂认知过程。

同样地，随着年级水平的递增同一个目标可能属于不同的认知过程类别。对低年级而言较复杂的目标在高年级可能会变得较为容易。例如，一个数学课的目标，在三年级要求*区别*，以便仔细地选择某一类题的解答方法，这属于区别这一认知过程。而在四年级则可能要求实施，因为题型的识别已经变成了例行公事。到了五年级，由于解答题目几乎无需思考，这个目标可能要求*执行*，而到了六年级，该目标可能只是简单地要求*回忆*，因为可能用于教学和测评的所有一般题型学生都已经遇到过了。

因此，要就目标的分类取得一致意见，教师必须对学生已有的学习经历具有一定程度的了解或作出假定。在试图对不涉及任何特定的学生群体或年级水平的抽象目标分类时，或者在缺乏关于学生的先前学习信息的情况下使用分类表时，这可能是一个最常见也是最难于解决的问题。

区分目标与活动

在使用分类表的过程中，人们有时会发现（就像本书的作者经常发现一样）很容易不自觉地进入试图对学习活动而不是对预期的学习结果加以分类的状况之中。为了对本框架进行检验，我们中某人会说出一个动词，例如，"估算"，并问它属于哪个类别。起初，我们发现很难将"估算"分类。但当我们把它与知识配对，从而把它变成一个目标时，对它分类就变得容易多了。请看下面的例子："学生应该学会估算两个大数的乘积。"这个目标把学习简化成一个三步程序：（1）分别把两个大数四舍五入到最接近的10的乘方；（2）把所得的两个一位非零数字相乘；（3）把正确数目的零加到乘积上。在这一情境中，估算指的是*执行一项估算的程序*，或者*应用程序性知识*。

有时，我们当中会有人想到一项有些可笑的活动如"乱写乱画"，并问它适合放在哪个类别中。"乱写乱画"不仅不太可能出现在教育目标中，而且即使出现，它同样必须要出现在一种可以分类的知识情境中。例如，"学生将了解到，乱写乱画有助于他或她在做难题时暂时放松一下。"这个目标可以是属于元认知知识范畴的一个策略。短语"了解到"暗示简单地*回忆*（即"知道"）。因而，目标具有*回忆元认知知识*的形式。我们想说明的道理是，只有将"乱写乱画"放在一定的知识背景中，对它分类才是有意义的；没有这一背景，分类就没有意义。

在这个问题上，我们最后还要指出一点：许多"动词"，尤其是那些与学生的不良行为有关的动词（例如，打断、扰乱），不大可能被包含在教育目标的陈述中。所以，将它们在本框架中分类毫无用途。

一些有益的提示

根据我们在这个领域所遇到的问题以及我们的共同经验，我们提供以下四点有益的心得，它们会增大你将目标正确分类的可能性：（1）考虑动词—名词组合；（2）把知识类别与认知过程联系起来；（3）确保你找对了名词或名词词组；（4）依赖于多种信息来源。

考虑动词—名词组合

如前所述，动词本身可能很容易引起误解。请看这样一个目标："学生应该能够辨认小说中使用的各种文学修辞方法（例如，明喻、隐喻、夸张、拟人、头韵）。"这个目标的动词显然是"辨认"。在封三上的表5.1中，辨认是*识别*的同义词，而*识别*则属于回忆认知过程类别。然而，如果我们把这个目标划分到*回忆*类别中，那么，这一分类将是不合适的。因为更加全面地理解该目标的含义提醒我们，上述目标的意图是要学生学会辨认小说中文学修辞方法的各种例子。发现例子是*举例*，它与认知过程类别——*理解*相联系。我们这样推断的结果与文学修辞方法都属于概念（即事情的各个种类具有共同属性）这一事实是一致的。因此，这个目标更可能具有*理解概念性知识*的形式。

把知识类别与认知过程联系起来

对于那些涉及*回忆、理解*和*应用*的目标，认知过程类别与知识类别之间通常都有直接的对应关系。例如，我们的确想要学生回忆事实（*回忆事实性知识*）、解释原理（*理解概念性知识*）和执行算法（应用*程序性知识*）。

然而，对于那些涉及*分析*、*评价*和*创造*的目标，认知过程类别与知识类别之间的对应关系是不那么容易预料的。例如，让我们考虑*评价概念性知识*。我们通常并不打算要学生学会*评论*（*评价*）一组准则（*概念性知识*）。相反，我们想要他们学会<u>基于</u>或<u>依据</u>准则来*评论某事*。某事可能是一位科学家提出的假设，或者是一位立法者提出的某一问题的解决方案。作为评价依据的准则可能分别包括合理性和成本效率。因此，*评价概念性知识*在本质上变成了 [基于] *概念性知识*来*评价*或者 [依据] *概念性知识*来*评价*。

让我们接着考虑*创造*。同样，我们打算让学生学会*创造*某种东西——诗、新的问题解决方案、研究报告等。在创造的过程中，学生通常都依赖于多种类别的知识。例如，假设我们打算让学生学会基于主题和从关于美国历史名人的资料中获得有用的细节来写作关于美国历史名人的原创性研究报告。我们可以把该目标归入*创造*（写作原创性研究报告）*概念性知识*（主题）和*事实性知识*（有用细节）。这一分类结果不仅难以理解，而且很可能是错误的。我们没有必要打算让学生*创造概念性*和*事实性知识*。然而，我们的确打算让他们 [基于] *概念性知识*和*事实性知识*去*创造* [原创性研究报告]。如同前面关于*评价*的情形那样，学生要基于某种知识去*创造*另一种东西。在*创造*中，学生也许要运用他们所掌握的所有知识（*事实性的*、*概念性的*、*程序性的*以及*元认知的*知识）。

我们在这个问题上的观点十分简单但很重要。当目标涉及三个复杂程度最高的认知过程类别时，认知过程需要知识作为基础，并且往往需要多种知识。好几个教学案例都以实例阐明了这一观点。

确保你找对了名词

在起草分类表的过程中，我们曾经碰到一些目标的陈述，其中的名词和名词短语无助于确定适当的知识类别。通常，这些目标中的动词都表示复杂程度较高的认知过程类别（即*分析*、*评价*和*创造*）。请看下面的一组目标：

- 学生将学会概述教科书中各课的内容。
- 学生将学会评论针对社会问题提出的解决方案。
- 学生将学会设计各种演出的布景。

我们很容易辨认每个例子中的动词并将它们分类。*概述*是*组织* [*分析*] 的同义词，*评论*属于*评价*，设计是*计划* [*创造*] 的同义词。这些例子中的名词短语分别是"教科书中各课的内容""针对社会问题提出的解决方案"和"各种演出的布景"。在这些目标的陈述中缺少的以及我们在将目标正确分类以前必须弄清楚的，是学生组织各课内容（例如，组织原则）、评论提出的解决方案（例如，评价准则）或者计划布景（例如，设计参数）所需要的知识。

现在我们再来看第二组目标：

- 学生将学会分析一件艺术品<u>所用的材料与色彩再现之间的关系</u>。
- 学生将学会依据关于"诉求"的一组原理，评价出现在电视上或报纸/杂志上的商业广告。
- 学生将学会设计某些物种的生活环境，<u>以确保这些物种的生存</u>。

与第一组目标相似,这三个目标也分别涉及*分析*、*评价*和*创造*。但是,与第一组目标不同的是,对这些目标进行分类所需要的知识也包括在目标的陈述之中(上面划线的部分)。在第一个目标中,学生需要的知识是关于所用的材料与色彩再现之间的关系。在第二个目标中,学生需要的知识涉及关于"诉求"的一组原理。最后,在第三个目标中,学生需要具备关于某一特定物种的充分的知识,以便能够设计确保该物种生存的生活环境。这里的关键在于,并不是所有的名词和名词短语都为我们依据知识成分将目标适当分类提供了有用的线索。特别是对于那些针对发展复杂程度较高的认知过程的目标,我们可以从下面这些地方发现与知识有关的线索:

- 认知过程本身的定义或描述(例如,见第 61 页我们关于区别的讨论);
- 用于测评的评价准则或评分规则。

如果上述两者都不能够提供知识的线索,那么,我们就需要在目标的陈述中对知识作进一步阐明或列出知识。

依赖于多种信息来源

刚开始分析教学案例时,我们就认识到,如果考虑多种信息来源,如目标的陈述、教学活动、测评任务以及评价准则,那么,我们对单元目标的理解就会更加深刻。当目标陈述得比较模糊或比易于分类的目标更具有总体性时,考虑多种信息来源尤为重要。考虑多种信息来源的价值将在教学案例中体现出来。然而,在转到那些具体的教学案例之前,我们首先在下一章探讨教学案例是怎样编写出来的,它们"看起来像什么",以及我们是如何对它们进行分析的。

第七章 教学案例引言

基于使用原《手册》的共同经验，我们认为，一个像分类表这样的分类框架有赖于许多实例的阐明和大量讨论，然后，它才能够被充分理解并最终用于课堂教学实践。为此目的，我们开发了六个教学案例（见表7.1）。

这些案例被挑选出来，共同为前面各章提出的命题提供背景和依据，并以实例阐明分类表的关键概念和要素。本章的目的是描述这些教学案例的特性，详细解释它们的核心部分，并对应用分类表帮助我们理解课堂教学复杂性质的方式提出建议。随着理解的深入，我们改进课堂教学质量的机会也许就会到来。

教学案例的特性

一开始就介绍"教学案例**不是**什么"是有益的。首先，教学案例并不必然代表"最佳的实践"、优秀的教学或者供他人采用或仿效的教学模式。以这样一种评价的眼光看待这些教学案例很可能会破坏我们把它们包括在本书中的目的。我们奉劝读者不要进行评价，而是把教学案例看作一组由教师编写的更大课程单元中的教学情节[①]。对于读者，问题不在于教学案例代表的是好的教学或坏的教学，而在于分类表怎样能够帮助他们理解这些教师所描述的目标、教学活动以及测评的含义，从而改进自己的教学和学生的学习。

其次，这些案例无疑并不代表世界上所有国家、所有学科内容、所有年级的所有课堂教学方式。换言之，这组案例意在示例，不在详尽。然而，我们相信，我们对教学案例的分析能够帮助读者分析自己的和他人的学习目的、教学以及测评，并根据预期的学生学习目标，考虑可能存在的更加适当和有效的教学和测评方式。

讨论了"教学案例不是什么"，现在我们转到"教学案例是什么"的问题。首先，也许最重要的是，这些案例都是真实的。它们描述美国的学校中在职教师所教授的某些课程单元。这些案例最初的草稿，有的十分简短，有的则相当全面，几乎长达20页。由于篇幅的限制，较长的案例都经过了编辑。虽然如此，它们全都包括了以任课教师的语言讲述的对课程单元的重要描述。

[①] 第十二章的教学案例《火山？在这里？》由一位经验丰富的教师进行了教学，但案例则是由迈克尔·史密斯博士写作而成的。作为由国家科学基金会资助的研究工作的一部分，迈克尔·史密斯博士曾对该案例的教学过程作过观察。

表 7.1 我们收集的教学案例

章节	标题	年级	学科
8	营养	5	健康
9	麦克白	12	英语文学
10	加法事实	2	数学
11	国会法案	5	历史
12	火山？在这里？	6—7	科学
13	报告写作	4	语文

其次，这些教学案例都极为逼真。它们抓住了课堂教学的复杂性、模糊性和不确定性。这些特点会增加读者对描述的惊异和好奇，为我们展示分类表的有用性提供了机会。极为短期的、简单的直线式教学几乎不要求进行分析。

第三，我们要求教师描述的是课程单元，而不只是短暂的一天或两天的教学。我们作出这一决定的原因将在下节中予以介绍。

课程单元

一个课程单元包括一个或多个教育目标，实现这些目标大约需要两到三个星期。如果一个单元中存在一个以上的教育目标，目标之间会以某种方式（往往是以属于同一个主题的方式）相互联系（例如，第八章：《营养》；第九章：《麦克白》；第十二章：《火山？在这里？》）。跨学科的单元（例如，一个涉及历史、科学、数学和文学的关于飞机的单元）和综合性的单元（例如，第十一章：《国会法案》；第十三章：《报告写作》）也是课程单元的例子。一个课程单元也许包含着几个教学目标，每个目标与持续一天、两天或许三天的教学相联系。在其他情况下，课程单元对教学目标不作陈述（虽然教学目标可能是内隐的）。

关注课程单元比关注每天的教学具有四个优越性：第一，课程单元为更具综合性和整体性的学习提供了所需的时间。随着时间的推移，课程单元有助于学生了解各种见解、资料、活动以及主题之间的关系和联系。换言之，单元结构有助于他们在看到树木的同时也看见森林。

第二，课程单元在使用可用的教学时间方面更具灵活性。如果一位教师某天的教学时间用完了，教学活动可以在第二天继续进行。对于课程单元，"灵活时间"的获得是很重要的，因为，正如我们将在教学案例中看到的那样，教学活动并不总是按照计划进行的。此外，有些学生比其他学生可能需要更多的学习时间。课程单元能够使教师考虑到这些课堂教学的现实需要。

第三，课程单元为解释日常的教学目标、教学活动和测评提供了情境。例如，在关于段落写作的课程单元的情境中，我们通常能够更好地理解关于陈述句写作的重要性。同样地，以绘画和雕塑的单元为背景，我们对比率和比例等概念的理解可能更加深刻。

最后，较大的课程单元为教学活动提供了充足的时间，从而使得学生能够针对较复杂的认知目标进行学习，使我们能够对此进行测评。涉及*分析*、*评价*和*创造*的目标通常要求学生进行较长时间的学习。

教学案例的核心部分

为了进行跨案例的比较，我们为教学案例的写作提供了一种通用结构。每个教学案例的开始部分是课堂情境的描述，接下来是三个主要部分：（1）目标；（2）教学活动；（3）测评。我们曾经以书面形式针对每个部分提出过一组问题，用来指导教师编写案例。

课堂情境的描述和目标部分包括的问题如下：

- 单元的目标是哪些，这些目标是怎样确立的？
- 单元如何适配于更大的方案或情境？（例如，州级范围的标准或测验项目、校区课程、先前的和未来的单元、学生的年纪或年级水平。）
- 你和学生当时可以得到哪些教学材料？（例如，教科书、软件、地图、录像）和设备（例如，计算机、电视机、实验室设备。）
- 分配给单元的教学时间有多长？你决定单元时间长度的依据是什么？

对于教学活动部分，我们要求教师考虑如下问题：

- 你是怎样向学生介绍单元的？（例如，是否对整个单元作了一个全面的评述？是否与学生讨论过学习此单元的必要性或目的？）
- 在单元的教学过程中，学生参与了哪些活动？为什么选择这些活动？
- 给学生安排了哪些作业？为什么选择这些作业？
- 你怎样监控学生在活动中和在作业方面的参与程度和成果？

最后，对于测评部分，我们要求教师考虑这样一些问题：

- 你怎样确定学生实际上正在学习？你怎样测评学生所学的知识和认知过程？
- 你是否使用过评分细则、计分键或评分指南、评分准则、评分标准来判断学生的学习质量？如果是这样，你使用过哪些？你是怎样使用的？
- 你怎样告知学生他们在该单元的学习情况？
- 成绩的分级决定是怎样作出的？使用过哪些分级标准？

我们告诉教师，以上这些问题只是指南，而不是要求。对教学案例作粗略的审视就会发现，我们提出的问题正是这样被正确使用的。由于这些问题并不都与所有的教师相关，教师没有论述那些他们认为无关的问题。然而，无论他们考虑过哪些问题，每位教师都对四个核心部分的每一个部分写下了相当全面的报告。所有六个教学案例中都是按照固定的顺序对各部分进行介绍和讨论的：课堂情境、目标、教学活动和测评。

必须强调，我们并不是要以这一顺序来表达一种直线式单元教学计划的观点。我们都充分认识到，研究结果表明，教师常常从教学活动入手来进行计划，而不是从目标或测评开始。我们假定，计划可以从目标、教学活动或测评这三个部分中的任何一个部分开始。"目标导向"的计划从确定教学目标开始。"活动导向"的计划最初把重点放在教学活动上。最后，从"测验导向"角度运作的教师由关注测评出发进行计划。然而，无论出发点是哪一个部分，事实上所有的教师也都关心其他两个部分，以及关心用于支持教学活动的教学材料和可用于单元教学的时间。

我们曾经预先考虑到，教师对单元教学活动的描述方式可能各不相同。一种方式是将课堂上发生的事件以"日常"事件年表的方式加以描述。另一种方式可能不那么具有连续性而更具有片断性，即描述关系重大的显著事件。大部分教师采用这两种方式的组合，即在一个按时间顺序排列的框架内关注显著事件。

使用分类表分析教学案例

我们的分析始于阅读教师所作的描述，并在其中寻找能够使我们在分类表的语境中理解这些描述的线索。这些线索主要来自名词和动词，这与目标的结构是相符的（见第二章）。正如在第六章中我们示范的那样，我们使用了表4.1（见前环衬页）去了解我们遇到的名词的含义，同时使用表5.1（见封三）来帮助我们理解动词的含义。

我们在前面的段落中有意使用了线索一词。对一个具体的描述性的成分在分类表中的准确位置，我们在任何时候都未做到过确定无疑。有时，研读案例越是深入，我们对最初的分类也越来越有把握，感到分类更加经得起推敲。但在另一些时候，教师在案例后面部分中的描述与我们最初的分类是彼此矛盾的。

为了理解上述问题，我们考虑下面的例子。《营养》案例（第八章）中一个陈述的目标是使学生"习得关于'诉求'的分类法的知识（'诉求'描述创作商业广告时广告作者考虑要达到的一般目的）"。在认知过程的名单中，我们找不到动词"习得"这一认知过程。然而，"分类方案"这一短语提示了*概念性知识*。这时，我们假定"习得"是指*回忆*或*理解*，并且依据分类表对该目标作了初步分类，结果即是*回忆*或*理解概念性知识*。

记住了这个初步分类的结果，我们继续研读关于教学活动的描述。在该单元的开始部分，教师纳金加斯特女士介绍了广告作者所考虑的六种"诉求"（即，易于使用、经济实惠、健康、爱／羡慕、恐惧、安逸／快乐），并预期学生记住这六种诉求的**名称**。因为这一教学活动的重点放在诉求的名称而不是放在名称隐含的**类别**上，所以，我们把该活动的目的归入*回忆事实性知识*。注意，*事实性知识*这一重点与我们基于陈述的目标得到的初步分类结果并不相符。但是，在此之后，学生立即学习了每一种诉求的正例和反例，并按要求举例阐明了他们的理解。正例和反例的使用表明了两点：第一，学生在形成类别概念；第二，学生参与了举例的认知过程。因为关于类别的知识属于*概念性知识*，而且*举例*是属于*理解*的认知过程，所以，这样推断所得到的目标应该归入*理解概念性知识*。这一推断与我们的初步分类结果在部分程度上是相符的（其关注点在*理解*而不在*回忆*）。

最后，我们继续研读测评部分的描述。纳金加斯特女士针对该目标使用了两个测评任务。第一个作业学生"描述一个广告，然后将该广告对观众的诉求[即诉求的类型或类别]归因于广告的作者"。第二个要求学生"确定与她（教师）提供的诉求 [类型] 相匹配的某一产品的广告实例"。为了完成这些测评任务，学生不仅需要简单地回忆六种诉求的名称（即回忆事实性知识），而且还必须根据其定义属性和特征来理解每一种（即类别）诉求，这样，他们才能够对新例子作出正确的分类（任务 1），或者举出一个满足特定诉求类别的新例子（任务 2）。因此，从目标、教学活动和测评三个方面获得的分类线索结合起来使我们相信，纳金加斯特女士的意图是让学生学会*理解概念性知识*（即分类表的方格 B2）。

使用类似的方式，我们逐个部分地研读了每一个教学案例。在每个部分中，我们对那些最有可能为我们提供必要线索的要素给予了特别的关注。表 7.2 对这些要素进行了总结。

表 7.2 与对教学案例进行的分类分析相关的要素

部分	要素
目标	总的目的 / 意图
	陈述的目标
	主题
教学活动	教师的评语
	教师的提问
	学生作业
测评	测评任务（例如，试题、代表作）
	评分说明、评分指南、评分细则
	评分准则和标准

在目标这一部分中，我们关注总体目的的陈述、所包括的主题列表以及外显的目标。例如，在《国会法案》教学案例中（第十一章），教师的总体目的是"整合议论文的写作与学生关于历史人物和事件的知识"。动词"整合"以及名词短语"议论文的写作"和"历史人物和事件的知识"一起，为预期的学生学习目标在分类表中的位置提供了线索。类似地，在《火山？在这里？》教学案例中（第十二章），教师指出，该单元是以"地质学中最有影响力的研究范式——板块构造理论"为基础的。这一陈述与该单元的标题一起，清楚地表明了单元的主题重点，即板块构造理论在说明火山活动方面扮演的角色。单元的主题重点有助于我们把目标放置在分类表内适当的行中（即知识类别）。然而，如果仅知道单元的主题方位，事实上我们还不能够确定把目标放在分类表中哪一列（即认知过程的类别）是适当的。

在教学活动部分中，能够为我们提供线索的是教师所作的评论（尤其是向学生介绍活动的方式和教师对活动的描述），教师对学生提问（以及学生对教师提问）以及作为活动的一部分或后续部分的教师布置给学生的作业。例如，在《加法事实》教学案例中（第十章），教师告诉学生，"只要学会了'事实家庭'中的一个加法事实（例如，3 + 5 = 8），他们也就知道了其他的结果（例如，5 + 3 = 8）。因此，'事实家庭'使得记忆任务变得更加容易，因为他们只需记忆一半的加法事实就行了。"我们从教师所说的第一句话就了解到，教师在使用类别（即事实家庭）去减少学生的记忆量。类别本身的知识属于*概念性知识*。然而，与《营养》案例中的情形不同，《加法事实》案例中类别的使用不是为了帮助理解，因此，教学目的也就**不是**理解概念性知识。相反，正如教师在第二句话中所说的那样，类别的使用是为了减少学生的"记忆负荷"。这句话中的动词显然是"记忆"。因此，这项教学活动的最终目的是要学生记住加法事实（即*回忆事实性知识*）。当我们继续研读这一教学案例的其余部分时，我们的注意力转移到了教师所建立的*概念性知识*和*事实性知识*之间以及*理解*和*记忆*之间有趣的相互关系上。

在《麦克白》教学案例中（第九章），线索来源于教师对学生的提问。例如，在教师引导学生进行关于第二幕的讨论时，教师问学生"为什么麦克白拒绝回到邓肯的房间去把带血的短剑栽赃于卫兵？"为了回答这个问题，学生必须寻找某一具体行为（或者更明确地说，是麦克白不作为这个行为）背后的动机，即学生必须建构一个心理模型，从而依据一个或多个原因来对不作为加以说明。因此，我们把这个提问归入*说明*，这是属于*理解*类别的认知过程。

在测评部分中，我们的线索来源于测评任务以及用来判断在测评任务上学生表现的评价准则（例如，等级量表、评分细则）。在《国会法案》教学案例中（第十一章），教师分发给学生一个"评价表"，用来评价他们从一个历史人物的角度所写作的评论文章。该评价表包括了一组评价准则（例如，学生提供至少三条理由来支持该人物的观点，其中至少有一条不是来自于教科书或课堂讨论；理由对人物要恰当，并具有历史的准确性）。从整体上看，这些准则表现出对*事实性知识*（例如，历史的准确性，从教科书或课堂讨论引述的理由）和*概念性知识*（例如，对人物恰当，至少一条理由**不是**来自于教科书或课堂讨论）的关注。在将这些准则放在该案例的整体背景中加以审视之后，我们有理由认为，教师预期学生要*回忆事实性知识*和*理解概念性知识*。

最后，在《加法事实》教学案例中，最终的测评是一个关于加法事实的限时测验。测评"限时"这一点提供了另一条线索，说明教师关注的确实是回忆。那些试图使用该单元教学活动所包括的各种记忆策略的学生将不能够在规定的时间内完成测验。因此，该单元的主要目标是回忆加法事实（即*回忆事实性知识*），所有的活动都只是帮助学生达到这一目标的不同方法。

分析过程的总结

经过大量讨论，以及许多尝试、失误和修订，我们获得了一个四步的教学案例分析法。第一步，辨认并标出案例中有助于我们依据分类表进行分析的要素。在这方面，表 7.2 中的条目被证明是有用的。第二步要求我们关注相关的名词和动词。通过频繁地查阅表 4.1（针对名词）和表 5.1（针对动词），我们对教师描述的目标、教学活动和测评背后的知识类别及认知过程进行推断，并简略地记下我们的"最佳猜测"。如果可能和有用的话，这时我们会把这些"最佳猜测"尝试性地放置到分类表中。这样，我们实际上填好了三个不同的分类表格：一个是针对陈述的目标所作的分析，一个是针对教学活动所作的分析，一个是针对测评所作的分析。在第三步中，我们重新研读所有的笔记和教学案例的相关部分，看我们是否能够作出更好地猜测。在大部分情形下，我们发现重新研读和重新检查是非常有用的。相应地，我们修改笔记和分类表。最后，我们检查三个表格的一致性,比较目标、教学活动和测评的分类结果,确定三者是否一致。在完成一致性的分析以后,我们将笔记改写成叙述的形式,如同教学案例各章中所包含的叙述那样。

正是在这最后一步中,我们开始了解到教师在计划和实际进行单元教学时所遇到的若干重要问题。第十四章将对这些问题作更多的探讨。一点也不意外,我们所了解到的这些问题已经困扰教师很长时间了。我们认为,认真考虑并坚持不懈地努力解决这些关键的问题,我们才可能极大地改进教育的质量。

教学案例的组织和结构

正如我们在前面提及的那样,教学案例的写作使用了一种通用格式,从而使读者不仅能够理解每个案例,而且能够进行跨案例的比较。

> 每一个教学案例的描述部分都是由教师自己编写的,使用和本句字体相同大小相等的文字印刷,像本句一样从左边的页边空白处插入。

你会周期性地遇到我们基于分析所作的评注。本书教学案例各章中的评注都使用了相同字体印刷的顶部标题。

紧随每一个主要的部分(即目标、教学活动和测评),我们都会依据分类表总结我们所作的分析。正如前面提及的那样,最终结果是每个教学案例中三个填好的分类表。第一个表格总结我们基于目标所作的分析。**目标**用**粗体字**表示。第二个表格总结我们基于教学活动所作的分析。*教学活动*用*斜体字*书写。为了容易进行比较,第二个表格中保留了用**粗体字**表示的**目标**。第三个表格总结我们基于测评所作的分析,用正常字体表示。同样,**目标**(**粗体字**)和*教学活动*(*斜体字*)都被保留在这个表格之中。

在每个教学案例的最后部分,我们根据四个指导性问题,即学习问题、教学问题、测评问题和一致性问题,对每个教学案例进行审视,从而结束我们对每个案例所作的讨论。我们还对由教师设计和实施的单元提出几个"结束问题"。这些问题可以用来作为对案例所描述的单元进行开放性讨论的"出发点"。

为了便于读者着手分析,我们对第一个教学案例(第八章,《营养》)的分析过程作了非常详细的描述。我们使用的线索由粗体字显示出来,从而使得这些线索与我们依据知识类别或具体的认知过程对它们所作解释之间的特定关系就变得明显了。此外,我们强调了具体的认知过程(例如,*分类*)与过程类别(例如,*理解*)之间的联系。最后,在必要和适当的地方,我们描述了分类背后的推理过程。

在第五章中,过程类别和具体认知过程两者都用斜体字来表示。

结束语

在本章结束时,我们提醒读者本书将教学案例包括进来的目的。虽然我们希望教学案例将会提高我们的框架和方法的可信度,但我们的主要目的是为了增进读者的理解,使教学案例成为分析和最终改进教育质量的工具。

第八章 《营养》教学案例

本案例描述一个为期两周、内容涉及商业广告的单元，由南希·C.纳金加斯特女士开发并执教。它是为期九周的《营养》课程单元的一个组成部分。

最近，我给一个二年级班级（共有13个男孩和13个女孩）讲授了这个单元。通常，这个班级的学生不容易专心学习，但只要他们被某件事情所吸引，无论此事是否与学习有关，他们都会表现出兴趣和热情。本单元开课时学年即将结束，因此，我的教学充分地利用了学生一年来获得的学习技能与合作学习能力。

本单元计划每天的教学时间为30分钟。有时，孩子们会沉浸在教学活动之中，这时我会延长活动的时间。有时，我们在30分钟左右的时间内就完成了当天的教学活动，在这种情况下，我会在第二天上课之前，把我们的注意力转移到与广告和营养无关的其他内容上去。

第一部分：目标

我为本单元建立了四个目标。我预期学生应该：

1. **习得**关于"诉求"的**分类法**[①]（"诉求"描述创作商业广告时广告作者考虑要达到的一般目的）；
2. 检查广告对他们自己的"感觉"所产生的影响，并**理解**这些影响对他们是怎样起作用的；
3. 根据关于"诉求"的一组原理**评价**出现在电视上或在报纸/杂志上的商业广告；
4. **创作**关于普通食品的广告，以反映出他们对于如何设计商业广告以使之影响潜在消费者的理解。

评注

我们从目标的陈述中寻找对该案例着手分析的线索。在第一个目标中，主要线索是短语"诉求分类法"。从知识维度上看，关于分类法的知识属于*概念性知识*。动词短语"习得知识"与认知过程的关系不很明确。它可能是指*回忆*、*理解*或其他认知过程类别。这时，我们对它暂且不作判断，而是寻找更多的信息。

[①] 为了将读者的注意力引导到进行分类分析使用的线索上，我们使用粗体字表示这些线索。这样做是为了帮助读者开始进行分析。这一做法只出现在本章，即第一个教学案例中。

在第二个目标中，主要线索来自动词"检查"和"理解"。在表 5.1 中，检查是评价类别的认知过程之一。表面上，"理解"对应于认知过程类别理解。此时，对于教师使用的"理解"在含义上是否与该术语在分类表中的含义相同，我们还没有把握，但我们初步假定它们是相同的。从知识的角度上看，这一目标针对的似乎是学生关于他们自己的知识（即学生如何受广告的影响）。这种对自我的强调提示了元认知知识。

在第三个目标中，教师预期学生要"依据一组原理"评价商业广告的诉求。依照分类表的用语，原理的知识属于概念性知识（见表 4.1）。就该目标而言，用于评价的原理变成了评价准则。该目标中的"名词"是原理而不是广告；广告只是针对目标进行教学的材料，注意到这一点是很重要的。（我们鼓励读者重新阅读第 14 页上关于这一重要区分的讨论。）

在第四个目标中，重点是学生基于他们"对于如何设计商业广告以使之影响潜在消费者的理解"去创作广告节目。该目标中的动词是"创作"。与第三个目标的情形相似，该目标中的名词不是广告节目，而是"对于如何设计商业广告节目的理解"。我们暂时把该目标涉及的知识类别归入程序性知识。

现在，我们可以依据以上分析结果重新陈述这四个目标。学生将学会：

1. 回忆和理解概念性知识（即诉求的分类法）；
2. 评价和理解元认知知识（即学生如何受广告的影响）；
3. 评价 [基于] 概念性知识（即关于"诉求"的原理）；
4. 创造 [基于] 程序性知识（即对如何设计商业广告的理解）。

然后，我们将这些目标分别放置在分类表的相应方格之中，结果如表 8.1 所示。前两个目标中每一个都包含两个动词，因此，目标 1 和目标 2 被分别放置在分类表的两个方格之中。

第二部分：教学活动

我们回顾了在前面更大的单元中讨论过的**四类食品和有营养的食品**（例如，见本章附件 A）。然后，我提到电视中的食品广告节目。我认为，有些广告瞄准人们想要获得经济实惠的商品的愿望（即试图让人们相信购买该产品会省钱），有些广告则针对商品易于使用的特点（例如，试图让人们相信，与其他同类产品比较，使用该产品会省时省力）。我接着总结说，经济实惠和易于使用都是广告对电视观众 / 潜在消费者的**诉求实例**。

评注

我们再次从教师对教学活动的描述中寻找线索（见**粗体字**）。教师正在介绍与第一个目标相关的各种事实性知识。此外，本章附件 A 中的练习也针对事实性知识（例如，查找并圈出脂肪的克数，查找并圈出卡路里）。因此，这一活动或者是：(1) 达到第一个目标的准备活动，或者是：(2) 表明事实性知识是第一个目标的重要成分。我们选择 (1)，因为教师从一种（或多种）诉求类别的角度立即开始详细讨论每一种具体食品。

表 8.1 《营养》案例：陈述的目标在分类表中的位置

知识维度	认知过程维度					
	1. 记忆/回忆	2. 理解	3. 应用	4. 分析	5. 评价	6. 创造
A. 事实性知识						
B. 概念性知识	目标 1	目标 1			目标 3	
C. 程序性知识						目标 4
D. 元认知知识		目标 2			目标 2	

注
目标 1 = 习得关于"诉求"的分类法的知识。
目标 2 = 检查广告对学生的"感觉"所产生的影响。
目标 3 = 依据一组原理对广告进行评价。
目标 4 = 创作反映出对于如何设计商业广告以使之影响潜在消费者的理解的广告节目。

我描述了六种这样的诉求实例。除**易于使用**和**经济实惠**之外，其他诉求实例还包括**健康**、**恐惧**、**爱／羡慕**、**安逸／快乐**。在此后几天的教学中，学生学习了每一种诉求的**正例**和**反例**，并举例阐明他们对每一种诉求的**理解**。

评注

此时，教师完全转到了*概念性知识*。这种转变的线索是正例和反例的使用（一种普遍接受的从事*概念性知识*教学的方法）。显然，纳金加斯特女士希望学生习得包括六种诉求的分类系统的知识。不仅她所使用的"理解"一词，而且这些活动也澄清了第一个目标的含义；该目标强调*理解概念性知识*。

为了测评学生在上述教学活动中习得概念的情况，我要求他们**描述一个广告**，然后把该广告对观众的**诉求方式归因于广告的作者**。或者是，我以一种诉求作为对学生的提示，然后要求他们确定与**该诉求相匹配**的某一产品的广告实例。

评注

这两个测评任务也有助于我们理解第一个目标。第一个是一种**分类**（将具体的广告节目归入适当的诉求类别）。第二个则是一种**举例**（列举特定诉求的广告的例子）。虽然分类和举例是属于同一认知类别*理解*的两个认知过程（见封三），但两者并不是等同的。

我们还需要考虑教师所使用的措词："归因于广告的作者"。这一措词提示我们，学生不是基于广告节目对他们的诉求效果来对广告加以分类的；更确切地说，学生对广告的分类是基于广告节目作者的*意图*作出的。正如表5.1所表明的那样，*归因*是属于*分析*类别的认知过程，而*分析*类别比*理解*类别的复杂程度要更高一些。

在将广告与诉求配对时，有些学生具有想象力并且十分顺利。但有些学生却存在困难。这些学生所辨认的诉求，至少在我看来，与广告节目作者的意图常常是明显无关的。

评注

对于这一"学习问题"，我们是否能够予以说明？纳金加斯特女士正在讨论与第一个目标相关的教学活动。但学生也许会同时想到第二个目标，这会使他们意识到广告诉求对他们自己的影响。纳金加斯特女士要求的是广告作者所预期的诉求，这与第一个目标是一致的。然而，由于想到单元的第二个目标，学生也许不能够觉察两个目标之间的区别。所以，那些从分析（归因的）角度考虑上述测评任务的学生更有可能得到"恰当的"分类结果。反之，我们可以预期，那些根据自己的理解（诉求对他们的影响）来回答问题的学生很少得到正确的分类结果。

根据这些测评任务，我能够确定，在应用于营养品的广告时，哪些学生已经掌握以及哪些学生还没有掌握诉求的概念。要想成功地完成测评任务，学生不仅需要回忆所有六种诉求的名称，而且还需要*充分地理解这些诉求的概念*，这样才能够对营养品的广告作出适当的分类。

评注

纳金加斯特女士在这里进行了一项重要的区分。学生也许能够回忆诉求所属类别的名称（*事实性知识*），但他们也许不能够将诉求实例正确地加以分类（*概念性知识*）。纳金加斯特女士同时关注这两类知识。因此，目标1的教学活动同时针对*回忆*和*理解*两个认知过程类别以及*事实性知识*和*概念性知识*两个知识类别（见表8.2）。

我的第二个目标是让学生审视广告*对自己的决策*所产生的影响。我要求学生就各种广告语*对他们自己的思维*所产生的影响回答提问。首先，我要求学生阅读分析与各种产品相关的广告语（见本章附件B），然后，我要求他们反思这些广告语*对他们的感受*所产生的影响。

评注

这些教学活动侧重广告对学生本身的影响，这与目标2所表达的意图一致。首先进行的"配对练习"（见本章附件B）旨在确定学生已具备的关于广告的*事实性知识*，而教师向学生提出的问题看来是为了激发元*认知知识*。

表 8.2 《营养》案例：陈述的目标和教学活动在分类表中的位置

知识维度	认知过程维度					
	1. 记忆/回忆	2. 理解	3. 应用	4. 分析	5. 评价	6. 创造
A. 事实性知识	目标1的教学活动					
B. 概念性知识	目标1	目标1 目标1的教学活动		目标1的教学活动	目标3 目标3的教学活动	目标4的教学活动
C. 程序性知识			目标4的教学活动			目标4
D. 元认知知识		目标2 目标2的教学活动		目标2的教学活动	目标2	

注
目标1 = 习得关于"诉求"的分类法的知识。
目标2 = 检查广告对学生的"感觉"所产生的影响。
目标3 = 依据一组原理评价广告。
目标4 = 创作反映出对于如何设计商业广告以使之影响潜在消费者的理解的广告节目。

在课堂讨论中，我对学生提出的问题包括，"当你听到这条广告时，你想到了什么？"以及"当广告节目说迈克尔·乔丹食用该产品时，广告的作者在希望你想些什么？"。在讨论中学生所作的评论、提出的问题以及相互交流的见解都与我的第二个目标有关。

评注

教师的第一个问题使我们更加相信，目标2强调*理解元认知知识*（即理解广告节目对学生所产生的影响）。第二个问题的回答超出了*理解*的范围，因为教师预期学生从广告节目的作者/设计者的视角来审视广告（即归因）。这个问题证实，教师希望学生通过对广告作者/设计者动机的归因来对广告节目加以分析。对于涉及第一个目标的教学活动，我们也作过类似的评注。

在学生已经掌握诉求的概念并且讨论过诉求对他们所产生的影响之后，我播放了三到四个广告节目的录像，要求学生分组评价这些广告节目"工作"的效果如何。具体地说，学生需要**判断这些广告节目的诉求效果，以及广告节目具有多大的说服力和诉求**。通过教师与学生的共同设计，**学生制订了评价"具有说服力"的准则**，并把这些准则融入到评分指南的初稿之中。几经修改之后，该评分指南对学生评价广告节目变得更加有用了（见本章附件C）。评分指南不同阶段的草稿之间的一个主要差别是，早期草稿过多地反映我的用语，而反映学生的用语则太少。

评注

　　这时，活动的关注点转移到了*评价*。为了作出*评价*，学生必须掌握他们所制订的用以定义"具有说服力"的准则知识（*概念性知识*）。我们必须再次强调，广告节目只是用于教学的材料；它们本身不是学生要学习的知识。很明显，纳金加斯特女士希望学生把他们的知识用于课堂外以及将来遇见的广告节目。

　　本单元最终的教学活动是学生以2—4人为小组创作广告节目。首先，每个小组需要选择一种食品并为该食品制订一份广告节目的初步计划，然后，各小组就广告节目计划彼此交换意见，并运用为评价广告节目所制订的评分细则以及从前面更大单元的学习中获得的营养概念提出反馈信息。

评注

　　在表5.1中，*计划*是属于*创造*类别的认知过程。学生必须基于他们对于如何设计广告节目以使之影响潜在消费者的理解来计划他们的广告节目，因此，该目标涉及的知识属于*程序性知识*。此外，对广告节目计划的评价是依据明确的准则进行的，因此，该目标还涉及*概念性知识*。虽然如此，我们还是将这个目标归类为*创造*[基于]*程序性知识*。

　　在听取了同班同学和我对于他们广告节目计划的反馈意见之后，学生排练了广告节目并进行了班级演出。随后，各小组为包括学生家长、教师和其他二年级班级在内的更多观众演出了广告节目。我把学生表演的每个节目都录下来，以便我在空闲时而不是在学生表演时对广告节目进行仔细的分析。

　　在所有广告节目演完之后，我再次把各小组集合起来，要求他们总结：他们小组已经做了**哪些对创作广告节目特别有益的事情，还有哪些事情他们要是做了，广告节目的效果会更好一些**。我提醒学生，**不要责备小组内的任何人**，要把注意力集中在小组创作过程中那些有助于下次小组作业时需要记住的事情。每个小组向全班报告了他们在上述问题上思考的结果，我把全班学生的见解记录在一张大幅广告纸上。

评注

　　我们假定，本章附件C中的准则被用于*评价*最终的广告节目。注意，纳金加斯特女士未使用*评价*一词，而是选择了*分析*。显然，评分要求进行分析；而分析为评价广告节目的质量提供了依据。不仅附件C包括的准则，而且教师还要求学生依照下面三条准则对小组创作作出评价：（1）长处；（2）改进的途径；（3）避免责备。这些都是"非认知性"准则，因此，我们将不在分类表中对它们加以分类。

　　通过《营养》单元最终的教学活动，**学生对每项教学活动的目的都了解得更加清楚了**。学生们都迷上了一字不差地演唱或背诵广告节目，并最终完成了作业。

评注

学生正在自己学会教学活动与目标（即依据预期学习结果陈述的教学活动的目的）之间的区别。在表 8.2 中（已在前面展示），我们总结了对整个十天教学活动的分析结果。为了方便将教学活动与陈述的目标加以比较，我们已将表 8.1 中的目标用**粗体字**复制在表 8.2 中。教学活动用*斜体字*表示。

第三部分：测评

我采用过多种方式对学生进行测评。对于学生是否达到学习目标，课堂讨论提供了有用的信息。在学生分组活动时，我会在教室内巡回走动，一方面监控他们的进展，另一方面检查学生的参与以确保小组中每个学生都对小组作业有所贡献。这些在不引人注意的情形下获得的观察结果为我提供了学生学习进展的真实情况。

除监控学生参与讨论之外，我还检查作为学习的一部分的学生作业（例如，他们的广告节目计划）。最后，我对学生创作的*广告节目作了严格的评价*，看他们是否理解了*与营养有关的主要概念*。

我给学生的课堂作业和家庭作业评定了等级。在本单元的教学过程中，我始终保持每个学生的成绩档案，使用"很满意（check-plus）、满意（check）、不满意（check-minus）"等评分等级将成绩记录在成绩册上。

最后，学生对他们创作的广告节目以及小组合作的工作进行了口头评价。在完成本单元的学习之后，学生会偶尔对电视上的广告节目作出评论，并称本单元的教学活动是他们当年最喜爱的活动之一。

评注

纳金加斯特女士关于测评的大部分描述与非正式测评和等级评定有关。她只为第一个目标准备了单独的测评任务。对于其他的目标，她采用经过选择的教学活动来作为测评任务；也就是说，这些教学活动旨在帮助学生学习和帮助纳金加斯特女士评估学生的学习情况。在写作教学案例中，许多教师利用了教学活动的这种双重功能（同时用于学习和测评）。在大部分情况下，虽然这种测评可以用来为学生评分，但它仍被认为是形成性的，因为其主要目的是为了把学生的学习保持"在正确的轨道上"。

适合于依据分类表来分析的一项测评是纳金加斯特女士对学生创作的"广告节目的严格评价"。用于评价广告节目的评分指南包含六条准则（"评分要素"）（见本章附件C）。第一个评分要素（A）涉及广告节目是否在总体上与单元内容（即营养）相称，因此我们对它不作分类。第二个评分要素（B）与目标1没有太大关系。该要素强调的不是识别诉求的类别（即*概念性知识*），而是广告节目在"欲望和需求"方面的诉求（比认知所关注的诉求更具情感性）。第三个评分要素（C）与包含在目标4（即*程序性知识*）中的知识具有最为直接的关系。第四个要素（D）涉及真实性（因此与陈述的目标关系不大)。但是,我们把它放在方格 B6 之中(*创造* [基于] *概念性知识*)。第五个(E)和第六个(F)要素的准则关注的是广告节目的观众。广告节目会使观众渴望购买这种食品吗?广告节目是否针对着预期的观众?如果我们假定学生把自己看作预期的观众,那么,这些准则都与目标 2 相关。

我们依据分类表对测评所作的分析如表 8.3 所示。为了方便比较,我们再次把表 8.1 中的条目(*目标*)以及表 8.2 中的条目(*教学活动*)复制在表 8.3 之中。

第四部分:结束语

在本节中,我们将根据四个基本问题——学习问题、教学问题、测评问题以及一致性问题——来审视本教学案例。

学习问题

本单元的总体目的是使学生学会创作普通食品的广告,以反映出他们对怎样设计广告去影响潜在消费者的理解(目标 4)。正如我们在总结教学活动时提及的那样,本单元的教学是从一个目标发展到另一个目标的,到目标 4 时达到其终点。就侧重点而言,十天教学时间中有五个整天花在了第四个目标上。此外,第四个目标是唯一进行正式测评和评价的目标。

教学问题

引人注意的是,本单元教学活动的顺序对应于目标陈述的顺序,即教学活动被用于把学生的学习从*回忆*和*理解概念性知识*(目标 1)发展到*理解*和*分析元认知知识*(目标 2),再到基于*概念性知识评价广告节目*(目标 3),最后到基于*程序性知识创作广告节目*(目标 4)。

总的来说,纳金加斯特女士让学生参与的教学活动与她为学生建立的学习目标是相符的。她使用了正反两方面的例子来讲授诉求(*概念性知识*)类型(类别)。她为学生提供了分类和举例(*理解*)的练习机会。在涉及到元认知知识(例如,"你的看法如何?")的学习中,她向学生提出了所谓的高阶问题。她和学生一道制订了用于评价广告节目的准则(*概念性知识*),并且学生实际使用了该准则来*评价*广告节目。最后,对于*创作*广告节目,她要求学生制订节目计划、提供与接受关于该计划的反馈信息、实际排练节目计划,最终在一些观众面前实施节目计划。

表 8.3 《营养》案例:陈述的目标、教学活动和测评在分类表中的位置

知识维度	认知过程维度					
	1. 记忆/回忆	2. 理解	3. 应用	4. 分析	5. 评价	6. 创造
A. 事实性知识	*目标 1 的教学活动*					

(待续)

(续上表)

知识维度	认知过程维度					
	1. 记忆/回忆	2. 理解	3. 应用	4. 分析	5. 评价	6. 创造
B. 概念性知识	目标1	**目标1** **目标1的教学活动** **测评1**		目标1的教学活动	**目标3** **目标3的教学活动**	目标4的教学活动 测评4：要素 C、D
C. 程序性知识			目标4的教学活动			目标4
D. 元认知知识		目标2 目标2的教学活动		目标2的教学活动 测评2	目标2	测评4 要素 E、F

注
目标1 = 习得关于"诉求"的分类法的知识。
目标2 = 检查广告对学生的"感觉"所产生的影响。
目标3 = 依据一组原理对广告进行评价。
目标4 = 创作反映出对于如何设计商业广告以使之影响潜在消费者的理解的广告节目。
测评1 = 课堂练习——分类和举例。
测评2 = "高阶"课堂提问。
测评3 = 广告录像。
测评4 = 评分指南。
深色阴影表示最强的一致性——目标、教学活动、测评出现在同一个方格中。淡色阴影表示三者中只有两个出现。

测评问题

教师使用了非正式和正式两种测评方式。如表 8.3 所示,她使用非正式测评确定学生关于前三个目标的学习进展情况。因此,这些测评实际上是形成性的。学生参与制订了用于与目标 3 相关的非正式测评的评分指南。这样制订的评分指南构成对目标 4 进行更为正式的测评的基础。

对目标 4 的测评包括形成性测评和终结性测评。两者都依赖于前面提及的评分指南。形成性测评是学生对广告节目计划所作的同伴评议。终结性测评是教师对广告节目作品所作的评价。

一致性问题

从总体上说,目标、教学活动和测评之间具有相当强的一致性。这种一致性表现得最为明显的是目标 1 和目标 3(见表 8.3)。如果我们只看分类表中的方格,那么,其他目标的一致性并不那么明显。然而,如果我们把注意力集中于分类表的行,那么,我们可以看到目标 2 具有合理的一致性。显然,目标 2 及其教学活动和测评都强调*元认知知识*;它们之间的不一致来源于*分析*与*评价*两个认知类别之间的微小差别。对于第四个目标，我们也可以作类似的说明，但其一致性问题来源于表 8.3 中各列之间的区别。换言之，陈述的目标、教学活动以及测评全都针对*创造*类别，它们的区别在于正式测评中涉及的知识类别。除*程序性知识*之外，评分指南还包含涉及*概念性知识*和*元认知知识*的准则。

表 8.3 中大部分异常情形也许都很容易加以说明。例如，目标 1 被放在了*回忆概念性知识*和*理解概念性知识*两个方格之中。但重新审视整个单元之后，我们认为，我们最初把该目标归入*回忆概念性知识*是不准确的。类似地，虽然某些与目标 1 相关的教学活动放在了对应于*回忆事实性知识*的方格中，但这些活动涉及把诉求的名称（*事实性知识*）与诉求的类别（*概念性知识*）联系起来。这一活动是很重要的，但其本身（或正式测评）也许不足以作为目标存在的理由。最后，有些与目标 1 相关的教学活动放在了对应于*分析概念性知识*而不是*理解概念性知识*的方格之中。*归因*与*分类*之间的区别是相当大的，值得我们讨论（见下文）。因此，基于以上反思，我们可以删除方格 A1（*回忆事实性知识*）和 B1（*回忆概念性知识*）中的条目，但保留方格 B4（*分析概念性知识*）中的条目。

第五部分：结束问题

我们对所有案例的分析都会留下几个问题未作出回答。在本节中，我们提出其中三个最引人注意的问题。

1. **是否仅依据分类表的行或列就足以使目标、教学活动和测评保持一致？** 这一问题来源于我们对表 8.3（见上文）的审视，加上我们对与第一个目标有关的教学活动所作的分析。该目标及其教学活动都针对*概念性知识*，这似乎是很明显的。然而，*理解*（示例和分类）与*分析*（归因）之间存在差别，这一差别在该目标中是内隐的，但在教师对学生的测评中变得外显。正如我们在对与目标 1 相关的教学活动所作的评注中提及的那样，那些基于自己对广告的反应（*理解*）的学生和那些把诉求归因于广告创作者／设计者（*分析*）的学生将得出不同的诉求分类结果。这一问题十分重要，因为在一般情况下，人们通常只基于知识维度或认知过程维度来决定一致性。我们认为，两个维度之间的相互作用定义了预期的学生学习目标；因此，仅基于一个维度来决定一致性可能得出错误的结论。

2. **学生参与制订的评分细则是否有可能并不具备最佳效度？** 一方面，我们对让学生参与制订评价他们自己工作的准则的教师难以提出批评。另一方面，过度依赖于学生的参与也可能产生问题。在学生制订的六条准则中，只有两条（A 和 E）或三条（C）明显地涉及单元预期学生将要发展的知识。其他准则有的含义模糊（B），有些与营养（本单元的内容）关系不大（D 和 F）。结果，由于基于不具备最佳效度的准则评价学生创作的广告节目，那些掌握了*概念性知识*（例如，诉求的分类法）和*程序性知识*（例如，设计"诱人的"广告节目的"技术"方面）的学生仍可能被评定很低的总体成绩。预先防范这一问题的方法也许是建立一组元准则（meta-criteria），即与学生共同用来确定评分的细则应该包括哪些准则的一组准则。

另一种方法是教师与学生一起评论准则，引导他们认识到准则中存在的问题（例如，不恰当的准则）。

3. **教学活动具有学习和测评双重功能的利弊是什么？** 虽然把教学活动用于学习和测评双重目的的做法相当普遍，但它至少造成两个问题：第一是模糊目标与教学活动之间的区别。换言之，即使教学活动只不过是受目标所界定的活动之一，在这一单一活动中（即某一个广告节目的创作），表现好的学生也会被假定已经完全达到了目标的要求（即能够创作满足特定准则的广告节目）。第二个问题是在何处划分教学的结束与测评的开始。按照惯例，教师使用教学活动来帮助学生，而在测评时"不干预"学生。这样，测评才能够对学生的学习情况提供一个"独立的估计"（即没有教师的协助和干预）。当教学活动同时具有学习和测评双重功能时，这种独立性就丧失了。结果，测评由教学和学习两者共同决定，而不是仅由学习决定。教师很难甚至不能够在他们自己的思维中，将这些功能区分开来。

使用教学活动双重功能的主要优点是通常能够增强测评的真实性，因而能够提高教学效度。问题是利弊的取舍是否合理。与那些担心学生成绩不佳将会对学校造成影响的学校管理人员相比，教师可能不那么注重保持教学与测评的独立性。要是对学生成绩差的学校进行处罚是一个现实的问题，那么，也许需要对结合教学与测评所涉及的利弊权衡作一些调整了。

附件 A 阅读标签

请阅读标签！

阅读本页显示的这些食品标签，查明这些食品的营养价值。

营养成分信息	
食用量	1 杯
卡路里	120
蛋白质	8 克
碳水化合物	11 克
脂肪	5 克
钠	125 毫克

营养成分信息——每 1/2 杯食用量

每罐食用次数	约 4 次		
卡路里	60	脂肪	0 克
蛋白质	0 克	钠	20 毫克
碳水化合物	16 克	胆固醇	0 克

请使用红色铅笔圈出每种食品中的脂肪含量。用蓝色铅笔圈出每种食品中的卡路里含量。

营养成分信息	
食用量	3.3 盎司
卡路里	80
蛋白质	3 克
碳水化合物	20 克
脂肪	1 克
钠	5 毫克

营养成分信息
卡路里…250　蛋白质…5 克　碳水化合物…20 克
脂肪……2 克　钠……25 毫克

阅读你家里的食品的标签。你能够找到它们的营养成分信息吗？

附件 B 从广告语中辨认出产品

你能够从下面的广告语中辨认出相应的产品吗?

1. 你今天休息了吗?（Have you had your break today?）_____
2. 让孩子成为孩子的地方（Where a kid can be a kid）_____
3. 尽管做吧（Just do it）_____
4. 比萨，比萨（Pizza, Pizza）_____
5. 你为我所做的，我喜欢（I love what you do for me）_____
6. 只融在口，不融在手（Melts in your mouth, not in your hand）_____

附件 C 评分指南

演出作业：作为一个广告创作机构团队进行工作，根据其营养价值，研究你每天食用的一种食品。以你的同班同学为广告对象，策划并演出一个既有说服力又十分真实的广告节目，目的是引诱他们多吃这种食品。通过迎合他们个人的需求来提高这种食品的销售量。运用各种技巧使观看节目的观众相信：这种食品值得购买。但必须确保你传达的信息准确，使用的技巧真实。

评分要素	演出水平
A. 广告节目针对了营养和食品的营养价值吗？	4——主要针对食品和营养。 3——营养只是广告节目的许多对象之一——其他的都与此无关。 2——营养被提及过但淹没在其他主题之中。 1——广告中忽视了营养。
B. 广告节目迎合个人的需求吗？	4——广告信息牢牢地抓住了班上孩子们的心。 3——广告信息引起了大部分孩子的兴趣。 2——广告信息引起了少数学生的注意。 1——广告信息的意思很难懂。
C. 广告节目运用了说服观众的技巧吗？	4——技巧经过深思熟虑并有特色。 3——盲目模仿电视广告的技巧。 2——运用了技巧但技巧不是设计的一部分；技巧运用得很生硬。 1——没有运用技巧。
D. 广告节目是否使用了写实主义的手法？	4——栩栩如生，身临其境。 3——一（或两）个不真实的地方，但总体来说是相当真实的。 2——广告节目里有很多不真实的地方。 1——找不到真实的地方。
E. 广告节目使得观众产生想买食品的愿望了吗？	4——观众会飞奔出门去购买这个食品。 3——观众会在下次购物时购买这个食品。 2——观众也许会考虑购买这个食品。 1——可能不会。
F. 广告节目是否对准了预期的观众？	4——广告节目目标明确。 3——广告节目有的地方偏离了目标，但总的来说还好。 2——广告节目丢掉了相当大的一部分观众。 1——几乎没有人能懂得广告节目的意思。

第九章 《麦克白》教学案例

这是为高中毕业班级中"低水平"学生特别设计的一个教学单元，玛格丽特·杰克逊女士进行了该单元的开发和教学工作。

当我决定不再对这些学生会如何看待文学作品感到苦恼时，我才有了对他们讲授莎士比亚作品的首次经历。文学作品字里行间所反映出来的教育观依据的假设是：学生，尤其是那些被贴上"在教育上受到挑战"标签的学生，既不能够领会也不能够欣赏与其独特处境不"相关"的文学作品。

与此相反，我认为学习优秀文学作品是每个人与生俱来的权利，它并不要求外部强加的"相关性"。更确切地说，一个家境贫寒的街童——我的学生就是这样的青少年——是能够像大学教授一样完整而自然地理解莎士比亚的作品的。

起初，我有些担心这些学生的语言能力——许多学生的阅读能力低于五年级水平，而且不能书写出连贯的句子。但比起那些即将步入大学校园的学生，这些学生的麻烦要少些，抱怨也少得多。我认识到，这些学生认为任何形式的英语课程都超出了他们的理解范围，他们认为现代小说就像16世纪的戏剧一样晦涩难懂！但这些学生还是迅速地理解了麦克白这个角色及其动机；他们生活的世界与11世纪的苏格兰有着某些惊人的相似之处。在这两种社会环境中，如果某人妨碍了一个野心家，那么，他或她就有可能受到伤害。

在一定的自我压力下，我曾感到有必要减少本单元的教学时间。我通常的经验是，如果圣诞节以前不能完成《麦克白》的教学，那么，只有到了五月考试前我才能够讲授浪漫主义的作品。然而，学生们明确表示不同意仓促完成本单元的教学，而且我也不能够把本单元的教学时间压缩到五周以内。这样的教学计划分配给每一幕的教学时间是比一周略少，从而为最终的复习和测验留下了一点时间。

第一部分：目标

这个为期五周的教学单元的主要目标是，学生将学会了解如《麦克白》这样的文学作品与他们人生的关系。第二个目标是学生能够回忆该剧的重要细节（例如，特定的事件、角色及其相互关系）。

评注

在本单元的主要目标中，动词短语是"了解……关系"，名词短语是"文学作品与他们的人生"。为了"了解关系"，学生可能会把剧中的角色和事件与他们自己生活中的人物和事件进行比较；如表 5.1 所示（见封三），*比较*是属于*理解*类别的认知过程。名词短语中的重点是文学作品，《麦克白》只是文学作品的一例（"这样的"）。文学作品表明了作品的类别，因此，关于文学作品的知识属于*概念性知识*。此外，文学作品中包含"角色"、"情节"以及"背景"等概念，关于这些概念的知识也被归入*概念性知识*。《麦克白》是一部特定的文学作品，其中存在特定的角色、特定的情节（及其陪衬情节）以及特定的背景。关于这些细节的知识属于*事实性知识*。

第二个目标清楚地强调一部特定文学作品的细节，因此，我们把该目标归入*回忆事实性知识*。另一方面，第一个目标表明教师所关注的知识要更为概括，因此，我们把它归入*理解概念性知识*。

这两个目标在分类表中的放置情况如表 9.1 所示。

表 9.1 《麦克白》案例：陈述的目标在分类表中的位置

知识维度	认知过程维度					
	1. 记忆/回忆	2. 理解	3. 应用	4. 分析	5. 评价	6. 创造
A. 事实性知识	目标 2					
B. 概念性知识		目标 1				
C. 程序性知识						
D. 元认知知识						

注
目标 1 = 学生将学会了解如《麦克白》这样的文学作品与他们人生的关系。
目标 2 = 学生将能够回忆该剧的重要细节。

第二部分：教学活动

导入活动

第一天的教学重点是剧本中的一些基本概念。我把"野心"、"诱惑"和"恐惧"三个单词写在黑板上，然后把全班学生分成三个小组，要求每个小组的学生就这三个单词中某一个的含义进行五分钟的写作。学生非常迅速地理解了野心如何可能帮助或阻碍一个人的成功，他们可以怎样抵制诱惑以及如何对付或战胜恐惧。这一活动引发了关于这三个词对理解《麦克白》具有怎样的关键作用的一场讨论。

然后，我告诉学生，莎士比亚戏剧的观众形形色色，抓住并保持他们的注意力很不容易；因此，他发现必须尽全力在序幕中就建立起贯穿全剧的基调。随后，在我朗读第一幕第一场台词的同时,我要求学生跟随我阅读课本,特别留意那些有助于建立该剧基调的关键词。(这一场台词只有11行,但几乎每个词都意味深长。)

我把学生的注意力引到"公平就是犯规,犯规就是公平"这句台词上,要求他们用自己的话表达这句台词。学生最后得出了一个自相矛盾的结论:"好即坏,坏即好",这一结论引发了关于某些好事怎么会变坏或者某些坏事怎么会变好的讨论。讨论中列举的例子包括酒、毒品和性。我强调,并在单元教学的整个过程中继续强调,这个表面上自相矛盾的陈述如何逐步发展成我认为的全剧的主题:事情并不像它们表面看起来的那样。

评注

这个导入活动强调*理解概念性知识*。关键概念包括:野心、诱惑、恐惧(导入活动的第一阶段);基调(第二段);自相矛盾的结论(第三段)。除知识线索之外,教师要求学生"用自己的话表达这句台词"(第三段),并要求学生列举现实生活中的例子(第三段)。从表5.1中可见(见封三),"释义"与*解释*相联系,"生成例子"是*举例*。*解释*和*举例*都是属于*理解*类别的认知过程。

关于第一幕的教学活动

首先,我告诉学生他们必须写出每一场的情节概要。然后,我开始进行关于"悲剧英雄"(由于本身的人格缺陷,一个崇高、非凡的人最后遭到毁灭)的讨论。学生都见过现实生活中某一"可叹可敬(pity and fear)"的悲剧式人物,这类人在追求梦想的过程中,也亲手播下了毁灭自己的种子。我帮助学生认识到《麦克白》对于他们人生的意义在于,只要具备适当的条件,他们中许多人也可能成为这样的悲剧式人物。

我把剧本中的角色分派给学生,并让他们朗读剧本,读完每一场后稍作停顿,以便我作些必要的解说。我向学生提出的问题主要是针对他们对剧本的理解(例如,"麦克白具有哪些人格力量?""如果从未遇到过女巫,麦克白又会怎样?")。

尽管学生起初都显得犹豫和害羞,但我坚持让他们表演剧中重要的场景,由整个班级担任导演。开始时,我几乎不得不承担全部的导演工作,但是,学生一旦懂得了行动跟随言语的道理,表演的效果就增强了。

在阅读和讨论第一幕之后,我给学生放映了该剧三种版本的电影:20世纪40年代奥逊·威尔斯导演并主演的版本,罗曼·波兰斯基处理得生动且血腥的1972年版本,英国广播公司(BBC)"莎士比亚剧作"系列中的版本。在放映这些电影的第一幕之前,我要求学生在五分钟内把一部好的《麦克白》电影在电影艺术和人物塑造方面应该包括的内容写下来。随后,我分发给学生一份用来比较三种电影的表格(见本章附件A)。在放映了三部电影的第一幕之后,我又分发了对三种电影进行比较的文章的写作要求(见本章附件B),要求学生第二天在写作实验室完成该文引言部分的写作,并在下周上交文章的初稿。

完成第一幕的教学活动用了大约一周时间。

评注

  如同导入活动那样，与第一幕相关的教学活动针对*概念性知识*。关键概念包括悲剧英雄、人格缺陷、电影艺术以及人物塑造等。杰克逊女士提出的问题在性质上与*理解*这一认知过程（例如，*示例和推断*）是一致的。附件 A 中的表格包含了用于比较和对比三种电影的七个重要概念，其中前四个概念（场景、声音、灯光和特效）涉及电影艺术，后三个概念与女巫、麦克白和麦克白夫人这些人物的塑造有关。由于比较是属于*理解*类别的认知过程，因此，这些活动的重点还是*理解概念性知识*。

关于第二幕的教学活动

  我让全班学生挑选出在整个单元教学过程中他们愿意继续一幕一幕观看的一种电影版本。经过认真考虑后，学生慎重地同意选择波兰斯基的电影（虽然他们并不那么热衷于他对女巫这个人物的刻画）。我希望学生以电影日志的方式将观感写下来（见本章附件 C），这需要我对学生进行相当严格地指导。

  第二幕的学习一开始，我就介绍了主题（motif）这个概念。我要求学生在阅读剧本第二幕时注意三个主题：鲜血、睡眠和黑暗，并要求他们以这三个词为题，在五分钟内把单个词以及这三个词联合起来使他们产生的感觉写下来。

  课堂活动包括阅读和讨论两部分。我再次使用提问引导学生进行讨论（例如，"为什么麦克白拒绝回到邓肯的房间把带血的剑栽赃于卫兵？""要是麦克白夫人本人能够谋杀邓肯，结果会有什么不同？"）。

  我把全班学生分成人数相等的三个小组，并为每个小组指定了一个主题。我对各小组的唯一要求是：在第二幕第一、第二场中找到提及他们的主题的每一处，并就该主题的剧情含义取得一致意见。

  完成第二幕的教学活动用了大约一周时间。

评注

  活动的重点仍放在*理解概念性知识*上。写电影日志要求学生进行比较和对比（因此要求*理解*）。两个上位概念（superordinate concept）——电影艺术和人物塑造——被用于组织电影日志的写作。第二幕学习中的重要概念是主题。明确地说，在学习第二幕时，学生必须剖析三个主题：鲜血、睡眠和黑暗。杰克逊女士要求学生把"[每一个概念]所产生的感觉"写下来，使这些概念在情感方面的作用得到了承认。

  最后一项教学活动同样强调*理解概念性知识*。学生必须在剧本中寻找特定主题的例子，并描述每个主题的剧情含义。寻找例子是*举例*（因此是*理解*）。对主题含义的关注以及在第二幕的讨论中对杰克逊女士提问的回答，都要求超出*理解*类别范围的认知过程。确定主题的剧情含义是*归因*。类似地，回答关于麦克白拒绝回到邓肯房间的问题也要求归因。

最后，教师的提问要求学生猜测如果麦克白夫人谋杀了邓肯可能发生的情况。对该问题作出回答要求*产生*。在表5.1中（见封三），*归因*与分析类别相联系，而*产生*则是属于*创造*类别的认知过程。因此，虽然这些活动始终强调*理解概念性知识*，但也涉及两个其他的认知类别：*分析*和*创造*。这一活动中的*分析*和*创造*很可能涉及几类知识，似乎尤其涉及*事实性知识*和*概念性知识*。

关于第三幕的教学活动

在关于第三幕的讨论开始时，我要求学生基于麦克白已变成老练的谋杀犯这一事实去预测他下一步的行动。大部分学生认为，他很可能会再次谋杀，而且谋杀对他会变得越来越容易。有些学生能够预见他会谋杀班柯，他们感觉到，麦克白开始对朋友的知情程度感到不安。

学生通读并讨论了剧本的第三幕。我再次利用提问来指导学生进行讨论（例如，"你会如何指导演员塑造一个像麦克白那样明显感觉到持续恐惧的人物形象？""与谋杀邓肯相比较，你是否可以更多或更少地理解他对班柯的谋杀？为什么？"）。

这时，我允许学生利用课堂时间完成他们的小组作业（见第三部分测评中的例子以及本章附件D中的评分准则）。

完成第三幕的教学活动用了大约三天，完成小组作业另外用了五天时间。

评注

关于第三幕的讨论是从要求学生预测麦克白的下一步行动开始的。在认知过程维度的术语中，"预测"是*推断*的同义词，而*推断*是属于*理解*类别的认知过程（见表5.1）。在全班学生阅读和讨论第三幕时，杰克逊女士再次利用提问指导学生进行讨论。她提出的第一个讨论问题（"你会如何指导？"）相当复杂，必须运用电影艺术和戏剧专业的概念才能够作出回答。从认知的角度看，该问题针对的是*创造*类别。第二个讨论问题要求*评价*，附加的问句"为什么？"要求学生陈述他们用于判断的准则。学生花了另外五天的课堂时间来完成主要的作业，该作业也是本单元的主要测评。杰克逊女士将教学时间用于测评，因为她认为，学生需要结构化的课堂时间，而且在一定的监督下才能完成该作业。在这一情境中的*创造*和*评价*很可能需要*概念性知识*和*事实性知识*的某种组合。

关于第四幕的教学活动

从第三幕结束到第四幕开始有一定的时间间隔，因此，我感到在第四幕的教学开始前有必要对前三幕进行详尽的复习。这时麦克白的内心充满了恐惧，由于恐惧他会进行更多的谋杀。我要求学生根据麦克白这一每况愈下的处境来考虑第四幕的剧情，从而为学习作好准备。

在阅读第四幕的剧本之后，学生展开了班级讨论。我同样使用一系列提问来引导讨论（例如，"说明麦克白派人杀害麦克德夫全家的原因。在性质和动机上，这次谋杀与其他谋杀有什么区别？""批评者认为马尔科姆与麦克德夫对话的场景不可信，这一批评是恰当的吗？为什么？"）。

复习用了大约一天时间，完成第四幕的教学活动另外用了四天时间。

评注

依据分类表进行分类的主要线索同样来源于杰克逊女士提出的问题。在这些提问中,杰克逊女士要求学生作出"说明"(*理解*),并进行"比较"(*理解*)和"评论"(*评价*)。然而,与前一个评价问题不同,在这一活动中学生作出判断(即可信性)所使用的准则是由杰克逊女士提供的。

关于第五幕的教学活动

尽管第五幕包括许多短暂的场景,每个场景都涉及复杂的情节并且多个次要角色错综复杂地出场,但学生喜爱剧情发展的快节奏,并且欣赏该剧在剧烈冲突中即将结束的惊险。几乎每一个场景都揭穿了麦克白把自己包围在其中的层层安全幻觉。

全班学生都喜欢女巫预言应验所包含的强烈讽刺意味,而且几乎不用提示他们就能够明白,麦克白这个在全剧中使用表里不一的伎俩迷惑他人的人物,现在自己成了表里不一的牺牲品。(虽然我顺带提到"讽刺"一词,但我认为更重要的是学生能够识别"讽刺"而不是把它作为一个标签。麦克白有一个"合情合理"的结局,所有的学生都能够理解和欣赏到这个结局。)

在朗读第五幕的台词之后,我提出了如下问题,用以指导学生进行最后一次讨论:"麦克白在其著名的'明天'独白中表达了什么样的心情?""请预测如果麦克白在了解麦克德夫的出生真相后拒绝与他交战,其结果会怎样呢?""马尔科姆在剧终时的演说有什么效果?"

评注

在继续强调*概念性知识*的同时,杰克逊女士引入了"讽刺"的概念。她更关注让学生理解该词所表达的概念而不是记住该词,注意到这一点很重要。按照杰克逊女士自己的话,学生应该"能够识别讽刺而不是把它作为一个标签"。为了有利于学生形成*概念性知识*,她的提问要求学生加以*理解*(*推断和解释*)并作出分析(*归因*)。

表 9.2 总结了我们根据分类表对教学活动所作的分析。

第三部分:测评

主要作业是由学生完成并向全班展示结果的小组作业。学生小组由 2—4 名学生组成,作业选题包括:"在剧本中选择任一场景,然后运用现代的布景和语言但保留原作的意思将其改写。向全班学生表演改写后的场景。""编撰一期《苏格兰新闻》,报道该剧中有新闻价值的事件,内容包括新闻、特写、社论以及政治性漫画、建议专栏和分类广告等特别的栏目。"小组作业的评分准则可见本章附件 D。

表 9.2 《麦克白》案例：陈述的目标和教学活动在分类表中的位置

知识维度	认知过程维度					
	1. 记忆/回忆	2. 理解	3. 应用	4. 分析	5. 评价	6. 创造
A. 事实性知识	目标 2			第二幕的教学活动	第三幕的教学活动	第二、三幕的教学活动
B. 概念性知识		目标 1 导入活动和第一至五幕的教学活动；电影日志；电影比较		第二、四、五幕的教学活动	第三、四幕的教学活动	第二、三幕的教学活动
C. 程序性知识						
D. 元认知知识						

注
目标 1 = 学生将学会了解《麦克白》这样的文学作品与他们人生的关系。
目标 2 = 学生将能够回忆该剧的重要细节。

评注

将课外作业在分类表中正确分类的线索有两个：(1) 对学生所作的指导；(2) 用来对作业评分的五条准则。作业的第一个选题要求*解释*（*理解*）和*生成*（*创造*），而第二个选题则要求*区别*（*分析*）和*生成*（*创造*）。虽然这两个选题都要求学生*创造*，但不同的作业要求学生在创造这一认知行为发生之前或在创造的过程中使用其他不同的认知过程。因此，由于学生选择的结果，有些学生的作业在认知方面可能更加复杂，因此难度更大。此外，与第一个目标相符，两个选题都试图让学生把《麦克白》放在现代的情境中加以考虑（例如，现代的布景，新闻报纸的形式）。

如果我们考虑五条评分准则，那么，准确性（可能还有完整性）似乎要求*回忆事实性知识*；创造性似乎要求[基于] *事实性知识*和*概念性知识*进行*创造*；其他三个准则——完整性、诉求和正确的表达方式——似乎全都要求*理解概念性知识*。学生需要懂得是什么因素使得作业显得完整，具有诉求并且有正确的表达方式。除准确性外，其他准则与剧本的内容无关，更确切地说，它们与教师预期的作业本身的质量相关。

我还针对《麦克白》进行了最终测验。测验内容包括三个部分：(1) 将对角色的描述与具体角色配对；(2) 简要回答"什么"、"何地"、"何时"、"谁"、"为什么"以及"多少"等形式的问题；(3) 引用语（学生必须书面回答是谁说的、对谁说以及在什么情况下说的）（见本章附件 E）。测验清楚地具有以事实为基础的性质——我认为，学生了解剧中的具体事件，并能够弄清楚角色及其关系是十分重要的。

评注

杰克逊女士关于测验的叙述以及对测验本身的简略分析都表明，我们显然应该把最终测验归入于分类表的方格 A1，即*回忆事实性知识*。

可是，我对小组作业与班级戏剧表演要更加满意些。我觉得这些活动是更为长效的学习经历。通过本单元的学习，我看到，无论是一个需时很长的作业还是仅用 15 分钟时间准备的戏剧表演，学生都能够更加容易地完成它们。

我始终把学生的反应，还有热烈的讨论和热心的参与等不那么正式的尺度，作为衡量任何课堂教学成功或失败的"底线"。随着单元教学的进展，学生都变得敢于大胆发表见解以及主动阅读剧本和进行表演。（我把这些当作他们不仅正在学习，而且乐于迎接挑战的明确迹象。）

显然，学生在学习中遇到挑战的机会太少了。有一个学生居然对我说，"要是在今年以前我们读到一些难读的东西就好了！"我把这位学生的话作为本单元教学成功的标志。

评注

与测验比较而言，杰克逊女士"更信赖"小组作业。因此，她的第一个目标才是本单元"真正的"目标。她之所以陈述了第二个目标，主要是因为该目标是学生以及学校教学所"预期的"目标。她还根据学生的情感性反应（即变得更加容易完成任务，热情增加，乐于迎接挑战）评估单元的教学效果。

表 9.3 总结了我们根据分类表对测评所作的分析。

第四部分：结束语

在本节中，我们将根据四个基本问题——学习问题、教学问题、测评问题以及一致性问题——来审视本教学案例。

学习问题

显然，就预期的学生学习结果而言，本单元的重点是帮助学生*理解概念性知识*。正是通过诸如悲剧英雄、人格缺陷和讽刺等概念，杰克逊女士认为，学生将"了解文学作品与他们人生的关系"。然而，在某种程度上，杰克逊女士又是一个实用主义者。她认为学生能够回忆《麦克白》的具体细节是很重要的。在以后的测验中，学生也许需要回忆这些细节；此外，能够与人"谈论"《麦克白》具有一定的"社交价值"。

教学问题

本单元的大量时间花在与第一个目标直接或间接相关的活动上。在本剧多幕的教学中，学生参与的活动涉及复杂程度较高的认知过程类别：*分析*（第二、四、五幕）、*评价*（第三、四幕）和*创造*（第二、三幕）。教师的提问起到激励学生参与教学活动的作用。在目标的陈述或测评中都未包括以上这些认知过程类别,因此,我们认为杰克逊女士使用它们旨在增进学生对剧情的理解。这个例子很好地阐明了在帮助学生更好地实现复杂程度较低的目标时复杂程度较高的认知过程的用途。这类教学活动的意图不是使掌握复杂的认知过程成为单元的目标,而是适量地使用这些认知过程,从而引导学生理解的深层次加工。

值得注意的是,没有一项教学活动与第二个目标直接相关(即学生将能够回忆该剧的重要细节)。显然,教师预期学生在观看电影、阅读剧本和进行表演以及参与各项活动的过程中习得这一知识。

测评问题

两项正式测评分别是小组作业与单元的最终测验。小组作业要求*创造*,测验要求*回忆*,因此,这两项测评分别位于认知过程连续体对立的两端。在评价小组作业的五条准则中,只有一条准则针对*创造*;另外两条准则针对剧本内容,即准确性和完整性;其他两条准则强调已完成作品的形式,即诉求和正确的表达方式。

从表9.3可见,为完成小组作业(In1和In2)对学生进行的教学出现在方格A2、B2、A4、B4、A6和B6之中,而用于评价已完成作业(C1—C5)的准则出现在方格A1、B2和B6之中,两者之间存在某些不一致之处。我们预期教学和评价准则被归入同一方格中,但它们却被归入两个方格:B2(*理解概念性知识*)和B6(*创造[基于]概念性知识*)。另一方面,教学还被归入四个不涉及准则的方格中:A2(*理解事实性知识*)、A4(*分析[基于]事实性知识*)、B4(*分析[基于]概念性知识*)以及A6(*创造[基于]事实性知识*)。此外,还有一条准则所在的方格中没有教学活动:A1(*回忆事实性知识*)。因此,如果学生预测只是某些方面的学习对测验成绩有价值,因而不注重其他重要方面的学习,例如,在该剧的事实性知识方面的学习,那么他们可能会遇到麻烦。

表9.3 《麦克白》案例:陈述的目标、教学活动和测评在分类表中的位置

知识维度	认知过程维度					
	1. 记忆/回忆	2. 理解	3. 应用	4. 分析	5. 评价	6. 创造
A. 事实性知识	**目标2** 最终测验; 作业C1	作业In1		第二幕的教学活动 作业In2	第三幕的教学活动	第二、三幕的教学活动 作业In1; 作业In2
B. 概念性知识		**目标1** 导入活动和第一至五幕的教学活动;电影日志;电影比较 作业In1 作业C2、4、5		第二、四、五幕的教学活动 作业In2	第三、四幕的教学活动	第二、三幕的教学活动 作业In1 作业In2 作业C3

(待续)

(续上表)

知识维度	认知过程维度					
	1. 记忆/回忆	2. 理解	3. 应用	4. 分析	5. 评价	6. 创造
C. 程序性知识						
D. 元认知知识						

> 注
> 目标 1 = 学生将学会了解如《麦克白》这样的文学作品与他们人生的关系。
> 目标 2 = 学生将能够回忆该剧的重要细节。
> 作业 In1 = 教学：选择任一场景运用现代语言和布景对其进行改编。
> 作业 In2 = 教学：编撰一期《苏格兰新闻》，报道该剧中有新闻价值的事件。
> 作业 C1 = 准则：准确性。
> 作业 C2、3、4、5 = 准则：完整性、创造性、诉求、正确的表达方式。
> 深色阴影表示最强的一致性——目标、教学活动、测评出现在同一个方格中。淡色阴影表示三者中只有两个出现。

一致性问题

在表 9.3 中，我们能够清楚地看到目标、教学活动和测评之间存在的一致性。最终测评与第二个目标"回忆关于该剧的重要细节"是一致的。然而，正如前面提及的那样，本单元不存在与该目标或最终测验直接相关的教学活动。

在教学活动与小组作业之间存在合理的一致性。如前所述，杰克逊女士安排了五天课堂时间让学生完成小组作业。而且，大部分教学活动都侧重于帮助学生形成*概念性知识*（分类表中的 B 行）。

当我们考虑表 9.3 中的方格而不是表中的行和列时，不一致的情形变得更加明显。例如，虽然大部分教学活动强调*概念性知识*，但在认知过程方面，这些活动对学生的要求并不相同。在大部分情况下，这些要求超越了第一个目标所针对的*理解*层次。然而，如前所述，这很有可能是由于杰克逊女士试图让学生的学习处在所谓的高阶认知层次上，从而使学生的理解更加深刻和持久造成的。与此类似，*创造*一列中包含了教学活动和测评而未包含目标。我们似乎可以合理地认为，*理解*（第一个目标所要求的认知过程）应该是用于测评小组作业的准则之一。

第五部分：结束问题

我们对所有案例的分析都会留下几个问题未作出回答。在本节中，我们提出其中两个最重要的问题。

1. **在形成*概念性知识*的过程中较复杂的认知过程有什么作用？** 杰克逊女士希望帮助学生了解剧情与他们人生之间的关系，使用*概念性知识*是实现这一目标的途径。大部分学生知道"悲剧英雄"；他们也感受过"讽刺"。这些概念使学生能够在剧情与他们的人生之间建立起杰克逊女士所预期的联系。虽然杰克逊女士关注于理解*概念性知识*，但她让学生在更高的认知过程层次上（例如，*分析、评价*和*创造*）参与了讨论。我们似乎可以合理地假定，这些活动有助于学生形成*概念性知识*。

2. **让学生选择教学活动和测评有哪些利弊？** 在本单元的教学中，杰克逊女士提供给学生好几次选择的机会。例如，她让学生选择在整个单元教学中所要观看的电影。这是基于可靠信息作出的选择；即该选择是基于对《麦克白》三种版本的电影中同一场景的比较作出的（见附件A）。对于小组作业，学生也进行过选择。但正如前面的分析所表明的那样，毫无疑问，在进行这一选择时，学生并未意识到各小组作业之间在认知要求上的差异（见表9.3）。不同的小组可能选择认知复杂程度较低或较高，因而难度较低或较高的作业，这完全是由偶然因素所决定的。由于用于所有小组作业的评分准则相同，因此小组作业的选择可能导致学生成绩的差异，这种差异只是来源于作业选择的差异，而不是来源于已完成作业的质量差异。在测评中，教师经常试图对这一情形做些弥补性工作，但难度很大。

上述两种学生进行选择的情形是完全不同的。在第一种情形中，学生对电影的选择是基于信息以及小组的一致意见作出的，因此，它很可能有助于提高学生的学习兴趣和选择的自主性。在第二种情形中，小组作业的选择也许是使该作业的评分变得复杂的一个因素。学生的选择是否适当，学生作出"好的"选择所需要的信息量，以及学生选择结果的差异对于实现目标与评分的影响，这些都是教师和研究者需要进一步考虑的问题。

附件 A 对电影《麦克白》三种版本的比较

	罗曼·波兰斯基	奥逊·威尔斯	BBC
布景			
声音			
灯光			
特效			
女巫			
麦克白			
麦克白夫人			

附件 B　短文写作要求：比较／对比威廉·莎士比亚所著《麦克白》的三部电影

1. **引言**部分应该论述一部好的《麦克白》电影应该包括哪些内容。引言还应该设法引起读者的兴趣。
2. **论题陈述**是引言中最重要的部分。论题应该针对三部电影每一部中场景的电影效果（布景、声音、灯光、特效）和人物塑造（麦克白、麦克白夫人、女巫）。论题的陈述应该涉及每一部电影相对的长处。
3. 短文的**主要部分**应该展开在论题的陈述部分确立起来的观点。论题的展开可以使用并列形式（分别讨论每一部电影）或者专题形式（首先讨论每一部电影的电影效果，然后讨论每一部电影的人物塑造）。
4. **结论**部分应该重新陈述主要观点，并且用一句话阐明哪一部电影给人留下最深刻的印象而且最忠实地表达了原剧的本意，以此结束短文。

在此处写下引言：

附件 C 《麦克白》电影日志

大约五节课将专门用于让学生观看他们所选择的《麦克白》电影,每一场电影都是在完成每一幕的课堂阅读和讨论之后放映的。每个学生必须把对电影的印象、评价以及关于电影的问题用日志的形式记录下来。每次观看电影都应该写一篇日志,每篇日志包括1—2个段落。

日志的内容主要由你自己决定,但应该设法满足某些要求。如同前面的短文写作要求所提及的那样,学生应该对电影艺术(布景、灯光、声音、特效)和人物塑造(尤其是麦克白、麦克白夫人、班柯、麦克德夫和女巫)作出评论。其他需要考虑的要点也许还包括某些情节是如何表演的,例如,有关剑的场景、晚宴的场景、梦游的场景以及麦克白的谋杀。同时,如果任何场景被省略或有重大改动,那么,你都必须在日志中作出解释。

日志的最后一个段落应该叙述电影中给你留下最深刻的印象地方以及你最不喜欢的地方。记住:评价没有正确和错误之分,但任何评价都必须在证据的基础上作出。

附件 D　教师对小组作业的测评

研究　　　　　　　　　　　_____

　　准确性（30%）　　　　_____

　　完整性（30%）　　　　_____

表演　　　　　　　　　　　_____

　　创造性（15%）　　　　_____

　　诉求（15%）　　　　　_____

　　正确的表达方式（10%）_____

总计　　　　　　　　　　　_____

附件 E 最终测验

I. 配对：将下面的描述与右边的名字配对。有些名字将被多次使用。（每题 2 分）

　　_____ 1. 谁被处死并且其丧失的爵位被赠给了麦克白。　　　　A. 赫卡忒
　　_____ 2. 谁没有出席加冕礼而暴露了他对麦克白的怀疑。　　　B. 邓肯
　　_____ 3. 谁被发现接近麦克白的城堡而引起麦克白巨大的恐惧与怀疑。　C. 马尔科姆
　　_____ 4. 谁使得麦克白在晚宴上"发疯"。　　　　　　　　　　D. 班柯
　　_____ 5. 谁宣称自己甚至比麦克白还要邪恶。　　　　　　　　E. 麦克白夫人
　　_____ 6. 谁是费郡的郡主。　　　　　　　　　　　　　　　　F. 麦克德夫夫人
　　_____ 7. 谁任命马尔科姆为坎伯兰郡的王子。　　　　　　　　G. 邓西嫩
　　_____ 8. 谁经常把坏消息带给其他人。　　　　　　　　　　　H. 麦克白
　　_____ 9. 麦克白的城堡。　　　　　　　　　　　　　　　　　I. 麦克德夫
　　_____ 10. 在麦克白进行的最后一场战斗中，谁被麦克白杀害了。　J. 罗斯
　　_____ 11. 谁将"称"王。　　　　　　　　　　　　　　　　　　K. 小西华德
　　_____ 12. 谁将鲜血涂在国王邓肯的卫兵身上。　　　　　　　　L. 福累斯
　　_____ 13. 谁命令设下圈套将麦克白置于安全幻觉之中。　　　　M. 考德的郡主
　　_____ 14. 谁为了避免不公正的谋杀指控而逃往爱尔兰。　　　　N. 班柯的鬼魂
　　_____ 15. 谁因为被留下来未受到保护而生气。　　　　　　　　O. 勃南森林
　　_____ 16. 谁杀死了邓肯的卫兵。　　　　　　　　　　　　　　P. 道纳本
　　_____ 17. 据说，谁在剧终时自杀了。
　　_____ 18. 谁出生时是"不足月"的剖腹产婴儿。
　　_____ 19. 谁在自己的父亲被杀害时死里逃生。
　　_____ 20. 麦克白第一次见到女巫时，他和谁在一起。

附件 E 最终测验（续一）

Ⅱ. 简略地回答问题。用正确的词或短语填空。（每题 3 分）

1. 《麦克白》故事主要发生在哪个国家？
   _____

2. 麦克白有哪些悲剧性弱点？
   _____

3. 戴着头盔的头告诉麦克白应该当心什么？
   _____

4. 为什么麦克白夫人没有亲自杀害邓肯？
   _____

5. 女巫向麦克白展示了多少幽灵？
   _____

6. 哪一个场景是《麦克白》中唯一的喜剧场景？
   _____

7. 在杀害邓肯前麦克白觉得他看见了什么？
   _____

8. 老翁在什么时候说自然界曾经出现过许多重大反常现象？
   _____

9. 在父亲被害后马尔科姆去哪里了？
   _____

10. 谁看见麦克白夫人在梦游？
    _____

附件 E　最终测验（续二）

Ⅲ. 引用语①。根据完整的句子，说出句子是：(1) 谁说的；(2) 对谁说的；(3) 在什么情况下说的。（每题 5 分）

1. "Lay on, MacDuff, and damned be him that first cries, 'Hold, enough!'"

2. "Fair is foul, and foul is fair."

3. "Fail not our feast."

4. "Is this a dagger I see before me, the handle toward my hand?"

5. "Look like the innocent flower, but be the serpent under it."

6. "Out, damned spot, I say!"

---

① 考虑到使用原文并不影响阅读译本，因此，对这一部分中的剧本引用语未进行翻译。（译者注）

第十章 《加法事实》教学案例

这个单元的内容涉及总和等于或少于18的加法事实的记忆策略,珍娜·霍夫曼女士开发并讲授了该单元。

本单元是校区二年级核心课程的一部分,而且目前采用的标准化测验包括加法事实。本单元的教学是在年初进行的。核心课程中的教学内容很多,在年初就讲授如何记忆加法事实对学生是有帮助的。在学生进一步学习整数加法(和减法)算法以前,让他们记住基本的加法事实会使他们的学习更有成效。在一年级和二年级的早期阶段,通过操作物的使用,学生已经接触过加法概念。但许多学生感到记忆加法事实很困难。通常,二年级开始时,大部分学生能够很好地理解总和到10的加法事实,只有少数学生知道总和到18的所有加法事实。然而,一旦开始进行总和到18的加法运算,仍有一半以上的学生需要借助于他们的手指头。到二年级结束时有些学生仍是这样。

二年级班级中一般有20—24名学生。各班级学生的学习成绩往往差别很大,但学生普遍具有学习的积极性。本单元的教学大约持续三周,具体时间取决于学生在记忆加法事实方面的先前经历。虽然在加法事实的记忆策略上多花些时间对学生会更好些,但课程中还有许多其他目标需要兼顾。在整个学年中,我们将复习许多记忆策略,从而提醒学生以及了解他们是否记住并使用了这些策略。

第一部分:目标

这个为期三周的单元的主要目标是在无操作物的条件下学生能够回忆加法事实(总和到18)。更为长期的目标是,帮助学生:(1)理解记忆的功效(在某些情况下);(2)获得关于各种记忆策略的实用性知识。具体地说,学生应该能够对两个或三个一位整数进行横向的和纵向的加法运算。(条件是其总和不超过18。)例如:

$6 + 7 =$ $\qquad$ $5 + 7 + 3 =$ $\qquad$ $\begin{array}{r} 7 \\ +9 \\ \hline \end{array}$ $\qquad$ $\begin{array}{r} 4 \\ +5 \\ +5 \\ \hline \end{array}$

评注

依据分类表,本单元的主要目标非常简单明了:*回忆事实性知识*;其他两个"更为长期的"目标则分别是*理解元认知知识*(具体地说,一般性策略知识和关于认知任务的知识)和*应用程序性知*

识（假定"实用性知识"是指能够被使用或应用的知识）。"各种记忆策略"等同于*程序性知识*。注意，我们把第三个目标归入*程序性知识*而非元认知知识，这是因为这些"策略"只适用于记忆"数学事实"（包括加法、减法、乘法和除法）。因而，这些"策略"的普遍性十分有限。目标中的*元认知知识*是学生关于哪些策略对自己最有效或效果最差等方面的认识。

这三个目标在分类表中的放置如表 10.1 所示。

表 10.1 《加法事实》案例：陈述的目标在分类表中的位置

知识维度	认知过程维度					
	1. 记忆/回忆	2. 理解	3. 应用	4. 分析	5. 评价	6. 创造
A. 事实性知识	目标 1					
B. 概念性知识						
C. 程序性知识			目标 3			
D. 元认知知识		目标 2				

注
目标 1 = 回忆加法事实（总和到 18）。
目标 2 = 理解记忆的功效（在某些情况下）。
目标 3 = 获得关于各种记忆策略的实用性知识。

第二部分：教学活动

本单元的第一项活动是"衣袋事实（pocket facts）"，该活动在整个单元教学过程中会持续进行。每一天，当学生进入教室时，他们要从一个篮子内拾取一张"事实纸条（fact strip）"。我预期每个学生都记住书写在该纸条上的加法事实。在这一天中，学生会被周期性地要求背诵他们纸条上的加法事实。学生家长、学校负责人、管理人员、自助餐厅工人以及其他熟悉加法事实的人，都可以要求学生背诵这些加法事实。第二天上午，每个学生要把该纸条上的加法事实记录在自己的"衣袋事实"小册子上，然后拾取一张新的事实纸条。

评注

"衣袋事实"活动强调*回忆事实性知识*。这项活动每天都会进行。

"疯狂数学一分钟（Mad Math Minute）"是开学后第二周开始的一项活动，并且在整个学年中每天都进行。学生每天必须在一分钟内完成 30 道加法习题。半年以后，习题数增加到

35。我们为"疯狂数学一分钟"活动编写了试卷,其中的习题以 8 天为一个周期每天变换,在第一天的习题中有一个加数为 2,第二天加数 2 变为 3,然后 3 变为 4,等等。在完成了 + 9 的习题之后,这一过程从 + 1 重新开始。学生答对了的习题数每天都张贴在教室里予以公布。

评注

这个持续一学年的活动针对的还是*回忆事实性知识*。严格的时间限制(在一分钟内完成 30 到 35 个加法事实习题)实际上要求记忆。

第 1—4 天

上述这些日常活动开展起来之后,我们花了单元教学的前四天时间制作了"大加法壁表(Great Addition Wall Chart)"。我预先在大小为 3 英尺 × 7 英尺的牛皮包装纸上画出表格,并沿该表格的上边和左边书写了数字 0—9。学生将能够彼此链接的两种颜色的小立方体链接成条状物,并学会确定这些条状物所表示的加法事实,然后把该事实填写在"大加法壁表"的适当方格之中。第二天下课时,表格就被完全填满了。我告诉学生,他们在二年级将学会 100 个加法事实,在接下来的几天中,他们将学习帮助记忆这些加法事实的策略。

评注

虽然在主要目标的陈述中提到"无操作物",但在单元的早期教学中霍夫曼女士使用了操作物。这些操作物使学生能够"看见"加法事实的具体例子。这项活动的重点在于数字 5 的含义、3 的含义、8 的含义,等等。因此,该活动有助于*理解概念性知识*。

第三天和第四天,我要求学生在"大加法壁表"包含的加法事实中寻找模式和关系。例如,我让学生注意该表中 + 0 的行和列,要求他们解释不作计算他们怎样就知道了该行或列中的加法事实。对 + 1 的行和列,我们也进行了类似的活动。

我还举例阐明加法交换性质(例如,5 + 8 = 13 和 8 + 5 = 13)。我告诉学生,如果他们知道两个加法事实中的一个,那么,他们也就知道了另外一个。我在该活动结束时对学生指出,借助于 + 0 的行和列、+ 1 的行和列以及加法交换性质他们已经知道了多少加法事实。并指出他们还需要记住其余的加法事实。

评注

开展这一活动的部分原因是为了激发学生学习的积极性。霍夫曼女士希望告诉学生他们已经知道了多少加法事实,因此,他们还需要学习的加法事实是如何"少"。依据分类表,寻找模式涉及比较,此外,加法交换性质是一条原理。所以,该活动的重点是*理解概念性知识*。注意,霍夫曼女士未对学生使用术语"加法交换性质"。她更关心学生理解"在进行加法运算时,数字的先后顺序并不重要"的道理,而不是回忆"交换性质"这一名称。

第 5—6 天

第五天和第六天，我们进行了被称为"事实朋友（fact friends）"的活动。在该活动中，学生将利用"双数事实（doubles facts）"（他们通常都知道双数事实）来帮助记忆其他的加法事实。我要求学生在"大加法壁表"的行与列中寻找模式。我挑选出一个学生，要求该学生指出并圈出该表中的双数事实（例如，3 + 3，4 + 4）。我告诉学生，"大加法壁表"中存在特别的这些双数事实的"事实朋友"。我把双数事实 4 + 4 = 8 作为例子写在黑板上，并在该例子的两边分别写下等式 3 + 4 = 7 和 5 + 4 = 9。

我问学生为什么我把这两个等式叫做"事实朋友"。（答案是等式中都包含 + 4）我使用其他双数事实对此反复地进行解释。我问学生，对于这些事实朋友在"大加法壁表"中的位置他们注意到了什么（回答是事实朋友都处于表中紧靠双数事实的两侧或上下的位置上）。

然后，我问学生，知道了一个"事实朋友"会怎样有助于他们知道其他"事实朋友"。在学生互相交换意见的同时，有些学生开始明白其中的道理。我再次参照"大加法壁表"要求学生指出该表中围绕着所有双数事实的事实朋友，并相应地做了记号。我相信，这一活动引入了数学是关系网的概念，它使学生更加容易记忆与理解加法事实和数学运算。

评注

与前面的活动相似，这些活动涉及学生寻找模式和关系。因此，依据分类表，活动的重点是*理解概念性知识*（更为具体地说，关于比较等式结构的知识）。

第 7—8 天

第七天和第八天，我向学生介绍了"事实家庭（fact families）"的概念。在该活动中，我要求学生仔细观察一个等式中的三个数字，并尝试交换这些数字的位置，从而了解这些数字之间的关系。我在黑板上写下一个等式（例如，2 + 3 = 5），问学生是否能够改变该等式而形成另一个加法事实（例如，3 + 2 = 5）。然后，我又问学生能否用这三个数形成一个减法事实（例如，5 − 2 = 3）。（通常，在这一活动中学生需要帮助。诸如"从最大数开始"这样的提示对他们是有益的。）

然后，在两个加法事实和两个减法事实的旁边，我画出一座房子的示意图，并在房子的"顶层房间"中写下数字 2、3 和 5。我告诉学生，这四个等式（事实）属于同一个事实家庭，只有它们才可以居住在这个房子内。然后，我又画出另外一座房子的示意图，在顶层房间中写下数字 4、5 和 9，要求学生分成两人小组辨认属于该房子的事实家庭。学生以两人一组的形式继续画出其他房子并辨认相应的事实家庭。（"双数"住在公寓里，因为其等式中只包含两个数，例如，8、16。）

我提醒学生，如果学会了一个事实家庭中的一个加法事实，那么，他们也就知道了其他事实。因此，事实家庭使得记忆变得更加容易，因为他们只需记住一半加法事实。在该活动的第二天，我引导学生进行了一次终结性讨论，其目的是帮助学生认识到减法是加法的逆运算。

评注

如同前几天的活动那样，教师要求学生寻找等式中内在的关系（例如，改变等式、寻找等式之间的联系）。霍夫曼女士未使用"加法逆运算"这一术语，但她向学生介绍了等式中"加法逆运算 (additive inverse)"这一重要概念。我们把该活动归入*理解概念性知识*。我们可以把霍夫曼女士的提示——"从最大数开始"——看作学生用来将加法事实变成减法事实的程序中的第一步。如果她继续发展这一程序，分类结果就会变为*应用程序性知识*。

在最后一个段落中对学生的提醒使学生回到霍夫曼女士的主要目标：回忆总和等于或小于18的加法事实。然而，该单元前八天活动的重点仍是*理解概念性知识*。第八天进行的终结性讨论强化了"加法逆运算"的概念。

第9—10天

第九天和第十天，学生参与了一个我称之为"凑十（make-a-ten）"的活动。该活动是依照一定程序开展的。首先，我在黑板上写下几个被加数为9的加法习题，然后，我分发给每个学生一张"十框图（ten-frame）"（一张纸上画有两行方框，每行五个方框）。我要求学生使用两张十框图去寻找一种方法，用以迅速算出第一个习题（例如，9 + 7 =）的答案。[方法是，在一张十框图上得到（9 + 1），另一张上得到 + 6，最后答案是 10 + 6 或 16]。我让学生使用十框图继续完成以9和8为被加数的所有习题。

我要求学生把习题和答案分别记录在不同的纸上，随后，我们一起讨论"凑十"策略的工作原理。然后，我指着"大加法壁表"问学生"凑十"程序如何能够帮助他们记忆加法事实。

评注

这是一个"认知内容非常丰富"的活动。教师要求学生*应用程序性知识*（即执行"凑十"程序）、*理解程序性知识*（即讨论"凑十"策略的工作原理）以及*理解元认知知识*（即描述诸如"凑十"这样的程序如何能够帮助他们记住像加法事实一类的知识）。

第11—13天

第十一天到第十三天，我和学生一起探讨了记忆总和大于10的加法事实的各种方法。我首先把一道习题 5 + 8 写在黑板上，然后问学生如何求得该习题的答案。我允许学生使用以下解题方法：数数；使用手指、实物、计算器或数轴；使用"凑十"记忆策略；运用事实家庭，以及通过练习记住答案（例如，衣袋事实、疯狂数学一分钟）。我要求每个学生提出一种自己的解题方法或从已有的解题方法中选择一种。

然后，每个学生按照自己提出（或选择）的方法解答以上习题（即 5 + 8），并在解题时与其他学生交流使用的策略。当学生探讨和使用各种解题策略时，我相信，他们会发现获得答案最快的方法是记住答案。

评注

  这三天的活动针对学生能够用于学习总和等于或少于18的加法事实的多种方法。学生使用的方法涉及*概念性知识*（例如，"事实家庭"）和*程序性知识*（例如，"凑十"）。而且，无论知识类别为何，毫无疑问，认知过程都是*应用*。因此，在活动中学生将*应用概念性知识*或*应用程序性知识*。在第五章中，*应用*是根据*程序性知识*来定义的；换句话说，在一般情况下，*概念性知识*被包含在一系列步骤（即*程序性知识*）之中，在应用时它才被"解包取出"。基于这一分析，我们把这几天的活动（或一组活动）归入*应用程序性知识*。

  但霍夫曼女士的最终意图是使每个学生懂得哪种方法对他们最为有效，并且使他们认识到，在有限的时间内进行加法运算，最为有效的方法是记忆。出于这一意图，教学活动的目的变成了理解*元认知知识*。

第14—15天

  最后一项活动是在单元教学的最后两天进行的。该活动要求学生按接力赛跑方式使用记忆进行实际计算。为此，我事先剪裁和书写了许多纸条，并使这些纸条包括所有加法事实，然后将纸条随机地放在四个篮子内。活动开始时，我将全班学生分成四个小组，每组学生面对一个篮子排成一行。每个小组中的第一个学生从篮子中选取一张纸条，学习上面的加法事实，然后把纸条放在一边，背对黑板退步走到黑板前面，转身在黑板上写下该加法事实，最后回到队列并轻轻拍一下第二个学生的肩膀。然后第二个学生从篮子中选取另一张事实纸条并开始记忆加法事实……在活动进行了一段预定的时间之后，我宣布"时间到了"，从而结束比赛。那些在黑板上写对了所有加法事实的小组赢得比赛。比赛反复进行。

评注

  考虑到我们已介绍过快速完成习题的道理，我们把最后这项活动归入*回忆事实性知识*。综合单元的全部教学活动，我们得到了表格10.2。为了方便比较，我们把表10.1中的目标用**粗体字**列在表10.2中。此外，在表10.2中，我们用*斜体字*表示对教学活动的分析结果。

表10.2《加法事实》案例：陈述的目标和教学活动在分类表中的位置

知识维度	认知过程维度					
	1. 记忆/回忆	2. 理解	3. 应用	4. 分析	5. 评价	6. 创造
A. 事实性知识	**目标1** *第1—15天的教学活动*					
B. 概念性知识		*第1—10天的教学活动*				

（待续）

(续上表)

知识维度	认知过程维度					
	1. 记忆/回忆	2. 理解	3. 应用	4. 分析	5. 评价	6. 创造
C. 程序性知识	第9—10天的教学活动		目标3 第9—13天的教学活动			
D. 元认知知识		目标2 第9—13天的教学活动				

> **注**
> 目标1 = 回忆加法事实（总和到18）。
> 目标2 = 理解记忆的功效（在某些情况下）。
> 目标3 = 获得关于各种记忆策略的实用性知识。

第三部分：测评

为了评估学生的学习进展情况，我对学生进行观察，向他们提出问题，把"疯狂数学一分钟"每天的成绩变化记录下来，并为他们的每周小测验评分。我观察学生以确定他们在使用哪些方法获得答案。我注意到，那些在开始时就记忆加法事实的学生能够迅速完成作业；而那些作业完成较慢的学生在开始时数手指，然后变为"数数"。对于这些学生，我尽量使他们学会使用事实朋友和事实家庭等方法。

在课堂上，我经常询问学生他们是怎样得出答案的。随着单元教学的进展，学生越来越多地报告说，他们是借助于事实家庭或事实朋友而知道答案的，到最后他们说，他们已经记住了答案。

大部分学生每天的"疯狂数学一分钟"成绩一天比一天好。这个结果也表明学生正在记忆加法事实。我每天公布"疯狂数学一分钟"的成绩，这样学生能够了解他们昨天答对了多少习题，并能够使用图表来记录他们的进展情况。如前所述，"疯狂数学一分钟"的活动贯串了整个学年。

对于学生获得答案所使用的方法，每周的小测验提供的信息最少。然而，这些小测验是针对单元目标进行的直接测评，而且能够用于为学生家长提供关于学生学习情况的信息。我最初使用一条简单的评语（例如，"正在开始记忆加法事实"或"需要努力记住加法事实"）通知学生及其家长关于该学生的学习情况。

评注

霍夫曼女士向学生提出的问题集中在*应用程序性知识*。通过这些测评，她能够确定学生使用了哪些程序。"疯狂数学一分钟"成绩的变化是学生在*回忆事实性知识*方面取得进步的证明。"疯狂数学一分钟"的习题是围绕一个被加数编写而成的。与此不同，每周的小测验试题是从所有加法事实中随机抽取出来的。另外，与"疯狂数学一分钟"不一样，小测验提供更加充裕的答题时间。因此，学生有足够的时间使用各种解题方法。虽然如此，小测验的重点仍然是*回忆事实性知识*。

我们对测评的分析结果如表 10.3 所示。同样地，我们使用**粗体字**表示在前面对陈述的目标所作的分析，使用*斜体字*表示对教学活动所作的分析。

表 10.3 《加法事实》案例：陈述的目标、教学活动和测评在分类表中的位置

知识维度	认知过程维度					
	1. 记忆/回忆	2. 理解	3. 应用	4. 分析	5. 评价	6. 创造
A. 事实性知识	**目标 1** *第 1—15 天的教学活动* *测评 3；* *测评 4*					
B. 概念性知识		*第 1—10 天的教学活动*				
C. 程序性知识		*第 9—10 天的教学活动*	**目标 3** *第 9—13 天的教学活动* *测评 1；* *测评 2*			
D. 元认知知识		**目标 2** *第 9—13 天的教学活动*				

注

目标 1 = 回忆加法事实（总和到 18）。

目标 2 = 理解记忆的功效（在某些情况下）。

目标 3 = 获得关于各种记忆策略的实用性知识。

测评 1 = 观察学生。

测评 2 = 课堂提问学生。

测评 3 = "疯狂数学一分钟"。

测评 4 = 每周小测验。

深色阴影表示最强的一致性——目标、教学活动、测评出现在同一个方格中。淡色阴影表示三者中只有两个出现。

第四部分：结束语

在本节中，我们将根据四个基本问题——学习问题、教学问题、测评问题以及一致性问题——来审视本教学案例。

学习问题

在学习问题上，我们需要区分我们称之为"关注点（focus）"和"重点（emphasis）"的两个词语。本单元教学的关注点显然是*回忆事实性知识*。很清楚，这是为期三周的教学所希望得到的最终结果。在陈述的目标以及测评中，这一关注点显而易见。然而，教学活动的重点却是*理解概念性知识*。尽管"疯狂数学一分钟"活动是个例外，但进行该活动所需的时间极为短暂，因此，实际上，在单元教学的前两周内（约占单元时间的三分之二），学生参与的所有教学活动的重点都是*理解概念性知识*。对于这一关注点与重点之间不一致的现象，我们也许可以用目的与方法之间的差别来予以解释。霍夫曼女士的目的（她的关注点）是十分清楚的：学生将*回忆事实性知识*。在知识方面，*概念性知识*、*程序性知识*以及在一定程度上的元认知知识，都是达到该目的的方法。类似地，在认知过程方面，*理解*和*应用*也是方法。因此，单元的重点反映了达到目的的方法。

教学问题

与主要目标（*回忆事实性知识*）相关的一些教学活动每天都要进行，其中主要有"疯狂数学一分钟"活动。与两个较为长期的目标相关的教学活动被安排在单元结束前的几天（即第9—13天）。从表10.2中可以看到，有些方格中包括许多教学活动，但却不包括陈述的目标。在关于这些活动的描述中，霍夫曼女士表示，这些活动旨在帮助学生形成一个有效记忆的框架。例如，前两周的活动大部分针对*理解概念性知识*，其中有一项活动是制作"大加法壁表"，该表格内在具有的模式和关系使记忆变得更加容易。

类似地，霍夫曼女士向学生介绍了多种记忆策略。她的目的是让学生：（1）选择对他们最为有用的一个或几个策略；（2）认识到记忆比其他解题方法更加有效。这些活动都具有双重重点：*应用程序性知识和理解元认知知识*。

最后，霍夫曼女士未开展的活动也引人注意。她并没有要求学生持续不变地进行"操练和练习"。相反，尽管她预期的学习目标只包括在分类表的一个方格之中，但她采用过的活动却遍及该表中的五个方格（见表10.2）。

测评问题

霍夫曼女士使用了非正式测评和正式测评两种方式。在课堂上，她观察学生并向他们提问，用以收集关于学生用于记忆加法事实的各种程序的信息。她使用"疯狂数学一分钟"和每周的小测验来查明其"底线"——学生是否已经记住了加法事实？因此，使用非正式测评的意图是获得关于过程的信息；而正式测评用于获得关于结果的信息。

一致性问题

如表 10.3 所示，测评和教学活动与陈述的目标保持着相当强的一致性。方格 A1 和 C3 中都分别包含一个目标、几项教学活动及其测评。如前所述，方格 A1（*回忆事实性知识*）中包括的测评要更为正式些；而方格 C3（*应用程序性知识*）中包括的测评是非正式测评。

不一致的情形仅出现过几例。尽管霍夫曼女士使用过非正式测评以了解学生的答题方法及其推断过程，但对*理解元认知知识*她没有进行过正式测评。对于学生是否把类比看作同样适用的有别于加法事实的方法，我们不清楚她是否对此进行过评价（或教学）。有几项活动出现在方格 B2（*理解概念性知识*）和 C2（*理解程序性知识*）中，但却不存在与它们相应的目标和测评。这一点支持我们在关于学习问题的讨论中对重点和关注点所作的区分。

第五部分：结束问题

我们对所有案例的分析都会留下几个问题未作出回答。在本节中，我们提出其中三个最重要的问题。

1. **理解概念性知识与回忆事实性知识之间存在什么关系？** *理解*基本的*概念性知识*有助于*回忆事实性知识*，这一假设是霍夫曼女士进行单元计划和教学的出发点。那么，在获得预期结果方面，持续不变地强调记忆策略（如复述策略）是否会被证明同样有效或更加有效？对这个问题的回答将有助于我们理解*事实性知识*与*概念性知识*之间的关系以及*理解*在*回忆*中所扮演的角色。

    在学年开始时，霍夫曼女士就对学生引入了这些认知过程，这与我们强调复杂认知过程的重要性是一致的。此外，她很早就帮助学生认识到，从概念上掌握了复杂材料以后，这些材料的使用往往会变得自动化。（顺便提及，在上述教学过程中，她使用了各种有趣的激励性活动，从而消除了反复练习的单调乏味——这是一个有眼光的教学方法，也许可以运用于外语等其他需要大量记忆的学科的学习。）

    最后，霍夫曼女士曾向学生介绍在更高的年级才会遇到的一些数学概念。这是我们在单元层次上使用分类表时未审视过的一个方面。然而，分类表既可以用于年级层次的计划，也可以用于多个年级的计划。实际上，对于要求相当长的时间才能够实现的目标，对实现这些目标的努力应该安排在何时、何地以及如何安排等问题加以审视时，分类表也许是特别有用的工具。

2. **直接测评*理解概念性知识*是否有助于把学生的理解力与能力区分开来？** 要确定学生是否真正形成关于数量关系与数学程序的概念性知识是很困难的。显然，学生在学习数字事实（number facts），但他们在学习数字概念吗？换言之，不理解"事实家庭"策略的学生是否有可能使用该策略去帮助记忆加法事实？有些学生理解"事实家庭"策略但不使用该策略，而有些学生不理解"事实家庭"策略因而不能够使用该策略。一组专门针对"事实家庭"的习题能够使教师将这两类学生区分开来。这一信息会帮助我们理解在*应用程序性知识*时*理解*

*概念性知识*所起的作用。

3. **直接测评*理解*元认知知识会获得哪些信息？** 霍夫曼女士从对学生的观察和提问中获得信息，这些信息的内在特性类似于一个发展的连续体，该连续体从起始端"数手指"发展到"数数"，再进一步发展到（通常在她的帮助下）审视加法事实系统，最终发展到记忆。在教学的各个阶段上与学生的面谈也许能够提供关于记忆的发展情况以及在这一发展过程中*元认知知识*的作用等有用的信息。

第十一章 《国会法案》教学案例

这个案例描述整合了美国独立战争前的殖民地历史与议论文写作的单元。格温德琳·K. 艾拉沙恩女士开发并讲授了这个案例。

我做教师已经17年了。过去10年中，我一直在一所郊区的初级中学教5年级。各班级的学生的情况很不相同。我所教的班级共有26名学生，其中男生16人，女生10人。有5名学生需要特殊学习服务，在我上课时，他们会得到兼职人员的帮助。其他学生的学习能力、兴趣和动机差别很大。

议论文写作与殖民地历史这两个部分都是我们校区5年级课程所要求的主题内容。议论文写作的教学是在从学年中期到学年结束的各个不同阶段进行的。按照教学计划，写作课的内容还包括对学生讲授如何评估自己以及别人写作的文章。18世纪60年代和70年代的殖民地历史则是在4月份的社会课上讲授的，这时，学生已经学过"新大陆"的早期开拓史。指导我决定目标数量以及选择目标的，是我以前对本单元进行教学所获得的经验以及我所教班级的特点（学生先前的写作经验、他们具有的图书馆技能、注意力的持续时间以及分组作业能力）。我估计，如果每周安排5节课，其中3节课每节45分钟，2节课每节90分钟，那么，整个单元的教学需要10到12天。如果学生能够迅速理解本单元中概念性最强的部分，单元教学可能只需要10天时间。如果学生不能够很快理解或者写作评论文章有困难，完成单元教学可能需要12天到14天。

第一部分：目标

本单元的总体目标是使学生获得关于18世纪60年代和70年代美国殖民地时期的知识，尤其是英王乔治的各项税法以及美国殖民地居民对这些税法的反应等历史知识。这一总体目标的含义需要更加具体的目标才能够得到澄清。因此，具体地说，我希望学生能够：

1. 回忆国会法案的具体细节（例如，糖税法案，印花税法案，唐森德税法）；
2. 说明国会法案给殖民地不同的居民群体带来的后果；
3. 选择一个殖民时期的人物或居民群体，并写作一篇议论文体的评论文章，陈述该人物/群体对国会法案所持的立场（评论文章必须至少包括一条没有在课堂上明确讲授或提到过的支持其立场的理由）；
4. 自我审阅和同伴审阅评论文章。

评注

艾拉沙恩女士首先陈述了单元总体目标：使学生获得关于美国历史上某个时期的知识。之后，她陈述了四个更具针对性的具体目标，以便为计划教学和测评提供必要的关注点。

在第一个具体目标中，动词是"回忆"，名词短语是"国会法案的具体细节"。因此，我们把该目标归入*回忆事实性知识*。

第二个目标的实质是说明国会法案对殖民地各种居民群体所产生的影响。在表 5.1（见封三）中，*说明*是指建构一种因果模型，它是属于*理解*类别的认知过程。在知识方面，"给殖民地不同的居民群体带来的后果"与"理论、模型和结构"最为相似。因此，我们把第二个目标归入*理解概念性知识*。

第三个目标更像是一项活动或测评任务，而不像目标。在该目标中，动词短语是"写作一篇议论文体的评论文章"，名词短语是"殖民时期的人物或居民群体"。然而，如果我们假定，艾拉沙恩女士预期学生在学年中学会就各种论题写作议论文体的评论文章，那么，我们就能够将这个目标分类。"写作议论文体的评论文章"提示*创造*。"各种论题"使人联想到*事实性知识*和*概念性知识*的某种组合。因此，我们把该目标放在分类表的方格 A6（*创造* [基于] *事实性知识*）和方格 B6（*创造* [基于] *概念性知识*）之中。

对于第四个目标也可作类似的分析。在该目标中，动词是"自我审阅"和"同伴审阅"，名词是"评论文章"。我们可以用两种方式来分析该目标的动词（假定艾拉沙恩女士的目的是使学生学会审阅文章而不是简单地参与审阅活动）。第一种方式，我们可以假定，审阅，特别是自我审阅和同伴审阅，是一种评价形式。因此，*评价*是该目标中的认知过程类别。评价总是基于某些准则进行的，而准则属于*概念性知识*；这样，我们就得到了*评价* [基于] *概念性知识*。第二种方式，我们也许把审阅看作*应用*，即应用标点符号和语法的规则。以上两种分析的结果产生了分类时常见的一个问题，即一个复杂程度较低的认知过程*应用*牵涉到一个复杂程度较高的认知过程*评价*。我们有些武断地把该目标归入复杂程度较高的层次——*评价*，从而解决了上述问题。

看待审阅的另一种方式是把审阅看成文章写作过程中的一个步骤。这样，我们将回到前一个目标的分类结果：*创造* [基于] *事实性知识*和*概念性知识*。我们暂且跟随我们最初的直觉，把该目标归入分类表的方格 B5（*评价* [基于] *概念性知识*）之中。

以上四个目标在分类表中的放置如表 11.1 所示。

第二部分：教学活动

第 1 天

我考虑过几种针对总体目标进行教学的方法，其中包括让学生给英国的亲戚写信，描述国会法案对该学生家庭的影响，或者让学生写反对税法的请愿书。最后，我决定要求学生从爱国者或亲英派居民的立场出发写一篇新闻报纸的评论文章。为了得到爱国者和亲英派这两种立场的评论文章，我根据学生名字中英文字母数的总和随机地把学生分为两组。字母数总和为奇数的学生组成爱国组（愉快地欢呼），偶数的学生组成亲英组（不满地抱怨）。把学生随机分组使得两个组在能力上保持大致的平衡，并使需要帮助的学生能够得到同伴的帮助。随后我再次集合全班学生，给他们讲述了本单元的性质：这是一个社会课内容与议论文写作相结合的教学单元，完成该单元的学习要求若干步骤。我告诉学生，本单元的教学大约要持续10天。我分发给每个学生一份我会用来批改评论文章的评价表（本章附件A）。我宣读了该列表中的每一条准则，然后要求学生分别使用自己的语言解释每条准则的含义。

评注

艾拉沙恩女士认识到，单元的教学可以基于许多活动来展开，然后她选择了其中一项教学活动。她的这一认识指出了目标和教学活动之间的区别；换言之，她的认识表明，在确定单元的具体目标之后，在计划、教学和测评方面，教师具有相当的灵活性和创造性。

"一个社会课内容与议论文写作相结合的教学单元，完成该单元的学习要求*若干步骤*"这句话提示了*程序性知识*。因此，我们假定，在完成评论文章写作这个主要任务时，学生将要*应用程序性知识*。只是眼下还没有与这一目标相联系的教学活动。总的说来，在第一天中，艾拉沙恩女士向学生介绍了单元的概况，其中包括预期的最终学习结果以及用于评价结果的准则。由于这组准则构成了*概念性知识*，所以，我们把第一天的活动归入最终与*理解概念性知识*相关的活动（因为学生必须"用自己的语言解释每条准则的含义"）。

表 11.1 《国会法案》案例：陈述的目标在分类表中的位置

知识维度	认知过程维度					
	1. 记忆/回忆	2. 理解	3. 应用	4. 分析	5. 评价	6. 创造
A. 事实性知识	目标 1					目标 3
B. 概念性知识		目标 2			目标 4	目标 3
C. 程序性知识						
D. 元认知知识						

注
目标 1 = 回忆国会法案的细节。
目标 2 = 说明国会法案给殖民地不同的居民群体带来的后果。
目标 3 = 选择一个殖民时期的人物或居民群体，并写作一篇议论文体的评论文章，陈述该人物/群体的立场。
目标 4 = 学生自我审阅和同伴审阅评论文章。

第 2 天

第二天，我从社会课内容开始了教学。我首先播放了一段关于殖民时期的录像，它描述了税法，并且为学生提供了一些关于殖民地居民对英国的态度的感性知识。之后，学生立即展开了课堂讨论，其内容为当时的各项税法（已为学生列在黑板上）以及各种殖民地居民群体对这些税法的态度。（"你认为殖民地居民会怎么看待这些税法？每个人的看法会一样吗？为什么？"）学生的家庭作业是阅读教科书中关于税法的章节。

评注

针对前两个目标的教学开始了。录像提供了关于税法（目标1）以及不同的殖民地居民对英国的态度（目标2）的信息。教科书中关于税法的章节则进一步提供了与前两个目标相关的信息。就知识而言，这些活动的重点主要放在*事实性知识*上。尽管艾拉沙恩女士向学生介绍了"不同的殖民地居民群体"的态度，但这里的关键词是*介绍*。因此，我们认为，这些活动主要涉及第一个目标——*回忆事实性知识*。

第 3 天

第三天用于复习学生的家庭作业。全班用了整节课的时间讨论各种税法及其出台的原因以及它们对殖民地居民的影响。我要求学生为明天针对各种税法的小测验作准备。为此，他们需要重新阅读昨天学过的章节并重温笔记。我告诉他们，小测验要求他们将部分税法与税法的名称配对。

评注

显然，教学活动的重点仍然放在*事实性知识*上。艾拉沙恩女士认为，*事实性知识*为实现其他目标提供了"平台"。她认为，没有关于税法的*事实性知识*，学生将难以说明税法产生的结果也无法从某一殖民地居民的立场写作评论文章。"配对"小测验与我们把这些活动归入*回忆事实性知识*是一致的。

第 4 天

第四天上课首先进行小测验（其成绩占本单元总成绩的1/5）。此后，我对议论文写作进行了复习。我提醒学生，议论文试图使读者赞同作者的观点，因此作者必须提供支持自己观点的事实和例证。否则，作者将不能够说服读者或使读者信服。我要求学生根据这一点查阅自己作文本中以前写作的议论文。我强调了观点（人们认为正确的东西）与事实（证据能够支持的东西）之间的区别。我告诉学生，评论文章是议论文的一种形式，并作为例子出示了《学人杂志》上学生写作的评论。我概括了评价评论文章的准则要点：一个有力而且清楚地陈述立场的开头；至少包括三条是基于事实而不是基于观点的支持立场的理由；一个具有说服力的结尾（附件A）。尽管我也有本校区颁发的《五年级作文重点纠错区》（FCAs）（本章附件B），但我发现它所包含的准则不能够满足需要，我必须增添自己的测评准则。我提醒学生，他们提出的理由中必须有一条是原创性的，即有一条理由是他们自己提出的，而不是在课堂上或教科书中论述过的。

评注

在第四天，教学的注意力转移到了议论文写作的复习上。显然，评论文章的写作要求运用*程序性知识*（即如何写作议论文）和*概念性知识*（即议论文的评价准则）。我们在第四章中曾作过说明，准则是与*程序性知识*相联系的（见第42页）。但第四章提及的准则属于一个特殊的类别，它们被用于确定何时应该使用某种具体的*程序性知识*。在这一活动中用于评价的准则与它们不同。从知识的角度看，这里的评价准则偏向于分类和类别（例如，议论文中"支持立场的理由"或"适合于人物的理由"）。因此，我们把它们当作*概念性知识*。在学年的早期阶段，议论文写作已经被介绍过和练习过，因此，艾拉沙恩女士选择了从概念上（例如，什么使得议论文成为议论文，议论文体的评论文章的例子）和程序上（例如，三步的写作序列）进行议论文写作的复习。她还评论了用于评价一般写作的一组准则（也属于*概念性知识*）。总之，第四天的活动首先涉及*理解概念性知识*，其次涉及*应用程序性知识*。

第5天

第五天，全班集体讨论了具体税法以及殖民地居民对这些税法的反应。我在黑板上记下了学生的观点，同时，学生做了笔记。为了方便学生挑选他们将要在评论文章中描述其观点的人物，我将爱国者和亲英派两个大组分成3—5人的小组，然后分组讨论各项税法和事件对不同的殖民地居民群体（例如，商人、农场主、银行家、家庭主妇等等）的影响。经过15分钟的小组讨论之后，全班集合在一起交流了讨论的结果。

评注

教学的关注点回到了税法与殖民地居民对税法的反应上。在班级讨论和小组讨论中，学生必须进行推断。根据表5.1，*推断*是指从呈现的资料得出合理的结论。学生的推断是基于他们关于爱国者和亲英派的*概念性知识*（即两类的殖民地居民的信念和态度）和关于税法的*事实性知识*进行的。因此，这些活动涉及*理解概念性知识和回忆事实性知识*。

第6—7天

第六天和第七天，教学活动集中在学生选择一位殖民时期"写作"评论文章的人物，以及确认在评论文章中支持该人物立场的理由上。我为学生提供了社会课教科书、一般大众图书、课堂百科全书以及包含殖民时期人物简短传记和描述殖民地生活的各种书籍。这些资料具有一定的阅读难度，其内容涉及国会法案对不同殖民地居民的影响作用。我发给学生具体实施指南以帮助他们思考和辨认所要选择的人物（本章附件C）。在辨认人物以前，我要求学生至少阅读两本关于殖民地居民中爱国者或亲英派代表人物的简略传记。

评注

在这一活动中,学生将选择"写作"评论文章的人物或居民群体,因此,该活动显然与目标 3 有关。学生在选择上具有一定的自由度,但他们必须给出选择的具体理由。附件 C 给出了指导学生选择人物的准则,因此,该活动涉及的知识属于*概念性知识*。然而,学生选择人物的活动包括对本单元中前面的信息进行分析以及第 6—7 天阅读。尤其是为了选择人物和回答附件 C 中的问题,学生必须进行区别(即区分相关与无关或重要与不重要的部分——见表 5.1)。*区别*是属于分析类别的认知过程。因此,这些活动分别涉及*理解概念性知识*和*分析 [基于] 概念性知识*。

第七天下课时,学生必须上交一份描述他们所选择的人物的书面报告,陈述选择的原因、该人物在评论文章中所持的立场以及支持其立场的一条理由。我阅读了每个学生所作的描述并提出了修改建议,其内容通常涉及他们选择的人物是否适当或他们提出的新颖理由是否成立。对选择人物存在困难的几位学生,我也提出了自己的建议。

评注

艾拉沙恩女士在对学生的学习进行形成性测评,这大概是为了在允许学生写评论文章之前检查其目前的学习状况和知识的完备性。有些学生难以找到一条新颖理由以支持他们所选择的人物或居民群体所持的立场。提出一个类别中要素的新例子是*举例*,而举例是属于*理解*类别的认知过程(见表 5.1)。因此,我们把学生写作书面报告的活动归入*理解概念性知识*(具有爱国者和亲英派两个类别)。

第 8—10 天

在随后的三天时间里,从作文提纲开始并使用评价表(附件 A)作为指南,学生单独写作了自己的评论文章。学生写作时,我一边在教室内走动,一边回答学生的提问,帮助他们辨认初稿中的问题,指导几位学生着手写作。向学生提问可以使他们的注意力集中在所需的历史知识上,以及倾听学生讲述他们的想法和问题。我经常给学生一些提示,帮助他们巩固对人物的感觉。例如,如果文章中的人物是一个印刷工,那么,我也许会问学生,"哪些税法对该人物最重要以及这些税法对该人物有哪些影响?"我还要求学生参考具体实施指南去辨认殖民时期的人物(附件 C)。有些学生能够立即开始评论文章初稿的写作,而有些学生则需要更多地进行讨论。

评注

在这三天的时间中,教师预期学生能够完成评论文章的写作(即生成)。*生成*是属于*创造*类别的认知过程,因此,我们把这项活动归入*创造 [基于] 事实性知识*(即关于殖民地居民和国会法案的具体知识)与*概念性知识*(即关于爱国者和亲英派的知识;评价准则知识)。

这时,课堂中目标、教学活动和测评是交织在一起的。虽然该活动的重点主要放在目标 3 上(即写一篇议论文体的评论文章),但艾拉沙恩女士把大部分时间用于帮助学生掌握目标 1 和目标 2。

掌握这些目标为评论文章的写作提供了"原材料"。不过，艾拉沙恩女士发现，有些学生对所选择的人物或居民群体仍有疑问，有些甚至还未能选择出一个人物或居民群体。

正如预料的那样，学生完成初稿写作所需的时间差别很大。有些学生在一节课内就写出了初稿，有些则需要整整三节课才能完成。在好几位学生完成初稿之后，我让全班停止写作，然后对评价检查列表（附件 A）作了简要的回顾，因为学生将按照该列表对初稿进行自我审阅和同伴审阅。首先，每个学生根据该列表自己审阅初稿。之后，同伴再根据该列表审阅初稿。（在这个班上，学生经常担任同伴审阅者。）再后，同伴和作者讨论哪些地方需要修改或增补，在此基础上，作者对初稿作必要的修改，从而产生第二稿。其次，学生安排时间与我私下面谈，审阅第二稿。每个学生带来了自己与同伴修改过的文章和评价检查列表。学生对我朗读自己的第二稿时，我在笔记本上记下文章的内容、写作风格和写作方法等。然后，在写作风格、支持信息是否适当以及历史的准确性等方面，我向学生提出修改建议。我根据评价检查列表所做的笔记、我的口头评论以及学生及其同伴的审阅，都对学生独立写作终稿起到了指导作用。一般说来，终稿写作需要一节课的时间。在这个写作阶段，我继续与学生面谈，主要是帮助那些仍在写作初稿的学生。在这些学生完成初稿以后，我与他们再次温习了评价检查列表，这既是出于审阅文章也是出于给文章评分的需要。

表 11.2 《国会法案》案例：陈述的目标和教学活动在分类表中的位置

知识维度	认知过程维度					
	1. 记忆/回忆	2. 理解	3. 应用	4. 分析	5. 评价	6. 创造
A. 事实性知识	目标 1 第 2、3、5 天的活动					目标 3 第 8—10 天的活动
B. 概念性知识		目标 2 第 1、4—7 天的活动		第 6—7 天的活动	目标 4 第 8—10 天的活动	目标 3 第 8—10 天的活动
C. 程序性知识			第 4 天的活动			
D. 元认知知识						

注

目标 1 = 回忆国会法案的细节。

目标 2 = 说明国会法案给殖民地不同的居民群体带来的后果。

目标 3 = 选择一个殖民时期的人物或居民群体，并写作一篇议论文体的评论文章，陈述该人物/群体的立场。

目标 4 = 学生自我审阅和同伴审阅评论文章。

评注

在一组学生完成了文章初稿之后，艾拉沙恩女士安排他们准备了涉及第四个目标的教学活动，即对文章初稿作自我审阅和同伴审阅。学生对文章的审阅主要依据评价检查列表（附件A），因此，审阅活动的重点似乎放在基于附件A中包含的*概念性知识*对文章作出*评价*上。但如前所述，审阅也可以看作*程序性知识*的应用。两者之间的主要差别在于，学生是"自主"使用准则（*概念性知识*），还是在审阅文章时遵循一列步骤，其中至少在有些步骤中包含着准则（*程序性知识*）。尽管附件A是一个检查列表，但没有证据表明学生必须按照特定的顺序使用该列表（教师也没有指导他们这样做）。因此，我们把这项活动归入*评价*[基于]*概念性知识*似乎是合理的。

艾拉沙恩女士对文章进行了第三次形成性测评（学生自我审阅与同伴审阅文章是前两次测评）。使用同样的评价准则增加了三种来源的反馈信息保持一致的可能性。

我们根据分类表对教学活动所作的分析如表11.2所示。

第三部分：测评

在单元教学期间和结束时我都对学生进行过测评，大部分测评是非正式的，针对学生个体进行的。测评时，我留意学生提出的问题、需要帮助的请求以及对我所提问题的回答。我采用这些测评主要是为了帮助每个学生都弄清楚自己关心的问题。我还采用过针对学生个体的，但稍微正式一些的测评，例如，我与学生单独面谈讨论评论文章的第二稿。学生从这两种针对个体的测评中可以得到我对问题的回答和建议，这有助于他们理解和改进文章。虽然我与学生的面谈表明学生在理解的深度上各不相同，但我对这些"帮助性的"测评没有记分。

评注

所有这些测评都是形成性的。从最后一句话看，艾拉沙恩女士似乎把重点放在*理解*上。但我们不能确定所涉及的知识类别。艾拉沙恩女士对学生提问的回答或建议最有可能针对*概念性知识*（例如，评价准则）和*事实性知识*（例如，包含在评论文章中的具体历史细节）。

关于税法的小测验以及对学生完成文章的最终评分构成更为正式的、基于群体的测评。为了评分，对学生所写的初稿，学生自我审阅与同伴审阅的过程，第二稿以及完成的文章，我都作了评估。我对文章的写作过程和文章的质量都非常有兴趣。我认为对学生很重要的一点是，遵循各个步骤，从而认识到需要多种活动及其结果才能够写出最终的评论文章。学生是否完成了整个写作过程，即是否完成了文章的初稿，进行过自我审阅和同伴审阅，完成了第二稿以及最终稿，这占总成绩的2/5。大部分学生确实完成了这一过程。此外，单元教学的最终结果，即完成的评论文章的质量占总成绩的2/5（见附件A）。我审阅了学生完成的文章，将文章与检查列表进行对照，给文章评分，并给每个学生写了一条批语解释评分的根据（本章附件D）。小测验的成绩占总成绩的1/5。

评注

  小测验针对的是各种税法的细节，因此，它涉及*回忆事实性知识*。在对文章评分时，艾拉沙恩女士关注了过程（即应用*程序性知识*）和结果（即*创造* [基于] *事实性知识*和*概念性知识*）两个方面。她预期所有的学生都遵循一个九步程序：（1）挑选人物；（2）针对该人物进行阅读；（3）制订写作提纲；（4）写作初稿；（5）对初稿进行自我审阅和同伴审阅；（6）修改初稿；（7）把文章上交给艾拉沙恩女士；（8）接受反馈信息；（9）再次进行可能的修改。艾拉沙恩女士希望，学生不仅在这项作业中而且在将来的作业中也同样遵循该程序。审阅文章的过程涉及基于附件 A 中的准则（*概念性知识*）对文章进行*评价*。

  总的来说，我对学生写作的评论文章感到满意。他们都在合理的时间内完成了写作，只有两个学生需要额外的时间。我认为学生很好地辨认和使用了历史事实。他们也很好地辨认和选择了支持理由来证明他们的文章所持的立场是有道理的。在大部分情况下，学生提出的支持理由对于所选的人物是准确和适当的。他们遵循了要求的写作步骤。然而，同样明显的是，许多学生很难推断出一个在课堂上没有讲过或在教科书中无法找到的支持理由。在评论文章的初稿和完成的文章中，这一困难显而易见。下次进行本单元的教学时，我将把教学重点更多地放在解释和推断等更高层次的认知过程上。

评注

  我们根据分类表对测评所作的分析可见表 11.3。

第四部分：结束语

  在本节中，我们将根据四个基本问题——学习问题、教学问题、测评问题以及一致性问题——来审视本教学案例。

学习问题

  这个单元的教学具有双重重点。第一个是不同的美国殖民地居民眼中的国会法案；第二个是议论文的写作。单元前两个目标与第一个重点有关，后两个目标则与两个重点都有关系。审视用于评价评论文写作的准则（附件 A），我们可以最为清楚地看到后两个目标中的双重重点。在附件 A 中，前两个"内容"准则涉及议论文的写作（即陈述一种观点并证实该观点）。最后三个"内容"准则涉及国会法案（即适当的理由、具有历史准确性的理由以及能够辨别人物是爱国者还是亲英派）。剩下的一个"内容"准则是一条要求，即评论文章不仅要有*回忆*，而且还要表现出*理解*。

教学问题

  该单元的双重重点使教学活动出现了一个有趣的模式。第一天介绍单元的概况，随后的两天用于国会法案与殖民地居民内容的教学；然后教学重点转移到为期一天的议论文写作。在接下来的两天中，教学重点返回到国会法案和殖民地居民的内容。最后三天，教学重点再次回到议论文写作。教学活动曾涉及所有六个认知类别（见表 11.2）。在第一个星期中，教学活动强调*回忆、理解*和*应用*。在第二个星期中，教学活动的重点从*分析*转到*评价*和*创造*。

表 11.3《国会法案》案例：陈述的目标、教学活动和测评在分类表中的位置

知识维度	认知过程维度					
	1. 记忆/回忆	2. 理解	3. 应用	4. 分析	5. 评价	6. 创造
A. 事实性知识	目标 1 第 2、3、5 天的活动 测评 B	测评 A				目标 3 第 8—10 天的活动 测评 C
B. 概念性知识		目标 2 第 1、4—7 天的活动 测评 A	第 6—7 天的活动		目标 4 第 8—10 天的活动	目标 3 第 8—10 天的活动 测评 C
C. 程序性知识			第 4 天的活动 测评 C			
D. 元认知知识						

注
目标 1 = 回忆国会法案的细节。
目标 2 = 说明国会法案给殖民地不同的居民群体带来的后果。
目标 3 = 选择一个殖民时期的人物或居民群体，并写作一篇议论文体的评论文章，陈述该人物/群体的立场。
目标 4 = 学生自我审阅和同伴审阅评论文章。
测评 A = 课堂提问和观察；非正式的测评。
测评 B = 小测验
测评 C = 评论文章（具有十条评价准则——附件 A）
深色阴影表示最强的一致性——目标、教学活动、测评出现在同一个方格中。淡色阴影表示三者中只有两个出现。

测评问题

出于三种不同的目的，艾拉沙恩女士使用了三种不同的测评方式。课堂提问和观察用来检查学生对*概念性知识*的理解。学生懂得爱国者与亲英派之间的区别吗？学生是否理解用于评价他们写作的评论文章的准则？而小测验则完全针对*回忆事实性知识*。学生是否了解各种国会法案的细节？上

述两种测评都属于形成性测评。终结性测评是评论文章。如前所述，在某种程度上，评论文章所测评的是基于*事实性知识*和*概念性知识*的创造。

一致性问题

在方格 A1（*回忆事实性知识*）、方格 B2（*理解概念性知识*）以及连接在一起的方格 A6/B6（*创造 [基于] 事实性知识和概念性知识*）中，我们可以看到很强的一致性。这些方格中每一个都包含着一个目标和几天的教学活动以及某种形式的测评。但我们也发现一些细微的不一致：方格 A2（*理解事实性知识*）、B4（*分析 [基于] 概念性知识*）、B5（*评价 [基于] 概念性知识*）和 C3（*应用程序性知识*）。这些方格中有一个值得我们加以解释。方格 C3（*应用程序性知识*）中的*程序性知识*是可以应用于所有文章写作的"元（meta）"程序：获得信息、准备提纲、写作初稿、审阅初稿并进行同行评议、修改初稿、上交初稿以及写作终稿。该程序已在整个学年中得到了强调，因此，该单元只对它进行了简要的复习，既没有关于该程序的目标陈述，也没有对它进行测评。

第五部分：结束问题

我们对所有案例的分析都会留下几个未解答的问题。在本节中，我们提出其中两个最重要的问题。

1. **综合性的（或跨学科的）教学单元有哪些利弊？** 这是一个把历史与语文结合起来教学的非常好的单元实例。这种教学方式具有某些优势。例如，议论文写作能够使历史"复活"；学生必须站在历史人物的角度上才能够写作评论文章。类似地，综合性单元能够帮助学生认识到，解决现实世界中的问题常常要求多个专业或学科的知识和技能。

   与此同时，该单元也阐明了这类单元在设计和教学中的潜在问题。教师应该如何安排这类单元中与双重重点相关的教学活动？当需要综合两门学科内容时，教师应该如何测评和评分？教师如何能够在两个维度上——历史事实及概念与议论文写作的概念及程序——以最佳方式处理学生之间的个体差异？为了充分理解最后一个问题，我们需要考虑到综合性单元中包括着两组*事实性知识*、两组*概念性知识*以及两组*程序性知识*。最后，在完全综合的跨学科单元中认知过程类别究竟起着什么作用？以上问题的答案将极大地帮助我们设计"实用的"交叉学科或跨学科单元。

2. **在测评中使用一般性等级量表或评分细则存在哪些风险？** 为了评价学生的文章，艾拉沙恩女士使用校区的一套《作文重点纠错区》（FCAs）。此外，她的评价表中还包括了四组一般性写作准则。这四组准则分别是：（1）关于议论文写作的准则；（2）关于确保理解而不是回忆的准则；（3）关于评论文章内容的准则；（4）关于一般写作的准则。那么，在确定评论文章质量时这四组准则的比重如何分配？一般性写作准则在评价评论文章质量时具有多大价值？在将多个评价准则用于写作作业时，这些问题（以及其他问题）都是值得我们回答的。

附件 A 评价表：殖民时期的评论文章

姓名 _____ 日期 _____

阅读评论文章并确定文章内容与写作规则是否符合要求。
打勾表示**是**，空白表示**否**。

                                                                                    作者   同伴   教师

内容

1. 作者在评论文章的开头就清楚地陈述了观点。
2. 作者至少有三条理由支持人物的观点。
3. 作者的理由有一条不是来自教科书或课堂讨论。
4. 给出的理由对于人物是适当的。
5. 给出的理由具有历史的准确性。
6. 读者能够辨别文章的作者是爱国者还是亲英派。

写作规则

7. 作者写出的句子完整。
8. 作者正确地使用了标点符号。
9. 作者拼写正确。
10. 作者的写作明白易读。

附件 B　五年级作文重点纠错区（FCAs）

1. 使用完整的句子（无破碎句，即不完整的句子；也无粘接句，即不分段的句子）。
2. 写作合乎规范的段落。
   a. 段落的首行缩进。
   b. 写作主题句。
   c. 写作支持主题的细节。
   d. 围绕同一主题写作所有的句子。
   e. 写作结论句。
3. 拼写正确。
4. 写作明白易读。

附件 C 辨认一位殖民时期的人物

下面的一些问题能够帮助你辨认写作评论文章所需要的人物:

你是男士还是女士,男孩还是女孩?

你居住在哪一个殖民地?你住在城市、小镇,还是农场?

你的家庭有多少人?

你的家庭在这个殖民地的时间有多长?

你的家庭是做买卖的还是有一个职业?

你在英国有亲戚吗?例如堂兄妹、祖父母、兄弟或姨妈?

国会税法(糖、印花、茶、玻璃、纸)对你或你的家庭有多重要?

附件 D　学生作文批语示例选录

约翰，你的评论写得很好。文章通篇条理清晰。我准确地理解了为什么托马斯·古德森这位波士顿的银行家是英王乔治和国会行动的支持者。你非常仔细地说明了古德森先生的立场以及他与他在伦敦的家庭的关系。这篇文章比你上次的评论文章有了很大的进步。再接再厉。

卡伦，阅读了你的评论，我非常清楚地知道了为什么阿比盖尔·琼斯是一位爱国派的支持者。这位剑桥的寡居女士无疑有理由感到英王乔治的行动是不公平的。你说明了为什么印花税法对她丈夫的印刷业的打击是如此的残酷，以致在印花税法颁布以后，她的丈夫变得无比绝望。请仔细检查你的文章，从而避免不分段的句子。这是你能够改进的一个地方。

本，我还是不理解你在这篇评论中所讲的道理。安德鲁·丹尼斯，作为查尔斯顿的一个地主和兰开斯特公爵的表兄，他有许多理由支持英国政府的立场。他把稻米从他那价格低廉的乡村种植园用船运到欧洲去销售。他与他在英国的家庭保持着紧密的联系，并且从他的家庭所开的银行获得了许多贷款。恰恰是在你提到所有这些以后，你使他成为了一个爱国者，但未提供理由来支持他的立场。在我们面谈时，我们讨论过这个问题。在我看来，你的最终稿基本上与我们审阅过的初稿是一样的。你要对最终稿进行必要的修改，这是十分重要的。还有，本，你的写作在技术细节方面还需要完善。你的文章存在许多拼写错误以及不完整的句子。请再与我面谈一次，以便讨论如何修改你的论文。

第十二章 《火山？在这里？》教学案例

本案例描述关于火山的单元。在一个大学区七年级的科学课上，宾夕法尼亚州的杜安·帕克先生进行了该单元的教学。（本案例的写作由迈克尔·史密斯博士执笔。）

这个班级共有 15 名男生和 12 名女生。学生每周上五节科学课，每节课 45 分钟。根据学生科学课的成绩，我会把他们中 4 人评定为"优等生"，11 人为"低等生""，其余 12 人为"中等生"。

我原计划在八天内完成本单元的教学。但实际所用的时间是原计划的两倍（16 个课时）——几乎占到该学年的一个整月。

第一部分：目标

我设计这个单元旨在促进学生在地球科学课中的概念重构和有意义学习。地球科学的基础是地质学中最有影响力的研究范式——板块构造理论。与识记关于火山信息的学习不同，本单元的重点是证据与理论相结合的"推理论证"，因此，本单元的主要目标是使学生"在关于火山的问题上变得更加聪明"。

评注

在含义上，"概念重构"的含义与分类表中的*理解概念性知识*可能相似。更明确地说，学生在本单元中所学的*概念性知识*将"塑造"或"修改"他们带到学习中来的已有概念框架。另外，依照第五章的使用含义，"有意义学习"涉及超越*回忆*的所有其他认知过程类别。最后，与下面列出的具体目标不同，这个目标（"在关于火山的问题上变得更加聪明"）的含义极为模糊（大部分目标的陈述都是这样的——见第二章）。

更为具体地说，学生需要实现以下四个目标：

1. 理解板块构造理论，用以说明火山的成因；
2. 研究并解释关于当地地质情况的一组资料（地质图、油井钻探记录以及岩石标本）；
3. 比较当地的地质情况与多火山地区（例如夏威夷州和华盛顿州）的地质情况；
4. 运用从前三个目标的教学中所学到的知识，给县行政官写一封信，回应他的要求（见本章附件 A）。

评注

这一组目标是引人注意的。在前三个目标中,所有动词("理解"、"解释"和"比较")都与认知过程类别*理解*相联系(见封三表 5.1),而名词短语("板块构造理论"、"当地的地质情况"、"多火山地区的地质情况")的分类则要困难些。"理论"显然属于*概念性知识*(见前环衬页表 4.1)。第一个目标中的短语"用以说明火山的成因"也支持该目标针对*概念性知识*这一分类结果,因为"说明"要求建构一种因果模型(见表 5.1)。根据这样的分析,我们将前三个目标都归入*理解概念性知识*。

第四个目标是一项终结性活动,而不是一个目标,所以我们对它不作分类。但在关于测评的第三部分中,我们将对评分细则的各个部分作出分类。

总之,我们把前三个目标放在分类表的同一个方格 B2(*理解概念性知识*)之中,结果如表 12.1 所示。

表 12.1 《火山?在这里?》案例:陈述的目标在分类表中的位置

知识维度	认知过程维度					
	1. 记忆/回忆	2. 理解	3. 应用	4. 分析	5. 评价	6. 创造
A. 事实性知识						
B. 概念性知识		目标 1; 目标 2; 目标 3				
C. 程序性知识						
D. 元认知知识						

注
目标 1 = 理解板块构造理论,用以说明火山的成因。
目标 2 = 研究并解释关于当地地质情况的一组资料。
目标 3 = 比较当地的地质情况与多火山地区的地质情况。

第二部分:教学活动

第 1 天

在第一节课上,我向学生出示了县行政官弗雷德·勒基诺的一封来信。这封信(见附件 A)提出了一个需要学生认真思考的问题,即以高昂的代价制订一份万一本地区火山爆发的全县疏散计划,这是否是一项慎重的决策。该行政官要求学生帮助他作出决定。我告诉学生,在单元教学结束时，他们需要针对以上问题上交一份基于科学思考与证据的书面建议。我提醒学生，评价书面建议将使用三条一般性准则：表达的清晰度、各部分之间关系以及与证据相符的程度，对这三条准则的强调将贯串本单元的整个教学过程。我告诉学生，他们必须准备一份以事实、分析、发现和可信的陈述为依据的材料来支持自己的建议。此外，他们的建议还应该建立在今后几十年内该地区火山爆发可能性的基础之上。以上介绍占用了第一天教学的大部分时间。

评注

三条准则一同确定了学生用于整个单元学习的框架。该框架把县行政官的来信与单元学习期间学生所研究的资料联系起来。因为这一天的活动是对单元的一般性介绍，所以，我们对活动不作分类。

第 2 天

第二天，我要求学生回答两个问题：(1) 我被雇用去干什么工作？(2) 我需要知道些什么？我要求学生默读县行政官的来信并在他们不熟悉的单词和用语下面划线。一个学生问"在我们这个地区并不存在任何火山，为什么我们要谈论火山？"时，我把1986年2月1日报纸上的一篇文章分发给学生作为回答。该文章报道了附近一个大城市区域的火山活动情况。

评注

两个问题都要求学生分析来信中的信息。但这里的重点是分析类别中的*区别*，即把信息中相关与无关部分或者重要与次要部分区分开来（见表5.1）。我们还认为，来信中的细节属于*事实性知识*。因此，我们把这项活动放在方格A4之中，即把该活动归入*分析事实性知识*。

第 3—4 天

按照计划，第三节和第四节课用于确定学生目前所具有的关于火山如何"活动"的概念。我要求学生用图画表示火山在地上和地下的外貌特征，并说明火山爆发的原因。学生画图进行了一段时间之后，我让他们暂时停下来，着手为下一个作业作准备，即创建一个在讨论火山时全班使用的词库。我还要求学生为词库推荐单词。第三天下课时，我要求学生在课后阅读一些关于火山的参考书，为下节课讨论这些阅读材料作好准备。

第四天，学生首先建立起一个拥有32个单词的词库，然后继续进行前一天中断了的画图作业。我要求学生使用词库中的词汇去标注他们所画的火山要素。学生还将辨认必要的可以添加到词库中的新词。我简要地介绍了如何把三条准则——表达的清晰度、各部分之间的关系、与证据相符的程度——应用于他们所画的火山图。

我要求学生根据自己所画的火山图书写说明火山原理的短文，要求他们独立完成作业，不能彼此传阅所写的文章。我希望了解每个学生已经具备了哪些关于火山的知识。学生的作业表明，他们所具有的关于火山的地下结构以及火山爆发原因的概念是各种各样的。

评注

  在认知过程方面，这两天教学的重点都放在*说明（理解）*上。*说明*要求建构一个系统的因果模型——在本案例中就是一个导致火山爆发的系统模型。模型本身的知识属于*概念性知识*（见表4.1）。因此，我们把画图和写作活动归入*理解概念性知识*。

  为了讨论他们的模型，学生需要词汇。依据分类表，词汇等同于术语知识。因此，在知识方面，这一活动强调的是*事实性知识*（见表4.1）。既然术语被用于标注火山图，所以，我们就可以把这项活动看作*理解事实性知识*。词库具有助记功效，因此，*回忆*被淡化，重点转移到*识别*。

  这项活动是一个很好的例子，阐明了术语知识（*事实性知识*）与术语所表示的类别知识（*概念性知识*）之间的区别。例如，"岩浆"是表示"火山岩"的术语。把"岩浆"标注在火山图上使得学生能够对该图进行讨论。没有适当的标签，学生会不得不指着图中不同的部位说"这个"地方或"那个"地方。

  从许多方面来说，第三天和第四天的活动起到了预测评的作用。在教学真正开始以前，教师需要了解学生对火山爆发原因都懂得些什么。因为一幅火山图可以作多种解释，所以，教师需要一个书面说明去查明学生对火山的理解情况。总之，这两天的活动涉及分类表中两个相关的方格：*理解概念性知识和回忆事实性知识*。

第5天

  第五天的全部时间用于讨论学生关于火山爆发原因所具有的概念。在仔细检查了学生的作业之后，我从中挑选出五份互异的高质量短文，让学生向全班同学进行介绍并"答辩"。我把这些挑选出来的短文的复印件分发给学生，并且告诉他们，讨论的目的是为了思考关于火山爆发原因的各种可能的说明。这场讨论最后变得非常难以指导。虽然作了精心准备，但讨论中仍充满了我和学生的即兴发挥。

  在讨论中我提醒学生，在火山爆发原因上取得一致意见并不是讨论的目的。相反，我们的目的是为了探讨学生描绘的火山图及其反映的概念为什么会如此多种多样，从而找出学生这样理解火山的原因。对他们的真正挑战将是使用证据和论证进行的较量，我们必须等待这些证据和论证。

评注

  这时，帕克先生认识到，学生个体关于火山的知识是多元的，互不相同的。尽管这与他的教学活动重点相符（"关于火山爆发原因的各种可能的说明"），但却与他在第一个目标中表达的意图（即与板块构造理论相符的说明）不一致。然而，学生最终将基于"证据和论证"在火山的爆发原因上达成共识。因此，虽然第五天的所有活动与第一个目标（*理解概念性知识*）有关系，但第一个目标还（有意地）没有得到实现。

第 6 天

第六天，学生开始忙于他们手头的重要作业，即研究从本地获得的火山地质证据。我首先向学生提出了一些问题，例如，"哪一类岩石是火山岩？""它们有哪些外部特征？""我们这里存在远古的岩浆吗？"在其后六天中学生都一直忙于完成这个作业。

评注

现在，教学活动的重点转到了第二个目标，该活动关注的是把岩石分类（*理解概念性知识*）。

我向学生介绍了可以用于寻找火山现象证据的地质图。我将学生的注意引向图上的各种颜色（不同的颜色表示不同的岩石），让他们了解地质图上的比例尺，并描述了怎样把颜色与岩石的名称联系起来。我还告诉学生地质图与我将给他们放映的当地地质录像之间的关系。接下来，我逐页介绍了"研究资料"。这是一份长达 20 页的文件，其中包括关于地震的背景信息以及报刊资料剪辑。

评注

这些活动旨在让学生积累*事实性知识*。在认知上，活动关注的似乎是*回忆事实性知识*。学生最终也许需要对相关的知识进行选择（*分析*），但我们必须等待。

然后，我向学生讲解了板块构造理论，使用三维模型和一段教学电影来解释该理论的基本原理。针对该理论对于实现本单元主要目标的用途，在整个讲解过程中我向学生提出了许多问题。

评注

理论和模型的知识属于*概念性知识*（见表 4.1）。帕克先生的最终目的是让学生运用这一理论和这些模型去说明火山现象。因此，内隐的目标再一次具有*理解概念性知识*的形式。

最后，我放映了一段关于地震和地质工作的长约 15 分钟的录像。录像的第一部分包括近期发生的地震镜头以及一张来自当地博物馆的地震图。第二部分显示一位当地地质工作者站在本县北部一块暴露在地面的岩石上。他描述了地质人员是怎样收集和记录岩石标本的。他还讨论了如何使用地质图来确定岩石的年代，并在讨论结束时告诉学生，他所收集的岩石就是他们将在课堂上研究的岩石。在放映录像的过程中，我不停地进行解说，告诉学生与他们的学习有关的重要特写镜头（例如，证据的研究、地质图的使用、岩石年代的测定）。

评注

录像的第一部分包含大量的*事实性知识*。然而，该活动的目的似乎是为了激发学生的学习动机（即将学生的学习任务"合法化"），而不是让学生记住这些知识。录像的第二部分转到了*程序性知*

识（例如，怎样收集和记录岩石标本，如何确定岩石的年代）。教师预期学生最终至少能够应用部分*程序性知识*，但这时教学活动主要关注的似乎是*回忆程序性知识*。

第 7 天

第七天，我引导学生针对本州的地质图进行了更为广泛的讨论。我告诉学生如何使用地质图，确保他们懂得火成岩是火山现象的关键证据。然后，我安排学生分小组完成一个作业，即按照岩石的种类（例如，火成岩、沉积岩和变质岩）填写一个数据表，在表中列出在本州找到的每一种岩石。这个作业占用了第七天的剩余时间和第八天的大部分时间。

评注

教学活动的关注点转移到了*应用程序性知识*（即如何使用地质图）以及*回忆事实性知识*（例如，火成岩是火山现象的关键证据）。学生完成的小组作业将产生一个书面的岩石分类系统。从而，我们将回到*理解*（例如，分类）*概念性知识*。

在完成小组作业之后，学生将要回答四个问题：

1. 在本地发现的岩石主要有哪些种类？
2. 本地的火成岩有哪几类（侵入岩或喷出岩）？
3. 根据地质图，最近的火成岩离我市的距离是多少？火成岩的年龄是多少？
4. 根据本地火山活动的可能性，你从关于岩石的数据中能够得出什么结论？

评注

这些问题涉及多种知识和认知过程类别。第一个问题要求*回忆*（recalling）*事实性知识*，第二个要求*理解概念性知识*，第三个要求*应用程序性知识*（即如何使用地质图的比例尺确定图上的距离），第四个问题要求学生作出推断。*推断*是属于*理解*类别的认知过程（见表 5.1）。此外，学生需要基于他们关于岩石的知识（即*事实性知识*）作出这些推断——因此，第四个问题要求*理解事实性知识*。

第 8 天

第八天，我引导学生进行了一次"测评会话（assessment conversation）"。我从每个小组中挑选一名志愿者，要求他/她在黑板上写出自己的小组对以上四个问题中一个问题的答案。在每个学生把答案写下来之后，我要求全班证实或质疑这些答案。对于前两个问题，学生几乎没有异议地证实了其答案，但第三个问题的答案却存在争议。为了得到该问题的答案，学生必须测量本地与最近的火成岩之间的距离。各小组得到的测量结果相差很大，有的答案是 120 英里，有的答案则为 250 英里。为了节省时间，我在地质图的投影胶片上测量了距离，得到的答案是：侵入火成岩距离本地 150 英里，距今年代为 5.7 亿年。

评注

基于这个"测评会话",帕克先生了解到,学生能够*回忆*相关的*事实性知识*(第一个问题),并能够*理解*重要的*概念性知识*(第二个问题)。但在*应用程序性知识*方面(第三个问题),学生还存在问题。

这时,我可以征求学生对于第四个问题的看法了。学生很快取得了一致意见:本地火山活动的可能性很小。尽管如此,他们同意我的看法,即不完全排除火山活动的可能性。然后,我开始向学生布置下一个作业:将他们在本地收集到的岩石与从圣海伦斯火山收集到的岩石标本进行比较。

评注

在处理了*应用程序性知识*方面的问题之后,对于本地区火山爆发的可能性,学生能够作出恰当的推断(这是他们*理解概念性知识*的证明)。

我把 10 个岩石标本分发给各组学生,其中 5 个标本来自多火山地区,另外 5 个标本是在当地收集到的。我要求学生把岩石标本与对不同种类岩石的描述配对。学生仅用了不到 15 分钟的时间就完成了这个作业。但当我在教室内巡回走动时,我注意到许多学生把浮岩误认为沙岩,这是一个严重的误判,因为浮岩是火山岩,在当地是不可能找到的。因此,我决定引导另一次简短的"测评会话",以使学生在岩石标本的特性以及"发现"这些岩石对当地地质情况意味着什么等问题上取得一致的看法。

评注

这项活动涉及*分类*——因此,属于*理解*(见表 5.1)。分类涉及岩石标本和岩石"种类"(即类别)。种类和类别全都表明*概念性知识*(见表 4.1)。

第 9—12 天

随后四天的活动对学生和我本人都是一次极大的挑战。我要求学生进行下列活动:在本州周围的五个州的地质图上寻找火山岩的证据,把地质图上火成岩的位置转画到六个州的基本地图上,测量到达最近的火成岩的距离,并且确定火山活动对于当地可能具有的影响。

评注

这四天的活动是在一个更大的地质环境中重复第七、第八天的活动。活动从对一个地区的关注扩大到对多个州的关注,其中一个州最近出现过火山活动。因此,我们根据分类表对前几天教学活动所作的分析对这几天的活动也同样适用。

第九天的教学开始时,我要求学生思考火山爆发的影响范围以及如下事实:本地与其他三个州的距离只有 30 英里,而他们仅查看了本州的地质图。当我从学生的反应中发现他们似乎并不理解火山爆发的巨大影响力时，我提醒他们，在圣海伦斯火山爆发时，火山灰覆盖了远离火山100英里的城市。在确信学生理解了这个作业的目的以后，我对如何完成作业给予了具体的指导，包括提醒他们不同州的地图使用了不同的颜色和比例尺，建议如何在基础地形图上测量距离，以及提醒他们应该把自己绘制的主要岩石种类表格作为关键工具来确定一块具体的岩石是不是火成岩。

评注

以上对学生所作的指导整合了*事实性知识*（"需要注意的问题"）、*程序性知识*（"如何"）以及*概念性知识*（"岩石种类表"）。教师预期学生应该回忆事实性知识，*应用程序性知识和理解概念性知识*。

在随后的三天中（第10—12天），我几乎用了全部时间对各小组进行访谈，帮助学生解决作业中的困难。我注意到，学生的主要困难来自于以下几个方面：
需要搜寻大量资料；
确定变质火成岩的"状态"；
不同州的地图上使用的图例之间存在差异；
不同地图上使用的比例尺之间存在差异；
在基础地图上标示数据的方法之间存在差异；
在基础地图上测量最近的火成岩的方法之间存在差异。

评注

从整体上看，上述困难表明，在*事实性知识*（例如，极其大量的资料）、*概念性知识*（例如，岩石种类、地图比例尺）和*程序性知识*（例如，在不同的地图上标示数据和测量距离的方法）方面，学生都存在问题。这些困难无论是单个还是全体都可能妨碍单元主要目标（*理解概念性知识*）的实现。

第13天

第十三天，作为"测评会话"的一部分，我选择了几张学生绘制的地形图，使用反射式投影仪把它们投影到墙上。在投影每张地形图时，我要求绘图小组的一名学生对该图进行描述。我花了大部分时间帮助学生消除在岩石的种类和年代，以及在从本地到最近的火成岩的测量距离等问题上出现的意见分歧和不一致。很可惜，对每张地形图的质量评价和改进都需要我付出大量的时间和精力，这使我无法帮助学生认识到他们研究证据的内在局限性。

评注

学生之间的意见分歧似乎存在于与*概念性知识*（岩石的种类）和*程序性知识*（如何确定岩石的年代；如何确定从本地到火成岩的距离）有关的问题上。遗憾的是，关于岩石的种类、年代和距离的数据也许是确定该地火山活动可能性的关键因素。

现在我要求学生就他们所考虑过的新证据回答本地火山爆发的可能性。大约1/8的学生说，他们没有足够的证据决定火山活动的可能性。其余的学生则乐意对火山活动的可能性作出结论。他们中大约一半人列举远古的火成岩作为支持结论的证据，认为火山是有可能影响这个地区的。另外一半人认为这是不可能的，因为来自过去的火山岩年代过于久远，不可能对现在有任何影响了。

评注

第9—12天教学活动的最终结果，是使学生从意见统一（*理解概念性知识*）变为意见分歧、观点不一。

第14天

到了第十四天，我感到了时间的紧迫。我让学生尽快研究他们所在城市相对于地质构造板块边界的位置。在研究从太平洋到大西洋的地壳与地幔截面图时，学生发现，圣海伦斯火山紧靠一条板块的边界；本地距离这一最近的板块边界大约是2000英里。

评注

单元教学进行到这个阶段，帕克先生又引入了证据研究以及讨论的理论基础——板块构造理论（*概念性知识*）。此外，他还提供了一项关键的*事实性知识*：学生所在地区的位置不在板块边界附近。从而，他把学生的注意力重新引导到教学的主要目标，即*理解概念性知识*。

我设法使学生注意到，圣海伦斯火山与黄石国家公园是美国本土的两个多火山地区，在地质方面，这两个地区具有某些共同特征，即上涨的岩浆。我同时把学生的注意力引向"研究资料"中的前面几页，这几页包括一幅世界构造板块地图，还有一幅地壳和地幔之间的截面图，该图显示岩浆在板块的边界附近上涨。利用上述资料，学生继续回答了板块构造理论对于他们所要建构的论据的意义等问题。

评注

这一活动涉及更多事实性知识（"多火山地区具有上涨的岩浆"、"岩浆在板块的边界附近上涨"）。强调*事实性知识*是为了帮助学生澄清关键性的问题，从而有助于他们*理解概念性知识*。
我们根据分类表对教学活动所作的分析如表12.2所示。

第三部分：测评

第十五天，我认识到，在关于火山对本地区影响的问题上，学生仍然存在分歧意见。部分学生认为，位于150英里之外的远古火成岩仍构成可能的威胁。尽管如此，我觉得可以让学生着手起草给县行政官的回信了。我对全班学生强调，在小组内部达成一致意见以及对他们所持的任何立场进行有说服力的论证是非常重要的。

根据评分细则（见本章附件B），我对学生写给勒基诺先生每一封回信的草稿都作了批改。但在此之前，我要求学生阅读其他小组的回信。各组学生使用评分细则对阅读的每封回信作出了评价。完成这个练习之后，有些小组要求修改他们的回信，我同意了他们的要求。在中心问题上，尽管学生的回信表达的看法各种各样，并且提出的建议互不相同，存在分歧，但我对他们回信中所反映出来的思维和理解的高水平感到满意。

表12.2 《火山？在这里？》案例：陈述的目标和教学活动在分类表中的位置

知识维度	认知过程维度					
	1. 记忆/回忆	2. 理解	3. 应用	4. 分析	5. 评价	6. 创造
A. 事实性知识	第3、4、6—14天的活动	第3、4、7天的活动		第2天的活动		
B. 概念性知识		目标1；目标2；目标3 第3—14天的活动				
C. 程序性知识	第6天的活动			第7—13天的活动		
D. 元认知知识						

注
目标1＝理解板块构造理论，用以说明火山的成因。
目标2＝研究并解释关于当地地质情况的一组资料。
目标3＝比较当地的地质情况与多火山地区的地质情况。

评注

评分细则包括四条准则。第一条是"概要中信息的准确性"，它主要涉及*回忆事实性知识*。第二条是"与证据相符的程度"，它要求*理解概念性知识*。学生提出的建议只能与以某种方式解释的证据相符，板块构造理论为这一解释提供了理论框架。第三条和第四条准则的分类要困难些。第三条准则是"对其他的说明的确认"。正如前面提及的那样，"说明"要求建构因果模型，而建构的模型属于一种形式的*概念性知识*。然而，"其他的"一词表明，学生可能建构多个模型，而且可能从这些模型产生出其他的说明。要是这样的话，那么，这条准则中的动词就应该是"产生"（*创造*），而名词则是"其他的说明"（*概念性知识*）。然而，产生不同于板块构造理论的模型与单元的第一个目标是彼此矛盾的。最后，第四条准则同样具有挑战性。如果我们假定教师事先向学生讲授了回信的写作程序,那么,该准则要求*应用程序性知识*。但是,如果学生必须"自己弄清楚回信的写作程序",那么,该准则涉及的认知过程更有可能是*计划和生成*。在这种情况下,第四条准则要求学生[基于]本单元包括的大量*事实性知识*、*概念性知识*和*程序性知识*进行*创造*。

除这个正式的测评之外,在本单元的教学过程中,我还进行过两次"测评会话"。第一次是在第八天,即在学生回答了关于岩石种类和火山现象的四个问题之后进行的。第二次在第十三天进行,涉及学生对绘制基础地形图作业进行的课堂讨论。

评注

正如我们在分析教学活动时提及的那样,第一次测评会话包括的问题可以归入:(1)*回忆事实性知识*;(2)*理解概念性知识*;(3)*应用程序性知识*。此外,涉及基础地形图的讨论针对:(1)*理解概念性知识*;(2)*应用程序性知识*。

我们根据分类表对测评所作的分析可见表12.3。

第四部分:结束语

在本节中,我们将根据四个基本问题——学习问题、教学问题、测评问题以及一致性问题——来审视本教学案例。

学习问题

本单元真正的重点是最终的教学活动,即给县行政官写回信。学生在信中将就"火山应急"计划的必要性提出自己的建议。目标1旨在为学生的建议提供理论基础;目标2和目标3则为建议提供实证性支持。然而,无论地质资料是否具有支持作用,学生都必须解释资料的含义。对资料的解释要求以某种方式综合运用*程序性知识*(即如何阅读地质图)、*概念性知识*(即岩石种类)以及*事实性知识*(即火成岩是火山现象的关键证据)。

表12.3 《火山?在这里?》案例:陈述的目标、教学活动和测评在分类表中的位置

知识维度	认知过程维度					
	1.记忆/回忆	2.理解	3.应用	4.分析	5.评价	6.创造
A.事实性知识	第3、4、6—14天的活动 测评A1;测评B(1)	第3、4、7天的活动		第2天的活动		测评B(4)

(待续)

(续上表)

知识维度	认知过程维度					
	1. 记忆/回忆	2. 理解	3. 应用	4. 分析	5. 评价	6. 创造
B. 概念性知识		目标1； 目标2； 目标3 第3—14天的活动 测评A1、2； 测评B(2)				测评B(3、4)
C. 程序性知识	第6天的活动		第7—13天的活动 测评A1、2			测评B(4)
D. 元认知知识						

注
目标1 = 理解板块构造理论，用以说明火山的爆发的原因。
目标2 = 研究并解释关于当地地质情况的一组资料。
目标3 = 比较当地的地质情况与多火山地区的地质情况。
测评A = 测评会话1和2。
测评B = 对给县行政官的回信的评分细则；准则1、2、3、4。
深色阴影表示最强的一致性——目标、教学活动、测评出现在同一个方格中。淡色阴影表示三者中只有两个出现。

教学问题

除前几节课之外，帕克先生将课堂教学的大部分时间花在了"动手"活动上。在单元教学的后半部分，或者说在大约七天中，学生的活动同时涉及回忆事实性知识、理解概念性知识和应用程序性知识。可惜进行这些活动占用了太多时间，使得单元教学快要结束时（第14天）帕克先生才不得不转到讲授的教学方式，结果，学生只有两节课的时间来完成作业（第15、16天）。

测评问题

帕克先生使用了他称之为"测评会话"的活动，以确定学生在实现单元目标上是否正在取得进展。两次测评会话都包括了涉及回忆事实性知识、理解概念性知识和应用程序性知识的问题。这些问题起到了形成性测评的作用。

本单元的主要测评是小组作业。每个小组必须给县行政官回信，信中陈述他是否应该拨款资助疏散计划并为具体建议给出理由。每个小组的回信都要依据一组准则来评价。这些准则可以归入分类表中的五个方格：A1（*回忆事实性知识*）、B2（*理解概念性知识*）、A6（*创造 [基于] 事实性知识*）、B6（*创造 [基于] 概念性知识*）和 C6（*创造 [基于] 程序性知识*）。

一致性问题

正如我们对这些目标的初步分析结果所表明的那样，如果前三个目标全部与*理解概念性知识*相联系，那么，在一致性方面，本单元中存在的几个问题是显而易见的（见表 12.3）。将目标 2 和目标 3 重新分类会使一致性变得更好些。这两个目标都可以表达为"如何"的形式：学生将学会**如何**研究和解释当地地质情况的一组资料；学生将学会**如何**比较当地的地质情况与多火山地区的地质情况。事实上，当我们考虑教学活动本身时，**如何**即是我们预期学生应该学会的东西。现在，这些重新陈述过的目标应该归入方格 C3 中了（*应用程序性知识*），这样的分类结果能使这两个目标与第 7—13 天的教学活动以及两个测评会话保持一致。

然而，即使作了上述改动，我们仍然可以在表 12.3 中发现其他一些一致性方面的问题。例如，评分细则中只有一条准则与"理论的"目标（目标 1）直接相关，而其他准则都与*回忆事实性知识*以及*创造 [基于] 事实性知识*、*概念性知识*和*程序性知识*相联系。

类似地，在准备小组作业时，如果学生花了更多的课堂时间把"事情安排好"，那么，一致性也许会得到增强。显然，小组作业是在几乎没有教师指导的情况下完成。因此，小组作业无疑是针对学生学习进行的测评，但却与教师的指导和帮助无关，这与其他案例中许多作业的情形是不相同的。

第五部分：结束问题

我们对所有案例的分析都会留下几个问题未作出回答。在本节中，我们提出其中三个最重要的问题。

1. **前教学活动在整个教学计划的完成上发挥了什么独特作用？** 帕克先生原计划用八天时间完成本单元的教学。到第四天下课时，"原计划"的教学时间已用去一半，他向学生介绍了单元的学习内容，使他们明确了学习任务，并且要求他们画图描述关于火山的概念（适当地标识火山图并说明火山的"活动"原理）。虽然这些活动很重要，但它们并不是真正的教学活动。我们把它们看作"前教学活动（pre-instructional activities）"，即它们是教学的"起点"。既然帕克先生觉得需要进行这些活动，他就应该延长最初估计的单元教学时间。这样才有可能减轻他在单元教学的后期出现的时间上的紧迫感。此外，帕克先生没有要求学生重新画图描述他们关于火山的概念，以此来作为一项后测评（post-assessment）。该测评本可以用作针对学生在单元主要目标上学习的直接测评。这一点是有些出人意料的。
2. **应该主要根据所要实现的目标还是完成的活动来计划教学单元？** 所有能够获得的证据都表明，在第八天上课进行到一半时，学生都一致认为在本地区火山爆发的可能性很小。在此基础上，他们本应该着手给县行政官写回信了。然而，帕克先生却为学生计划了更多的活动，这些活动要求学生把研究范围扩大到本县之外。扩大研究范围无疑是一项值得进行的活动，但其结果对实现本单元总体目标似乎有负面影响，因为学生在第八节课上达成的一致意见被第十二节课上多元化的见解取代了。因此，这些补充活动干扰了每个小组给县行政官写回信所需的理解的一致性。在计划上，以及也许更为重要地，在完成单元教学上，这个例子提出了目标与教学活动之间的适当关系问题。

3. **在诊断学习问题方面，分类表能够发挥什么作用？** 第七天，帕克先生要求学生回答四个问题。第一个问题涉及*回忆事实性知识*，第二个和第四个问题与*理解概念性知识*有关，第三个问题则要求学生*应用程序性知识*。第八天，基于学生对以上四个问题的回答，帕克先生进行了一次"测评会话"。在会话中他了解到，学生确实能够*回忆事实性知识*，并在某种程度上能够*理解概念性知识*，但在*应用程序性知识*上学生明显存在困难。一旦解决了这个问题，学生就达到了帕克先生所期望的理解水平。这表明，分类表可以用于确定学生学习中可能具有的缺陷。在辨认出学生学习的缺陷之后，教师可以改进未来的教学，从而帮助学生克服这些缺陷。

附件 A 县行政官勒基诺的来信

工程和公共安全部，县行政官办公室，某镇，美国 12345
4月10日

回复：对我县地震和火山的危害性进行研究

众所周知，地震和火山可能造成财产损失，危害甚至夺去人的生命。今年1月，一场大地震震撼了加州洛杉矶市。这场地震夺走了许多人的生命，并在房屋、工商业、道路和桥梁等方面造成了估计高达300亿美元的损失。1980年5月，位于华盛顿州的圣海伦斯火山剧烈喷发。火山的威力将15英里外的树木连根拔起。在我们周围，距离我们100英里的一个城镇曾在1月份两次遭到地震的袭击，而另一个主要城市在1986年也曾发生过地震。在我县范围内，一场足以摧毁桥梁和建筑物的地震有可能发生吗？我们是否有必要为火山爆发而担忧？

我们需要你们研究本地区的地质情况，然后告诉我们，这里是否有可能发生破坏性地震或火山爆发。你们的研究结果将有助于我们决定本县是否有必要针对地质灾害制订一项计划。该计划将涉及为疏散作准备，以及制订急救医疗计划。

这是一个富有挑战性且重要的问题，它要求努力和创造才能解决。为了帮助你们进行这一工作，我们从联邦和州政府的地质办公室收集了地质资料，其中包括地质图、地质截面图、油井钻探记录和岩石标本。我们还要求有关方面给你们送去一份"研究资料"，我们认为其内容将有助于你们解释地质证据。"研究资料"中包含板块构造理论的概述，它将帮助你们理解地震和火山的成因；"研究资料"中还包含关于近期发生的地震和火山的新闻剪辑，以及多地震和多火山爆发地区的地质信息。

你们的工作是利用这些信息来解释本地区的地质情况，并把你们的研究结果与多地震（如加州）和多火山（如圣海伦斯火山，华盛顿）的地区进行比较，然后决定本县是否需要制订一个安全和疏散计划。

你们上交到我办公室的最终的研究报告应该包括：

A. 你们对一场破坏性地震或火山爆发危害本县的可能性所作的*结论*。
B. 对你们的结论所作的*说明*，即把你们研究过的*证据*与关于地震和火山爆发原因的*科学理论*进行对照，从而说明对照结果支持你们的结论。
C. 标有本地区火山岩以及过去发生地震的位置的地图。
D. 一张显示本县地下岩石结构的地质横截面图。
E. 你们认为可以支持结论的任何其他材料和说明。

在今后的几个星期内，专业地质人员也许会来到你们的教室检查你们的工作。他们可能要求你们谈谈对该问题的思考和论证方式。这些科研人员将参与审阅你们最终递交的报告。

非常感谢你们对这个最重要的问题的关注。祝你们成功！

你真诚的县行政官
弗雷德·勒基诺

附件 B 火山单元总测评评分细则

测评任务的定义：假定你是一位科学家，通晓火山以及关于火山爆发的原因与地质分布的理论。请研究本地区的地质资料，并将该资料与相应的加州的地质资料进行比较。基于你的发现，给本县行政官写一封回信，信中包括你对自己的发现的准确而简要的叙述，以及你在拨款资助本地区地震疏散计划的问题上所提出的建议。你的建议应该与你收集的证据相符，并且应该考虑到对这项研究的发现所作的其他的说明。

准则	成绩等级
概要中信息的准确性	3 — 概要中的信息完整而准确。 2 — 概要中某些重要信息遗漏，表达有误。 1 — 概要中绝大部分信息不准确或缺乏重要数据。
与证据相符的程度	3 — 建议与可获得的证据相符。 2 — 建议与获得的证据相符——但信中忽视了一些轻微的不相符之处。 1 — 建议与证据在很大程度上不相符。
对其他的说明的确认	3 — 建议考虑到对这项研究的发现所作的其他的说明，因此，建议是非常合适的。 2 — 建议很有水平，并专门提醒存在其他的说明，但这个提醒似乎更像一个"附加物"，而不像一个完整思维的有机组成部分。 1 — 建议似乎引人注意和明确——但很少（或未能）考虑到其他的说明。
表达的清晰度	3 — 建议的陈述十分简洁并能以合理的顺序予以呈现。表格和火山图都加上了标注，因而容易理解。 2 — 很难在叙述与图表之间建立联系。建议表达得不明晰。 1 — 建议并不是对问题作出的回应。证据不支持建议。
满分 = 12	

第十三章 《报告写作》教学案例

本案例描述关于报告写作的一个单元。克里斯婷·埃文斯女士和迪恩·麦克里迪女士共同开发了案例,并且两人都讲授过这个单元。本案例中的教师,科琳·范迪女士,代表了她们两个人以及两人的经验。

初春时,我在一个四年级班级上讲授了这个单元。这时,班上的学生已经学会了在学习中彼此合作,而且大部分学生已经学习并掌握了一些写作的基本规则。这个班级共有28名学生,其中男生13人,女生15人,少数族裔学生(亚裔、非裔和西班牙语裔美国人)的人数约占一半。学生在学习能力上差别很大,但没有被认为是需要特殊教育服务的学生。

本州具有教育问责的强烈意识,学生、教师和家长都了解本州的内容标准以及达不到这些标准的后果。因此,我认真地选择了本单元的目标,使它们严格符合本州的英语学科内容标准。实际上,我甚至使用了体现这些标准的用词来书写这些目标。五年级学年结束时,学生将参加基于这些标准进行的测评,那些达不到标准的学生将被要求参加暑期学校的学习,或者继续留在五年级,直到达到标准。因此,我十分关心全体学生参加这一"高风险"测评的准备情况。最后,本州强调以整合各个学科的方式进行主题教学,因此,本单元的教学虽然侧重于语文学科,但同时也涉及四年级社会课中的重要主题。

根据本单元教学的以往经验,我为本单元安排了六周的教学时间,每天的教学时间大约为90分钟。

第一部分:目标

本单元有四个主要目标。学生应该学会:

1. 为写作关于一位美国历史名人的报告而辨认、寻找和选择信息来源;
2. 选择关于一位美国历史名人的信息,并且这些信息要与书面报告和口头报告相关;
3. 就一位美国历史名人人生的重要方面写一篇内容丰富的文章,用来与同班同学和学校中其他适当的读者进行交流,而且,文章还应就这位美国名人的贡献如何影响社会提出自己的见解;
4. 就书面报告的一部分内容发表课堂演讲。(演讲应该包括学生挑选出来用于交流的关于名人人生片段的必要信息,而且演讲应该组织得当并按照一种有效的方式进行。)

评注

目标1包含三个动词："辨认"、"寻找"和"选择"。将目标1分类的关键动词是"选择"。在表5.1中（见封三），选择是*区别*的同义词，而*区别*是属于*分析*类别的认知过程。从所有可获得的资料中，学生要区别那些与书写一篇美国历史名人的报告有关和无关的信息。目标1中的名词短语是"信息来源"。如同我们在前面的案例中提及的那样，信息来源是资料。因此，该名词短语对于我们确定相关的知识类别几乎没有帮助。第一种设想是学生将学会（或已经学会了）区分相关与无关资料的准则，这种情形使人联想到*概念性知识*（例如，"什么使得相关的资料成为相关资料？"）。第二种设想是学生将学会辨认、寻找以及选择相关资料的程序，这种情形涉及*程序性知识*。然而，如果*程序性知识*是该目标中有待确定的知识类别，那么，我们就会预期学生*应用程序性知识*（即执行程序的步骤）。如果我们仍认为认知类别是*分析*，那么，该目标在分类表中最适当的位置就是方格B4，即*分析*[基于]*概念性知识*（虽然另一种推断结果*应用程序性知识*并不是毫无道理的）。

目标2只包含一个动词"选择"，因此，该目标所涉及的认知过程仍是*区别*（*分析*）。目标2包含的名词是"信息"（而不是"信息来源"）。此外，该目标的陈述中还包含了两个修饰成分，它们涉及需要从已找到的信息来源中选择的信息，即要求信息必须是：(1) 与一位美国历史名人有关；(2) 与写作书面报告和口头报告相关。第一个修饰成分只是第一个目标已包含内容的重新陈述。第二个修饰成分却是这个目标所特有的。在所有能够获得的关于名人的信息中，学生必须选择最相关的信息——与写作书面报告和口头报告相关的信息。所有这些线索一起支持我们把目标2放在与目标1相同的方格中，即B4（*分析*[基于]*概念性知识*）。

在最后两个目标中，范迪女士的兴趣是让学生学会建构产品：在目标3中是一篇作文（"内容丰富的文章"），在目标4中则是一次演讲（基于所写的文章）。这样，在目标的语境中，这两个目标中的动词"写作"与"发表"原本模糊的含义分别得到了澄清。两个动词都表示"建构"，而建构是*生成*的同义词，属于*创造*认知过程类别。

这两个目标包含的大部分信息涉及用于评价学习结果的准则。作文的评价准则包括：(1) 与经过确认的一群读者进行交流；(2) 名人人生的重要方面；(3) 作者关于名人的贡献对社会所产生的影响的见解。对演讲的评价依据是：(1) 包括必要的信息；(2) 组织得当；(3) 按照一种有效的方式进行。因为以上这些都是用于评价的准则，所以，关于它们的知识属于*概念性知识*。除这种*概念性知识*之外，对于所写和所讲的名人，学生还必须具备关于他们的相当具体的细节知识（即*事实性知识*）。因此，我们把最后两个目标分别放置在分类表的两个方格中，即A6（*创造*[基于]*事实性知识*）和B6（*创造*[基于]*概念性知识*）。

表13.1总结了我们根据分类表对这四个目标所作的分析。

第二部分：教学活动

第1节课

我花了较长的时间向学生描述内容丰富的书面及口头报告的格式。在课堂讨论中，我把全班的讨论内容记录在黑板上，重点放在从本州的内容标准和其他文件中得到的目的、对象、信息来源以及其他相关要素等评价准则上。这些准则都是由《特拉华州学生作文评分总则》改写而成的。课堂讨论结束时，我展示了一份"适合儿童的"书面报告的评分细则（附件A）和用于演讲评分的等级量表（附件B）。学生制订报告的写作计划以及我对学生写作的质量进行评估都将使用这些评分细则和等级量表。

评注

从附件A（位于本章结尾处）可以看到，评分细则包含用于指导和评价书面报告的五条准则：展开、结构、遣词、造句和书写规则。班级讨论指南中包括其他的准则：写作目的、写作对象和信息来源。此外，附件B中的等级量表（位于本章结尾处）提供了第三组准则。在本分类框架中，准则知识与*概念性知识*相联系。因此，以上线索使我们确定了该活动所涉及的知识类别。这时，我们还不能确定作用于*概念性知识*的适当认知过程。但我们似乎可以合理地假定，因为第一节课是介绍性的，所以，教师的意图仅仅是对各条准则进行概括性地介绍。根据这一假定，我们把从教学活动推断出来的目标归入*回忆*类别，即学生应该*回忆概念性知识*。

表13.1《报告写作》案例：陈述的目标在分类表中的位置

知识维度	认知过程维度					
	1. 记忆/回忆	2. 理解	3. 应用	4. 分析	5. 评价	6. 创造
A. 事实性知识						目标3 目标4
B. 概念性知识				目标1 目标2		目标3 目标4
C. 程序性知识						
D. 元认知知识						

注
目标1 = 为写作关于一位美国历史名人的报告而选择信息来源。
目标2 = 选择关于一位美国历史名人的信息，并且这些信息与学生的书面报告和口头报告相关。
目标3 = 就一位美国历史名人人生的重要方面写一篇内容丰富的文章，用来与同班同学和学校中其他适当的读者进行交流，而且，文章还应就这位美国名人的贡献如何影响社会提出自己的见解。
目标4 = 就书面报告的一部分内容发表课堂演讲。

第2节课

第二节课的内容涉及"做笔记"和辨认主题。我首先给全班播放了一小段录像，同时把大张的图画用纸一分为四分后分发给学生，要求他们在纸上做笔记。（我认为，利用录像代替书本中的一篇文章作为提示物，减少了学生选择直接从书本中抄写文章的可能性。）我的计划是将学生的笔记粘贴在黑板上，以便全班学生都能够看见并评论这些笔记。学生阅读了彼此的笔记，在我用胶带将笔记粘贴在黑板上时，全班学生讨论了这一事实：即具有相同论题或主题的笔记可以形成一个笔记组。我按照学生的指点，调整了笔记粘贴在黑板上的位置，直到最终把所有的笔记分成几个小组。然后，我要求学生为每个笔记组添加一个标题。

评注

  该活动强调的认知过程是*分类*（*理解*），这似乎是十分明显的。由于学生先按主题将具体的"笔记"分类，然后分别为这些类别命名，因此，该活动涉及到两类知识：首先是*概念性知识*，然后是*事实性知识*。*概念性知识*需要加以*理解*；*事实性知识*则需要*回忆*。

  范迪女士开始进行与生成（创造）产品相联系的一组活动。活动的过程阐明了支架式（scaffolding）教学策略和建模（modeling）教学策略。在完成班级作业时，学生把任务从简化的学习材料转变成"真实的东西"，在此过程中，我们可以看到支架式策略的运用。范迪女士的建模步骤向学生示范了学习活动的步骤，并且她还通过教师"出声思考"这一行为方式对学生进行提示。

第 3 节课

  在这节课上，我朗读了一本书并示范了如何根据所读段落做笔记。在我朗读的同时，学生也在做笔记。如同上节课那样，这些笔记被分组粘贴在黑板上，并且我们给每组笔记都加上了标题。然后，学生齐声朗读投影仪所展示的一段文章，并观看了我如何做笔记以及将笔记分类。在将我的笔记粘贴在黑板上时，我以"出声思考"的方式提示学生我是如何作出关于笔记分组以及给各组笔记加上标题等决定的。

  在回答了学生提出的一些问题之后，学生进行了根据另一篇一般阅读材料做笔记的活动，这篇材料比投影仪展示的文章长得多。首先，我发给每位学生一份长达四页的关于乔治·华盛顿·卡佛的复印材料，要求他们根据材料做笔记；然后，学生以四人小组的形式，分别将笔记记在可再贴便条纸上，并把这些便条纸粘贴在一张大海报纸上。学生以小组为单位对笔记作了分类，并尝试为笔记组命名。

  在观察了学生这时的活动进展情况之后，我认为有必要对他们做笔记的方式作进一步指导。我将全班重新集合起来，再次示范了做笔记的步骤。然后，学生继续分组作业。这节课结束时，各小组向全班汇报了他们的活动结果。在随后进行的讨论中，全班确认了看起来最能够帮助他们了解关于乔治·华盛顿·卡佛的笔记分组方法。

评注

  在这节课上，教师使用了建模教学策略。那么，教师预期学生从使用这一策略的教学中学到哪些东西？学生是否会学到*程序性知识*，然后将其应用于"做笔记—分组—命名"的学习序列？他们是否会发展起适用于完成学习任务的元认知知识（即学生自己的独特策略）来完成作业？此外，上述活动序列的第二步涉及属于分析类别的认知过程,这使分类变得更加复杂。我们暂且认为该活动有两个目标:*应用程序性知识*和*分析概念性知识*。虽然应用元认知知识本身不是目标,但它也许是*分析概念性知识*活动的一部分。

第4节课

在这节课上,我让学生继续分组阅读关于美国名人马修·亨森的一本传记。我要求全班学生都阅读这本书。对于那些阅读能力没有达到该年级水平的学生,我为他们分别配备了阅读伙伴,或者安排他们听本书的录音磁带。然后,我要求每个小组自由选择马修·亨森人生的一个方面,向全班作重点描述。每个小组必须挑选这位名人人生的一个方面,如童年时期、成年时期、获得的各种奖励、对社会的贡献等等。每个小组都使用了"做笔记—分组—命名"的方法来记录和组织关于亨森一生某个方面的重要事实。我把每个小组的"最终"产品制成投影幻灯片。全班学生观看并评论了这些用幻灯片放映的笔记及其分类和命名结果,并对它们进行了评论。我特别注意表扬了各组作业中那些按照我的准则明显做得很好的笔记。

评注

至少有四个动词有助于我们确定教师试图实现的认知目标:"选择"(*分析*)、"使用"(*应用*)、"组织"(*分析*)和"评论"(*评价*)。前三个动词表明第四节课是第三节课的延续,因此,教学活动的目标包括了*分析概念性知识*和*应用程序性知识*。根据第四个动词,我们添加一个目标,即*评价* [基于] *概念性知识*。学生是基于类别(概念)而不是基于他们用以获得这些类别的过程(程序)来进行评价的。

第5—8节课

在这几节课中,活动的重点转移到了学生确定并提名作为小组认真研究对象的名人。我分发给学生一份可供他们选择的美国名人名单。该名单中包括男人、女人、白种人、非裔美国人、亚裔美国人、土著美国人、西班牙语裔美国人、总统、发明家、民权运动人士以及其他人士。我尽力做到使学生的选择对象能够反映出美国文化和种族的多元性。此外,我注意到,对于名单上的每位人士,学校图书馆都有好几本有用的藏书。

我为学生了解这些名人的情况提供了充分的时间。有些学生从未听说过名单上这些"著名"人士。有些学生从因特网上或在图书馆中查找了关于这些名人的资料,或者向我提出过关于这些名人的问题。

花了几节课的时间了解这些名人的情况,学生能够决定小组所要研究的名人了。学生作出的决定十分有趣,有的男孩选择介绍女性,有的女孩则选择男性。白人和黑人学生都选择研究那些和自己不同种族的名人。虽然我不了解学生这样选择的原因,但我对他们选择的多样化感到满意。许多学生曾在小组内努力向其他学生"推销"自己的首选人物。每个小组都使用了民主程序来选择一位名人作为研究对象以实现本单元目标。

评注

　　这四天进行了选择研究对象的活动,该活动与本单元的任何一个目标都没有直接的关系。可以肯定地说,学会合作、学会考虑到他人的观点以及学会尊重民主的过程,这些都是学校教育的重要结果。事实上,教师也许有充分的理由安排涉及这些预期结果的课程或长期目标。重要的是,我们将不打算依据分类表对本单元的这些活动分类。

第 9 节课

　　这节课涉及编制文献目录。为了使学生找到关于他们所选择的美国名人的书籍和文章,我鼓励他们搜寻家庭藏书、学校图书馆、因特网以及其他信息来源,并帮助存在阅读困难的学生查找适当的资料。我以关于乔治·华盛顿·卡佛的一些书籍为例开始这节课的教学,以此向学生描述如何根据用途来整理这些书籍,以及如何根据这些书籍编制一份文献目录。这些书籍中,有1—2本的难度显然相当大,其中包含了四年级学生不能够理解的信息;另一本是小学生图画书,书中关于乔治·华盛顿·卡佛的文字说明极少。但有4—5本书"命中目标",适合学生的作业。学生注意观察了我如何将这些书籍挑选出来,并讨论了为什么有些书籍比另一些书籍更有用。然后,我示范了如何从那些被认为最有用的书籍中编制出一份文献目录。

评注

　　这节课似乎有两个重要目标。第一个是使学生学会根据用途(区分书籍的准则)来区分书籍(即信息来源)。我们把该目标归入*分析*[*基于*]*概念性知识*。第二个目标是学会编制文献目录。在无法获得更多信息的情况下,我们把该目标归入*应用程序性知识*。然而,如果编制文献目录是作为一般策略而不是只针对社会课讲授的,那么,这项活动就应该被归入*应用元认知知识*。

第 10—16 节课

　　在第10节课及其后的五天中,学生开始研究各自小组所选择的美国名人的资料。学生在图书馆中以及在计算机上查找相关的信息。在学校媒体专业人员的密切配合下,我安排了几个课时让全班学生在图书馆进行研究工作。学生们专心致志地阅读了他们获得的资料,并确定了这些资料是否能为他们提供关于美国名人的有用信息。

　　我本来希望学生像"真正的"研究人员那样,从确定研究课题开始研究过程。但在最初的两天中(第10—11节课),学生仅仅仔细地查阅了各种书籍,并在可再贴便条纸上做了笔记。这两天相当安静,每个学生都在阅读某种资料和做笔记。在每天上课结束时,各组的学生仅仅把他们所做的笔记粘贴在布告板上。到第二天结束时,各组学生开始重新仔细察看他们的笔记,并对笔记粘贴在布告板上的位置进行调整,从而确定每个学生的笔记所涉及的主题。我强调了在小组活动中合作的重要性,以便所有的小组成员都能够参与。那些包括几种观点的笔记通常都需要重写,这样,笔记才能只属于一个类别。这些分类活动持续了三天(第12—14节课)。

在监控学生活动的过程中，我发现，甚至在做了多达 50 张便条笔记之后，有些小组仍不能够确定主题。当这些学生试图将便条按主题分类时，他们似乎找不到笔记中明显的共同点。在"寻找主题"的活动中挣扎了两天，他们未能获得成功，这时我才决定帮助他们。我建议他们注意小组笔记中体现出来的一两个主题，或者敦促他们重新阅读已有书籍中的特定章节。

评注

这七节课的重点是学生使用在第三节课和第四节课上学过的三步程序：(1) 做笔记；(2) 按照主题为笔记分类；(3) 给主题命名。这里，*程序性知识*中包含着分析；更确切地说，该程序的第二步要求学生进行区分。因为这一步只是应用过程的一部分，所以，我们把目标归入*应用程序性知识*。

通过几天做笔记的活动，各小组的阅读和研究都变得更加具有针对性，因为学生开始理解了做笔记的过程中"冒出来"的主题。到第 15 节课时，我要求各小组确定如何在小组成员之间分派演讲主题。每个组员将被指定一个独特的主题。这样，降低了学生报告在内容上重复的可能性，使每个报告看起来和听起来都更有可能确实不一样。

在仔细阅读与所选择的主题相关的资料后，如同前面讲授的那样（第 9 课），每个学生认真地编制了一份文献目录，并在第 16 节课下课时上交给我。我发现有些文献目录包含的条目很少，只列出了一两条信息来源，我尽量帮助这些学生寻找更多的资料或者选择另一位名人。有些学生的文献目录包括的书籍或其他资料远远超过了他们的阅读水平，我帮助这些学生寻找对他们更合适的资料。

评注

有助于我们将该活动分类的短语是"如同前面讲授的那样"。学生学习了编制文献目录的一个特定程序，并被预期遵循这个程序。因此，我们把该活动放在分类表的方格 C3 中（*应用程序性知识*）。

在第 15 节课上，学生确定了如何把演讲主题分派给小组成员。这项活动与第 5—8 节课进行的活动属于同一类型，因此，我们也不在本单元的分类表中将它分类（见第 170—171 页的讨论）。

第 17—20 节课

从第 17 节课一直到第 20 节课，学生以"创作研讨会"的形式开始写作。学生起草以反映名人人生为主题的书面报告。我与单个学生面谈，讨论他们所写报告的内容和结构。与其中几个学生的面谈进行过多次。学生阅读了彼此的报告初稿，并在讨论中对报告的修改提出了建议。在阅读报告初稿时，学生使用了我在第一节课上介绍的"适合儿童的"评分细则来指导自己作出评论和提出建议。有些学生感到评分细则非常难以理解，于是我把他们集合成一个小组，清楚地解释了这些用于指导写作的准则及其描述文字。此外，指导学生写作的准则还有

"修改与编辑检查列表"（见本章附件C）。在以前进行的班级写作研讨活动中，该检查列表曾经被多次使用过。经过在课堂上（以及在家中）的紧张工作，学生准时上交了他们的报告。

评注

这四节课的教学活动针对创作书面报告（*创造*）和报告初稿进行评论（*评价*）。"创作"要求*事实性知识*（具体细节）和*概念性知识*（主题）。"评论"主要要求*概念性知识*（即评分细则和"修改与编辑检查列表"）。因此，我们把这些教学活动放在分类表的方格 A6（*创造* [基于] *事实性知识*）、B6（*创造* [基于] *概念性知识*）以及 B5（*评价* [基于] *概念性知识*）之中。

第 21—30 节课

学生上交书面报告之后，本单元的教学并没有结束。学生还需要作口头报告。这时，我要求学生仔细阅读用于评价口头报告的等级量表（见附件 B）。我还要求学生选择他们演讲的名人人生的一个侧面在小组内试讲。每个学生在组内讲述了自己的故事梗概以及他们将如何使演讲内容丰富和有趣。有的学生打算穿上象征他们所描述的名人的服装。有些学生计划展示能够提供某种具体例子的各种历史文物。还有些学生准备了展览品。每个学生都知道口头报告必须在 5 分钟内完成。我为学生的演讲安排了 10 天时间，每天 25 分钟——还给学生针对口头报告提问和评论留下了短暂的时间（第 21—30 节课）。本单元六个星期的教学以这项活动而告终。

评注

为了依据分类表分析这项活动，我们必须依赖用于评价演讲的等级量表（附件 B）。演讲是基于*事实性知识*进行的，等级量表属于准则，从而，我们认为等级量表代表*概念性知识*。此外，我们认为教师预期学生在计划演讲时就使用等级量表。因此，我们认为最适当的认知类别是*创造*。而且推断所得的目标为*创造* [基于] *概念性知识*与*创造* [基于] *事实性知识*（因为事实性知识构成书面报告的原始资料）的形式。

表 13.2 总结了我们根据分类表对整个教学活动所作的分析。

第三部分：测评

在本单元教学的各个阶段，我都对学生的学习进行了测评和评价。具体地说，在使用研究步骤、评价资料、选择主题以及写作等方面，我对学生进行了测评和指导。在学生需要更多个别辅导时，我对他们进行了清楚的讲解以提高他们的理解能力。我的同事，即媒体专业人员也仔细观察了学生的进展，在指导学生时，我十分信赖地使用了他所作的判断。

我密切配合学生寻找和选择他们所研究的美国名人的相关信息。在使用图书馆和计算机查找信息方面，有些学生毫不费力，有些学生则感到无从下手。我继续指导有困难的学生，同时让那些经验较丰富的学生帮助有困难的小组成员。在参考媒体专业人员的意见并查看自己的日志之后，我确信，在本单元结束时，几乎所有学生在这方面都得到了提高。

我和媒体专业人员都极为关注学生在选择用于报告写作的资料上所作的判断。在很多方面，有些学生需要得到更多帮助。选择过程中出现的问题不仅涉及"相关性"这一因素，而且涉及"可及性（accessibility）"。有些学生能够选择相关的资料，但这些资料的难度超出了学生的阅读水平。在这种情况下，对学生进行个别辅导就变得非常重要。尽管如此，我们深信，在单元教学结束时，大部分学生在选择资料方面都领会了"相关性"这一概念。

为了评价第三个和第四个目标，我分别使用了基本要素评分指南（见附件D）和对口头报告评分的等级量表（附件B）。结果表明，除少数学生外，大部分学生达到了为这两个目标建立的标准。我认真地研究了那些在测评中表现不佳的学生所作的努力，以确定他们的不足之处。既然本单元的教学是在三月初进行的，那么，我就有机会在其后的单元中重新教授这些重要技能和知识。

评注

教师对学生的学习进行过非正式测评和正式测评。非正式测评是在第3节、第10节与第11节以及第16节课上进行的。第3节课上的测评针对学生做笔记的技能（即如何做笔记），这表明该测评关注的是*应用程序性知识*。第10节与第11节课上的测评针对学生确定主题的能力（即分析可再贴便条纸上的信息的能力）。

表13.2《报告写作》案例：陈述的目标和教学活动在分类表中的位置

知识维度	认知过程维度					
	1. 记忆/回忆	2. 理解	3. 应用	4. 分析	5. 评价	6. 创造
A. 事实性知识	第2节课的活动					目标3 目标4 第17—20节课的活动； 第21—30节课的活动
B. 概念性知识	第1节课的活动	第2节课的活动		目标1 目标2 第3、4、9节课的活动	第4节课的活动； 第17—20节课的活动	目标3 目标4 第17—20节课的活动； 第21—30节课的活动
C. 程序性知识			第3、4节课的活动； 第9—14节课的活动； 第16节课的活动			

（待续）

(续上表)

知识维度	认知过程维度					
	1. 记忆/回忆	2. 理解	3. 应用	4. 分析	5. 评价	6. 创造
D. 元认知知识						

> 注
> 目标 1 = 为写作关于一位美国历史名人的报告而选择信息来源。
> 目标 2 = 选择关于一位美国历史名人的信息，并且这些信息要与书面报告和口头报告相关。
> 目标 3 = 就一位美国历史名人人生的重要方面写一篇内容丰富的文章，用来与同班同学和学校中其他适当的读者进行交流，而且，文章还应就这位美国名人的贡献如何影响社会提出自己的见解。
> 目标 4 = 就书面报告的一部分内容发表课堂演讲。
> 注意：如同在正文中所提及的那样，我们没有依据分类表对第 5—8 节课和第 15 节课的活动进行分析。

这表明该测评关注的是分析*概念性知识*（因为学生形成主题或类别需要运用*概念性知识*）。最后，第 16 节课上的测评针对学生编制的文献目录，其中包括资料数量以及资料所要求的阅读水平引起了教师的关注。该测评显然与前两个目标有关，因此，我们把它归入*分析概念性知识*（尽管这些目标中也包含*应用程序性知识*的成分，如同我们在前面讨论时提及的那样）。

两项正式测评是书面报告和演讲。为了分析这些测评，我们首先关注基本要素评分指南（附件 D）和用于评价口头报告的等级量表（附件 B）。这两者都是能够用于评价学生所创造的产品的质量的概念框架。这里使用的动词"评价"是对教师而不是对学生而言的，注意到这一点很重要。我们所要确定的是评价的对象，简单地说，评价的对象是学生创造的产品。这些产品包含*事实性知识*（细节）与*概念性知识*（主题）。因此，我们认为，正式测评涉及*创造* [基于] *事实性知识*和*概念性知识*。所以，我们把推断的目标放置在分类表的两个方格之中：A6（*创造* [基于] *事实性知识*）和 B6（*创造* [基于] *概念性知识*）。

表 13.3 总结了我们根据分类表对非正式测评和正式测评所作的分析。

第四部分：结束语

在本节中，我们将根据四个基本问题——学习问题、教学问题、测评问题以及一致性问题——来审视本教学案例。

学习问题

正如本案例的标题所表明的，这是一个关于报告写作的单元，其总的目的是使学生学会写作研究报告，并学会就报告的部分内容进行演讲。目标 3 和目标 4 很好地体现了这一目的（见表 13.1）。使用分类表的术语，这一总的目的可以表示为 [由] *事实性知识*和*概念性知识*来创造 [书面报告和演讲]。从整个单元的角度看，目标 1 和目标 2 最好被当作目标 3 和目标 4 的先决条件或辅助性目标，而且是非常重要的先决条件或辅助性目标。当学生实现了目标 1 和目标 2，他们就获得了达到目标 3 和目标 4 所需要的"原料"。然而，实现目标 1 和目标 2 要求学生能够根据相关性、重要性以及适合于四年级学生的可读性来分析资料。为了做到这一点，学生必须理解"相关性"、"重要性"以及"可读性"的含义，这些都要求*概念性知识*。

表 13.3 《报告写作》案例：陈述的目标、教学活动和测评在分类表中的位置

知识维度	认知过程维度					
	1. 记忆/回忆	2. 理解	3. 应用	4. 分析	5. 评价	6. 创造
A. 事实性知识	第 2 节课的活动					目标 3 目标 4 第 17—20 节课的活动； 第 21—30 节课的活动 测评 F1, F2
B. 概念性知识	第 1 节课的活动	第 2 节课的活动		目标 1 目标 2 第 3、4、9 节课的活动 测评 In2, In3	第 4 节课的活动； 第 17—20 节课的活动	目标 3 目标 4 第 17—20 节课的活动； 第 21—30 节课的活动 测评 F1, F2
C. 程序性知识			第 3、4 节课的活动； 第 9—14 节课的活动； 第 16 节课的活动 测评 In1, In3			
D. 元认知知识						

注

目标 1 = 为写作关于一位美国历史名人的报告而选择信息来源。

目标 2 = 选择关于一位美国历史名人的信息，并且这些信息要与书面报告和口头报告相关。

目标 3 = 就一位美国历史名人人生的重要方面写一篇内容丰富的文章，用来与同班同学和学校中其他适当的读者进行交流，而且，文章还应就这位美国名人的贡献如何影响社会提出自己的见解。

目标 4 = 就书面报告的一部分内容发表课堂演讲。

(待续)

(续上表)

> 测评 In1、In2 和 In3 表示三个单独的非正式测评；测评 F1（书面报告）和 F2（演讲）表示两个正式测评。
> 注意：如同在正文中所讨论的那样，我们没有根据分类表对第 5—8 节课和第 15 节课的活动进行分析。深色阴影表示最强的一致性——目标、教学活动、测评出现在同一个方格中。淡色阴影表示三者中只有两个出现。

教学问题

本单元开始时的教学活动（第 1—2 节课）旨在向学生介绍单元的概况（见表 13.2）。范迪女士向学生讲述了用于评价最终产品的准则，而学生则开始探索如何选择完成他们的最终产品所需的信息。

从表 13.2 中可见，多节课被专门用于*应用程序性知识*的教学。在从获得资料到写作报告的准备过程中，教师期望学生使用三步程序：（1）做笔记；（2）按照主题将笔记分组；（3）给每个主题命名。在这些课上，教师示范了该程序的使用。此外，教师对那些不能够应用该程序的学生进行了个别辅导（即"指导"）。我们需要注意到这个三步程序的使用假定学生已经选择好适当的资料。然而，从教师对第 15—16 节课的描述来看，这一假定的效度应该受到质疑。显然，许多学生当时还未能找到足够数量的适当资料。

单元教学进行到一半左右（第 17—20 节课）时，其重点转移到了复杂程度更高的目标：*评价* [基于] *概念性知识*，*创造* [基于] *事实性知识*和*概念性知识*。这几节课具有"创作研讨会"的形式。学生写作各自的报告并对同学的报告初稿进行评论。

单元教学的最后十天用于学生演讲。在计划演讲时，学生需要使用一套等级量表（见附件 B）。*计划*是属于*创造*类别的认知过程；等级量表是典型的准则（*概念性知识*）。此外，学生还需具备按照他们确定的主题组织起来的、关于他们所研究的美国名人的*事实性知识*。因此，我们把这个为期两周的活动归入*创造* [基于] *事实性知识*和*概念性知识*。

测评问题

本单元采用了正式和非正式两种测评方式。如表 13.3 所示，非正式测评涉及*分析概念性知识*和*应用程序性知识*的某种组合。引人注意的是，*分析概念性知识*是学生应用的*程序性知识*不可缺少的组成部分。因此，在这种场合，一个目标（*分析概念性知识*）被包含在另一个目标之中（*应用程序性知识*）。表 13.3 表明，非正式测评为教师提供了关于学生在前两个目标上的进展信息。

与非正式测评形成对照，正式的测评针对后两个目标。然而，引人注意的是，对目标 3 和目标 4 的测评使用了相当一般的等级量表和评分细则，而这些一般性测评工具缺乏目标陈述中包含的具体准则（例如，目标 3 中的"美国名人的贡献如何影响社会"，以及目标 4 中的"学生挑选出来进行交流的关于名人人生片段的必要信息"）。

一致性问题

表 13.3 为我们论述一致性问题提供了必要的信息。事实上，一致性的某些问题已经在我们讨论前面几个问题时论述或提及过了。例如，在探讨教学问题时我们提到，本单元开始时的教学活动旨在为学生提供单元的概况。因此，毫不奇怪，这些活动与任何具体目标或测评都不相符。类似地，在讨论测评问题时，我们注意到，非正式测评针对的是前两个目标，而正式测评针对的则是后两个目标。

在方格 A6（*创造* [基于] *事实性知识*）、B4（*分析* [基于] *概念性知识*）和 B6（*创造* [基于] *概念性知识*）中，我们可以看到明显的强一致性。在这三个方格中，每一个都至少包括了一个目标、一项教学活动和一项测评。相反，较为明显的不一致似乎出现在方格 C3（*应用程序性知识*）中，尤其是方格 B5 中（*评价* [基于] *概念性知识*）。方格 C3 包括九节课堂活动以及前面提及的两项非正式测评，无外显目标，但它与方格 B4 有着密切的联系。类似地，方格 B5 包括五节课，不包括外显目标以及正式测评和非正式测评，但与方格 A6 和 B6 中的教学活动相联系。

第五部分：结束问题

我们对所有案例的分析都会留下几个问题未作出回答。在本节中，我们提出其中两个最重要的问题。

1. **采取什么措施能够增强涉及较复杂认知过程的"*程序性知识*"的学习效果？** 本单元的主要重点之一是，在将"原始信息"变成报告写作所要求的结构化信息的过程中，使学生遵循一个三步程序，即做笔记、围绕论题或主题组织笔记以及给主题命名。做笔记涉及*区分资料*的相关部分与无关部分，*组织*涉及确定要素（例如，笔记）在一个结构中的合适位置。从而，该三步程序中有两步涉及属于分析类别的认知过程。范迪女士曾在讨论中几次提到过，学生在应用该程序时存在困难。基于我们的分析，学生的困难很可能是在*分析*方面，而不是在*应用*方面。那么，我们应该采取什么措施去帮助学生发展成功*应用程序性知识*所要求的其他认知过程呢？

2. **在测评*创造*类别的教学目标时，使用针对目标内容知识的评价准则有多么重要？** 我们在前面提到，等级量表和评分细则包括相当一般的准则。在准备书面报告和演讲时，学生也许受益于这些准则知识。在本分类体系中，用于评价的准则知识属于*概念性知识*。关于评价准则的知识不同于*确定何时使用适当程序的准则知识，后者是程序性知识的一个部分*（见第 42 页）。然而，该案例还涉及另一类*概念性知识*。在组织从关于美国名人的阅读中收集的信息时，学生把相关的信息归入被称为主题的类别之中。关于这些类别的知识也属于*概念性知识*。等级量表和评分细则包括的准则仅与评价准则知识相关，与内容类别知识无关。那么，这些主题是否构成统一体？内容类别的标题是否准确恰当地描述了它所表示的信息？在等级量表和评分细则中至少包括某些与第二类*概念性知识*（原理和通则的知识）相关的准则，其重要性如何？

附件 A 布兰迪瓦恩学区中级写作评分准则

	展开	组织	遣词	造句	书写规则
4	□我的文章具有极佳的细节。 □我对细节进行了充分的说明。 □我的细节紧扣主题。	□我的文章有引言、主体和结论部分。 □我使用过渡词连接开头、正文和结尾，逻辑清晰	□我用词丰富。 □我使用了描述性的形容词、行为动词和副词。	□我写作了完整的句子。 □我用不同的方式开始句子的写作。 □我写的句子都有意义。	我正确地使用了： □大写字母 □标点符号——结束符号、逗号、省略号和问号 □彼此相符的主语、动词和代词 □拼写法
3	□我的文章有具体的细节。 □我通常对细节进行充分的说明。 □我的细节通常紧扣主题。	□我的文章有引言、主体和结尾部分。 □我的细节合理有序。	□我通常用词丰富。 □我使用了某些描述性的形容词、行为动词和副词。	□我通常写作完整的句子。 □我通常用不同的方式开始句子的写作。 □我写的句子总是有意义。	我通常正确地使用了： □大写字母 □标点符号——结束符号、逗号、省略号和问号 □彼此相符的主语、动词和代词 □拼写法
2	□我的文章具有一些细节。 □我有的细节也许不适当。 □我有的细节需要更多的说明。 □我有时偏离主题。	□我的文章也许缺少开头、中间或者结尾。 □我有的细节有顺序。	□我有时重复使用同样的词或观点。 □我需要更多地使用描述性的形容词、行为动词和副词。	□我有时写作完整的句子。 □我经常用同一种方式开始句子的写作。	我有时正确地使用了： □大写字母 □标点符号——结束符号、逗号、省略号和问号 □彼此相符的主语、动词和代词 □拼写法
1	□我的文章很少或没有细节。 □我这篇文章很短。 □我偏离了主题。	□我的文章没有明显的开头、中间和结尾。 □我的文章没有顺序。	□我经常重复使用同样的词。 □我遗漏各种用词。 □我需要使用描述性的形容词、行为动词和副词。	□我写的句子不完整。	我忘了正确地使用： □大写字母 □标点符号——结束符号、逗号、省略号和问号 □彼此相符的主语、动词和代词 □拼写法

附件 B 演讲

学生姓名 _____   测评背景 _____

使用方法：按照下面的每一条准则（1—4 分）为学生的演讲技能评定等级并记分。请把你另外的评论记录在本页的下端。

演讲技能	需要改进	及格	良	优
演讲时正视听众	1	2	3	4
保持良好的姿态	1	2	3	4
口齿清楚	1	2	3	4
声调和音量变化适当	1	2	3	4
吐字清晰	1	2	3	4
有效运用了停顿和手势	1	2	3	4
演讲时不慌张	1	2	3	4
避免表达的迟疑（例如，"啊"、"嗯"）	1	2	3	4
按顺序演讲	1	2	3	4
演讲具有特定的目的：				
传达信息	1	2	3	4
提供娱乐	1	2	3	4
给予指导	1	2	3	4
说服	1	2	3	4
表达个人的感受和见解	1	2	3	4
口头作文策略				
选择适当的主题与资料	1	2	3	4
有效地准备演讲	1	2	3	4
用一种有效的方式组织信息	1	2	3	4
恰当地使用视觉辅助设备	1	2	3	4
达到演讲的目的	1	2	3	4
使用适当的词汇	1	2	3	4
使演讲与目的和听众相符	1	2	3	4
有效地表达自己	1	2	3	4

评论

附件 C　修改与编辑检查列表

——我的写作是围绕**主题**进行的吗？
——我一直**紧扣**我被告知要写的**主题**吗？
——我在写作中使用了**细节**吗？
——我列举了细节的**例子**或**观点**吗？
——我对写作内容进行了**组织**吗？
——我的**写作**使得别人**容易懂得**我的观点吗？
——我**认真地挑选了**用词去表达我想要说的东西吗？
——我的**句子完整**吗？
——我正确地使用了拼写、语法、大写和标点符号吗？

摘自特拉华州教育部《修改与编辑检查列表》。版权所有 © 特拉华州教育部。经同意复印。

附件 D 《报告写作》的基本要素评分

姓名：_____　　日期：_____

可能的分数：　　　得分：
　　　　　　　　　　内容：　　　　　　　　　　形式：

4 = 总是　　　　　40—37 = 优　　　　　　48—45 = 优
3 = 经常　　　　　36—34 = 良　　　　　　44—41 = 良
2 = 有时　　　　　33—31 = 中　　　　　　40—37 = 中
1 = 很少　　　　　30—28 = 需要改进　　　36—34 = 需要改进
0 = 从未　　　　　27—0 = 令人不满意　　　33—0 = 令人不满意

内容：

1. 报告的主题是否集中？　　　　　　　　　　　　　　　　　　　　_____
2. 听众对报告感兴趣吗？　　　　　　　　　　　　　　　　　　　　_____
3. 报告是否结构完整（引言、主体、结论）？　　　　　　　　　　　_____
4. 引言部分揭示了报告的主要观点吗？　　　　　　　　　　　　　　_____
5. 主体部分中的事实与主题相关吗？　　　　　　　　　　　　　　　_____
6. 结尾进行总结、解决问题或回答疑问了吗？　　　　　　　　　　　_____
7. 作者表达的见解容易理解吗？　　　　　　　　　　　　　　　　　_____
8. 报告有意义吗？　　　　　　　　　　　　　　　　　　　　　　　_____
9. 是否存在研究的证据（引用的资料来源、访谈）？　　　　　　　　_____
10. 报告包含了作者的经验或先前的知识吗？　　　　　　　　　　　 _____
　　　　　　　　　　　　　　　　　　　　　　　　　　　总计　　_____

形式：

1. 报告有标题吗？　　　　　　　　　　　　　　　　　　　　　　　_____
2. 每个段落的第一行有无缩进？　　　　　　　　　　　　　　　　　_____
3. 每个动词的形式正确吗？　　　　　　　　　　　　　　　　　　　_____
4. 每个代词的使用都正确吗？　　　　　　　　　　　　　　　　　　_____
5. 标题中所有重要单词的首字母都大写了吗？　　　　　　　　　　　_____
6. 每个句子的首字母都大写了吗？　　　　　　　　　　　　　　　　_____
7. 每个专有名词的首字母都大写了吗？　　　　　　　　　　　　　　_____
8. 每个句子都使用了正确的结束符号吗？　　　　　　　　　　　　　_____
9. 在需要的地方都有标点符号吗？　　　　　　　　　　　　　　　　_____
10. 每个单词都拼写正确吗？　　　　　　　　　　　　　　　　　　 _____
11. 写作遵循了正确的格式吗？　　　　　　　　　　　　　　　　　 _____
12. 报告包括了辅助图表吗？（如果图表恰当，如果图表不恰当，4 个等级）_____
　　　　　　　　　　　　　　　　　　　　　　　　　　　总计　　_____

第十四章　论述课堂教学中长期存在的问题

我们认为，本修订版分类体系有助于我们讨论第一章中提出的四个基本问题：

- 在有限的学校和课堂教学时间内，什么值得学生学习？（学习问题）
- 如何计划和进行教学才能使大部分学生在高层次上进行学习？（教学问题）
- 如何选择和设计提供学生学习情况准确信息的测评工具和程序？（测评问题）
- 如何确保目标、教学和测评彼此一致？（一致性问题）

在六个教学案例每一个的结尾部分，我们都曾对这四个问题进行过简略地论述。我们对这六个案例所作的分析，加上过去几年中我们在许多次会议上进行的大量讨论，使我们形成了关于这四个问题的一系列通则。在本章中，我们将把注意力集中在其中的九项通则上。

关于学习问题的两项通则：

- 学习的迁移和保持是教学的重要目的。对于达到这些目的，较复杂的认知过程是非常有用的。它们从习得情境迁移到其他情境，一旦发展形成，它们会长期保留在记忆中。它们还能够用作于教学活动，帮助实现那些包含复杂程度较低的认知过程的教育目标。在后一种情况下，涉及复杂认知过程的学习是达到目的的方法，而不是目的本身。
- 如同存在多种认知过程一样，知识也具有多种类别。知识与认知过程一起界定学生的实际学习目标。选择某一种类别的知识常常使人联想到与之相随的认知过程。类似地，选择某一种认知过程也常常使人联想到与之相随的知识类别。

关于教学问题的两项通则：

- 某些类别的知识常伴随着某些特定的认知过程。具体地说，*回忆*与*事实性知识*、*理解*与*概念性知识*、*应用*与*程序性知识*经常联系在一起。理解并使用这些关系会使教师更好地计划并更富有成效地进行教学。
- 不能区分教学活动与教育目标，这对学生的学习可能产生负面影响。当注意力集中在教学活动上时，学生更感兴趣的也许是*从事活动*而不是*从活动中学习*。为了使经历成为重要的老师，学生必须从自己的活动经历中学习。

关于测评问题的两项通则：

- 测评具有多种目的，其中有两个基本目的是：改进学生的学习效果（形成性测评）和为学生评定反映其学习水平的等级（终结性测评）。对于改进教学和学习，这两种测评方式都非常重要和有用。
- 外部测评（例如，州级测验、校区评分指导原则）对课堂教学具有正反两方面的影响。教师必须寻找正面的、建设性的途径，将外部测评融入课堂教学。

最后，关于一致性问题的三项通则：

- 如果测评与目标不能保持一致，那么，测评结果将不能够提供关于预期的学生学习情况的明确信息。教师应该设法使测评与目标保持一致。
- 如果教学活动与测评不能保持一致，那么，测评结果也许会低估教学效果。某位教师的教学也许非常优秀，而且学生的学习也同样优秀，但与教学活动不一致的测评却不能捕捉到关于这些学习情况的信息。学生不是在学习有助于他们测评的东西。实际上，我们也许应该教导学生，学会测评所针对的东西比全盘接受课堂教学更加重要些。
- 如果教学活动与目标不能保持一致，那么，学生也许积极地参与了教学活动，但却无法获得预期的学习效果。目标赋予教学活动以目的。

在下面的各个部分中，我们将对以上每一项通则进行更为详细的讨论。对于每项通则，讨论的组织方式基本上是相同的。首先，我们将使用来自教学案例的例子，将该通则牢固地建立在教学实践的基础之上。然后，我们会指明该通则对教师的重要性。最后，我们将表明在运用该通则中的知识方面分类表的价值。

关于学习问题的通则

使用复杂认知过程去帮助实现较简单的目标

在《国会法案》案例中（第十一章），教师选择将议论文写作与18世纪60—70年代英王乔治的税法对美国殖民地居民的影响合并成一个教学单元。她为什么选择了这一教学方式？她认为，通过从爱国者或亲英派的立场写作评论文章，学生把自己放进了该历史的情境之中，因此，他们会更好地理解税法的影响。除议论文写作所要求的*概念性知识*和*程序性知识*之外，写作评论文章还要求学生基于单元包括的资料进行*分析*、*评价*和*创造*。然而，这些涉及较复杂认知过程类别的教学活动并不是预期的目标。更确切地说，这些教学活动是方法，借助于这些方法，学生将更有可能实现单元的主要目标——理解英王乔治的税法对美国殖民地居民的影响。换句话说，*分析*、*评价*和*创造*等活动旨在增进学生的理解。

其他案例中也包含着类似的例子。《火山？在这里？》案例（第十二章）的目标是"概念重构和有意义学习"。单元教学开始时，教师让学生绘出火山图。这些图画蕴含着学生关于火山的初始概念。教师希望通过阅读各种文章、分析多种数据以及参与同学之间的讨论，学生会修正他们的初始概念，使之更加符合火山的实际结构。此外，这一"概念重构"还将使学生能够探讨当地火山爆发的可能性，并在此基础上给县行政官写一封回信，对拨款资助拟议中的疏散计划提出自己的建议。因此，该单元的主要任务要求学生进行*分析*（例如，对数据加以分析）、*评价*（例如，判断最初绘出的图画与新近获得的信息的吻合程度）以及*创造*（例如，综合从多个来源获得的信息）。然而，在教学活动中使用这些较复杂的认知过程并没有改变该单元主要目标（*理解概念性知识*）的性质。

使用复杂认知过程类别的重要性　*回忆、理解*和*应用*常与特定的知识类别相联系，而*分析、评价*和*创造*则是更加普遍适用的认知过程类别。换言之，*分析、评价*和*创造*通常能够用于所有的知识类别。作为教学活动，它们还可以用于帮助进行*回忆、理解*和*应用*。教学案例中包括这类用途的各种例子。

在学习中使用较复杂的认知过程并不是一种新的观点。原《手册》曾对评价（我们的*评价*）作过如下论述：

在某种程度上，评价被认为是有赖于所有其他类别的行为，因此，它被放在了认知领域的最后，但在思维或问题解决的过程中，它却并不必然就是最后一个步骤。在某些情况下，评价过程很可能是获得新知的前奏，尝试新的理解和运用的开端，或者进一步分析和综合的序幕。(Bloom et al., 1956, p.185)

我们认为，这一论述同样适用于*分析*和*创造*。

此外，由于这些较复杂的认知过程具有普遍适用性，因此，它们是学习迁移和问题解决的关键。这并不意味着学习迁移和问题解决是"知识无涉"的。相反，我们认为，当教学活动涉及*分析、评价*和*创造*等较复杂的认知过程时，学生将更有可能在知识的各个部分之间建立起联系。

直接教授更为复杂、更为普遍适用的认知过程类别的一种方法，是把它们纳入学生的元*认知知识*。正如我们在第四章中提及的那样，元*认知知识*比其他类别的知识更具策略性。元*认知知识*的核心部分包括分析策略、评价策略和创造策略。起初，这些策略也许需要从外部引入，即教师直接教授这些策略。《火山？在这里？》案例中的评分细则、《营养》案例中的评分指南、《国会法案》案例中的校区写作指导原则以及《麦克白》案例（第九章）中比较三种电影所用的表格，都内含着从外部引入的策略。一般而言为了促使这些策略变成元*认知知识*，教师应该帮助学生思考这些策略及其与自己学习的关系。随后，学生将这些策略抽象化并掌握这些策略，这时，这些策略就变成了学生元*认知知识*基础的一部分。

《麦克白》案例中的表格值得我们注意，我们也许可以借助该表格来进行旨在促进元认知学习的讨论。不考虑具体的教学内容，该表格左边的纵列包含进行比较所依据的准则，最上面的横行则包括被比较的对象（在该案例中是关于《麦克白》的三部电影）。这一表格形式几乎可以被用于任何比较对象和比较准则。

我们强调，学习从外部引入的策略需要大量时间和多次实际运用。在这一点上，值得提到的是《火山？在这里？》案例中帕克先生的见解，即他有兴趣帮助学生"养成将自己以及班上其他同学的回答与能够获得的证据进行比较的习惯"。

分类表的价值　分类表使我们认识到，在课堂教学中有可能也有必要包括较复杂的认知过程类别。不仅如此，分类表的二维形式清楚地表明，较复杂的认知过程类别可以作为实现"高阶"目标的基础而直接教授给学生，还可以作为教学活动，用来帮助学生实现包含复杂程度较低的认知过程类别的学习目标。较复杂的认知过程类别的多种使用方式为教师的教学增添了额外的工具。

此外，分类表指出了根据知识考虑复杂认知过程的必要性。尽管我们讨论过认知过程而没有提及伴随的知识类别，但在本分类体系中，复杂的认知过程本身从未被当作教学的目的。为了成为"目的"，它们必须与某种类别的知识结合起来构成一个目标。

最后，对于"什么值得学习"这一所有课程问题中最基本的问题，分类表的全部方格提供了多种可能的答案，因此，分类表促使教育者考虑教育的各种潜在可能性，从而避免学校和课堂活动的局限性。

选择多种知识

教学案例以实例阐明了学生需要习得或建构的四个知识类别。在《营养》案例中（第八章），学生被要求记忆广告设计者所使用的六种"诉求"的名称。在《火山？在这里？》案例中（第十二章），学生要记住"火成岩是火山现象的关键证据"。在《国会法案》案例中（第十一章），学生要知道糖税法案、印花税法案和唐森德税法的细节。在《麦克白》案例中（第九章），学生被要求记住该剧的重要细节（例如，在谋杀邓肯以前麦克白认为自己看见了什么）。在《加法事实》案例中（第十章），学生要学会总和到18的加法事实。最后，在《报告写作》案例中（第十三章），学生需要记住关于美国名人的细节。以上这些全部都是*事实性知识*的实例。

教学案例同样强调*概念性知识*。在《营养》案例中，每一种诉求（例如，爱和羡慕、安逸和快乐）实际表示一个诉求**类别**。每个类别包括多种多样的实例和例子。类别是由定义包容法则和互斥法则的共同属性来界定的（例如，什么使得一种具体诉求成为爱和羡慕诉求？爱和羡慕诉求如何有别于安逸和快乐诉求？）。除**知道**这些诉求的**名称**（这是*事实性知识*）之外，*概念性知识*要求学生至少懂得这些名称所属的**类别**。下面是教学案例中*概念性知识*的其他例子：

- 火成岩和板块构造理论（《火山？在这里？》案例）
- 爱国者与亲英派（《国会法案》案例）
- 悲剧英雄、主题和讽刺（《麦克白》案例）
- 加法逆运算和交换性质——虽然并不借助于这些名称（《加法事实》案例）
- 主题（《报告写作》案例）

以上大部分例子的含义是自明的；但是，对交换性质和板块构造理论，我们有必要作一点注释。性质和理论中包含多个概念。交换性质包含的概念有"顺序"、"等式"等。板块构造理论涉及的概念包括"大陆漂移"、"岩石圈"、"岩流圈"、"断层"、"地震"以及"火山"等。因此，原理和理论是在概念及其相互关系的基础上建立起来的。

教学案例还包括*程序性知识*。《国会法案》案例中的*程序性知识*涉及如何写作议论文体的评论文章。然而，我们必须注意到，学生能够掌握关于议论文写作的*概念性知识*，但却无法写出议论文（即学生缺乏*程序性知识*）。其他教学案例中*程序性知识*的一些例子如下：

- 知道如何使用地质图去确定岩石的年代（《火山？在这里？》案例）

- 知道如何使用"凑十"的技巧（《加法事实》案例）
- 知道如何设计广告节目（《营养》案例）
- 知道如何填写检索表格（retrieval chart）（《麦克白》案例）

最后，教学案例包括元认知知识（与其他三类知识比较，元认知知识出现的次数要少些）。在《火山？在这里？》案例中，元认知知识被包含在教师预期学生用来检查他们正常完成作业进展情况的准则之中（即信息的准确性，与证据相符的程度，对其他说明的确认以及表达的明晰度）。教师希望学生掌握这些准则并在单元教学的整个过程中以及教学完成之后都能够运用这些准则。其他教学案例中元认知知识的一些例子如下：

- 学生审视广告节目对他们自己作决定的影响（《营养》案例）
- 在上交教师以前，学生检查自己的评论文章（《国会法案》案例）
- 学生习得各种助记方法（《加法事实》案例）

使用不同类别知识的重要性 四类知识彼此的差异远超出了语义的范围。有证据表明，教育者应该使用不同的教学策略教授不同类别的知识（Anderson，1995）。通常，*事实性知识*是以重复和复述的方式进行教学的。但是，某些*概念性知识*的最佳教学方式是使用类别的正例和反例。当学生能够得到或绘制流程图等直观图表时，针对*程序性知识*的教学往往更有成效。最后，进行元认知知识的教学经常借助于策略，尤其是那些具有自我调整特征的策略。此外，*元认知知识*的形成需要相当长的时间，通常要超过一门功课或一个学期的时间。

针对不同类别的知识使用不同的教学方法也许有助于学生发展较复杂的认知过程。例如，虽然教授相关**概念**有助于学生**理解**议论文的写作，但理解了议论文写作概念的学生不一定能够写出议论文。在学生能够**应用**所学概念之前，也许有必要对他们讲授议论文写作的**程序**。类似地，学生也许能够**回忆**讽刺一词在词典或教科书中的定义（*事实性知识*），但却不**理解**讽刺的含义（*概念性知识*）。

为了阐明这个问题，我们可以引用*讽刺*的定义，即"有意使表面和实际的含义形成反差的表达或描述"（《美国传统词典》，1992）。以上这一串文字构成学生能够记住的*事实性知识*。为了帮助学生更好地*理解概念性知识*，教师可以强调"讽刺"的定义特征（例如，"有意相反"或"反差"、"表面的和实际的含义"），并列举"讽刺"的例子（例如，"恰恰就在首相竭力主张抵制美国文化的影响时，他却没有意识到自己正穿着美国的牛仔裤"）。把"讽刺"作为概念，使用它的定义特征及其正例和反例进行教学，可能更加有助于学生理解它的含义。

分类表的价值 以上讨论清楚地表明，对于学生将要习得或运用的知识类别，教师具有相当大的决定权。仔细考虑分类表的每一行能够使教师对他们认为最重要的知识类别作出选择。确定了知识类别和知识涉及的认知过程，教师将能够更加有效地计划教学和测评。

因此，教师面临的一个关键问题是，区分不同类别的知识，并帮助学生习得或运用最有可能使他们达到预期目标的知识类别。

关于教学问题的通则

认识知识类别与认知过程之间的联系

在多个教学案例中（特别是《火山？在这里？》案例，还有《麦克白》、《加法事实》及《国会法案》案例），分类表的前三行（*事实性知识*、*概念性知识*和*程序性知识*）与前三列（*回忆*、*理解*和*应用*）之间存在着对应关系，即*事实性知识常被回忆，概念性知识常被理解，程序性知识常被应用*。因此，对于那些着手计划针对这几类知识进行教学的教师（例如，"我应该对学生进行哪些事实、概念和程序的教学？"），与这些知识相联系的认知过程是不言自明的。

例如，在《加法事实》案例中，*事实性知识*包括总和等于和小于18的加法事实；与此相联系的认知过程是*回忆*，因此，对应的目标是"学生将能够回忆加法事实"。类似地，在《麦克白》案例中，被强调的*概念性知识*包括："悲剧英雄"、"人格缺陷"、"主题"和"讽刺"；与这些概念相联系的认知过程是*理解*，因此，对应的目标是"学生将能够理解《麦克白》与他们人生的关系"（运用"悲剧英雄"、"人格缺陷"、"主题"和"讽刺"等概念在《麦克白》与他们人生之间建立联系）。最后，在《火山？在这里？》案例中，教师给学生讲解了地质工作者是**如何**收集和记录岩石标本的，以及他们应该**如何**使用地质图确定所收集的岩石的年代。因此，教师关注的是*程序性知识*。我们可以很自然地假定，教师希望学生把这些在课堂上学到的*程序性知识*应用于岩石标本和地质图。

既然*事实性知识*常与*回忆*配对，*概念性知识*常与*理解*配对，*程序性知识*常与*应用*配对，那么，*元认知知识*、*分析*、*创造*和*评价*又将如何呢？这个问题至少有两种可能的答案。

第一种是配对继续，即把元认知知识与过程类别*分析*、*创造*和*评价*联系起来。这一可能答案的某些支持性证据来自那些包含元认知知识的目标实例。在教学案例中，策略的使用（例如，《火山？在这里？》案例和《加法事实》案例）几乎无一例外地要求学生进行*分析*、*评价*和*创造*。同样地，自我检查（例如，《营养》案例）、日志写作中的自我表现（例如，《麦克白》案例）以及对写作的监控（例如，《国会法案》案例）都要求上述一种或多种复杂的认知过程。

对于较复杂认知过程与知识配对问题的第二种可能答案，我们在本章前面进行过论述。教师不是在目标中明显地陈述这些认知过程，而是将元*认知知识*或三个最复杂的认知过程纳入教学活动，因为他们预期这些活动能够帮助学生实现"较低层次"的目标。例如，教师使用记忆策略来帮助学生*回忆事实性知识*，或者使用自我调节策略来帮助学生正确地*应用程序性知识*。

尽管许多目标具有我们所描述的配对形式，但还有许多目标并非如此，特别是在那些高阶目标中直接针对获得技能的目标。在这些目标中，*分析*、*评价*和*创造*与所有的知识类别相联系。

认识知识类别与认知过程类别之间的联系的重要性　如果像我们所指出那样，许多目标位于分类表的三个方格（方格A1、B2、C3）之中，那么，这对教师具有好几种意义。本节仅讨论其中的两种。第一种类似于我们在前面提及的一点，如果教师知道一个具体的目标具有*回忆事实性知识*、*理解概念性知识*或*应用程序性知识*的形式，那么，对于如何针对该目标进行教学和测评，教师也许能够做出某些假设。因此，教师能够将教学计划建立在这一先备知识（prior knowledge）的基础之上，不必完全从头开始。

例如，如果教师知道目标具有*理解概念性知识*的形式，而且知道概念性知识涉及概念种类或类别，那么，该教师也许能够把学生的注意力集中在概念种类或类别的定义特征上，并在教学中使用正例和反例，从而达到帮助学生学习的目的。在测评方面，对要求学生应该超出回忆的范围，例如，要求学生区分**新的**正例和反例或建构**新的**例子（即在教科书中未出现过或在课堂上未讨论过的例子），说明这些例子之所以成为例子的道理。注意，我们并没有指明在教学和测评中使用**哪些**具体的正例与反例，但在这种场合，**某些**例子的确是有用的。

以上问题对教师具有的第二种意义是，有必要在课程中包括明确针对元*认知知识*的目标。虽然有些学生自己具有元认知能力，但并不是所有的学生都是这样。因此，陈述元认知的目标有助于"平整赛场，同场竞技"。我们预期所有学生都使用元认知知识去增强学习能力。

一般说来，*元认知知识*是社会学者称之为"潜在课程（latent curriculum）"（Dreeben，1968）的一部分。现在也许是使元*认知知识*显明的时候了。这一变化的重要结果之一是，教学中教师的权威将转变为学习中学生的自主决策。*元认知知识*能够使学生学会更好地控制自己的学习，使教师变成学习的推动者，而不是知识的施予人。

分类表的价值　　无论是分析当前教授的单元或课程，还是计划将来教授的单元或课程，分类表都具有十分重要的作用。在第一种情况下，分析能够使教师确定，哪类目标（即分类表的方格）必须予以强调，哪类目标仅需"提及"以及哪类目标可以省略。这种分析可能导致对"事态"总体满意的结果，或使我们认识到需要对课程或单元进行修改（例如，必须在各类目标之间取得更适当的平衡）。

分类表中的空格可以被看作"错失的机会"。教师是否打算利用这些错失的机会，这在很大程度上取决于空格在分类表中哪个位置。如果教师的总体目标是知识的保持（见第五章），但*记忆/回忆*一列却存在不少空格，那么，这种错失的机会就值得引起注意。类似地，如果教师的总体目标是把知识从所学的领域迁移到其他领域（同样参见第五章），而*记忆/回忆*右边的各列却存在许多空格，那么，教师就遇到问题了。

在第二种情况下，分类表为开发出最能体现一位教师、一群教师（例如，系或年级）或某个更大群体（例如，社区或学校管理委员会）观点的单元或课程提供了可能性。原《手册》的作者们表示，他们的分类体系是"价值无涉"的（Bloom et al.，1956，p.14）。因此，分类体系应该被看作可以在几乎任何价值体系内使用的概念性框架。我们认可他们所持的立场，但同时也认识到，许多课程方面的讨论和工作都是在价值观的范围内进行的（Sosniak，1994）。考虑到这一点，我们最好把分类表当作帮助从课程到教学这一必要转变的工具。分类表不定义课程，只有人才能够定义课程。按照杜威（Dewey，1916）所说，"教育本身并无目的，只有人、家长、教师才有目的"（p.107）。更确切地说，一旦决定了课程，分类表可以帮助"整理"课程的复杂性，从而使教学更有可能获得成功，使测评更恰当、更有用。

区分教学活动与目标

长期以来，负责督导在职教师的教师培训者和管理者都无法容忍那些不能够区分教学活动与目标的教师。想象在两位教师之间有这样一场对话：

教师1：我的学生正在学习如何运用显性基因和隐性基因来说明兄妹间某些遗传特征的差异。你今天上课的目标是什么？

教师2：我的学生将要去动物园作实地考察旅行。

教师1：好主意，但去动物园是一项活动。这节课有它的目标吗？

教师2：那就是目标。我们的目标就是参观动物园！

正如第二章所强调的那样，目标是那些描述教学过程的预期结果或"目的"的陈述。当我们问"学生应该参与哪些活动？"时，我们关注的是方法。当我们问"从参与这些活动中学生应该学到哪些东西？"时，我们关注的是目的。在以上假设的例子中，依据目标提出的问题应该是"我们预期学生从参观动物园的活动中学到哪些东西？"

教学案例包括多项教学活动。例如：

- 创建词库、观看录像（《火山？在这里？》案例）
- 重温评价评论文章的检查列表；参加小测验（《国会法案》案例）
- 写作每一场的剧情概要；分组进行关于主题的课堂活动（《麦克白》案例）
- 参与"事实朋友"和"事实家庭"等活动；参加接力赛游戏（《加法事实》案例）
- 讨论流行的广告节目；录制学生原创的广告节目（《营养》案例）
- 选择信息来源（《报告写作》案例）

注意，上述每一项活动都可以用于多种学习目的。学生"创建词库"，可能是为了记忆词库中的单词，也可能是为了形成理解单元素材的概念框架。学生重温评价评论文章的检查列表，可能是为了理解用于判断评论文章质量的准则，也可能是为了学会如何写作高质量的评论文章。

除认知"目的"之外，教学活动也许还有情感和行为方面的预期目的。"放映录像"的决定也许是基于对学生兴趣的关注。教师可能认为，对于相同的学习内容，放映录像比授课更能引起学生的兴趣。类似地，在二年级算术课上进行接力赛游戏，这也许反映了教师感到有必要让这个年龄段的儿童时不时地在教室内走动走动。

虽然教学活动与教育目标之间存在联系，但这一联系的紧密程度随着目标的具体性程度而变化。例如，在《加法事实》案例中，目标之一是使学生"在无操作物的条件下能够回忆总和到18的加法事实"。对于许多教师而言，*回忆*使他们联想到，教学活动将很可能涉及重复、再重复，也许还有记忆策略。但是，从该目标联想到的教学活动也就是这些了。此后，教师的独创性取而代之，正如我们所看到的那样，该案例的活动还包括"大加法壁表"、"衣袋事实"、"疯狂数学一分钟"、"事实朋友"、"事实家庭"、"带有顶层房间的房子"、"凑十"以及接力赛游戏等等。

在没有教师独创性的情况下，那些非常具体的目标可能导致目标、教学活动以及测评任务之间形成紧密的联系。事实上，这种联系也许很紧密，以致于我们难以将目标与测评任务、测评任务与教学活动区分开来。正因为如此，教师既可以把接力赛游戏作为测评，也可以把它作为教学活动。教学案例中包括好几项活动，它们都同时具有测评和教学活动的双重功能。

相反，让我们考虑"学生将学会分析诗篇"这一目标。预测该目标的教学活动将要困难得多，而且，该目标与教学活动之间的联系较为松散。教师可以使用多种方法对学生进行该目标的教学。

类似地，该目标的测评性质也将随教师而改变。因此，在为该目标的教学和测评确定适当的活动方面，教师具有很大的回旋余地。

有人可能会思索，为什么有些教师把目标设计成教学活动。对于这一现象，我们至少可以作出三种解释。第一，由于当前对表现性测评的强调，教师也许把表现当作了目标。因此，教师把目标写成"给国会写信"、"做实验"、"做演示"、"写作内容丰富的文章"、"进行演讲"等等。然而，这一切都是活动。如果我们教学生**如何**写有效果的信件，**如何**做产生预期结果的实验，**如何**做具有说服力的演示，**如何**写作内容丰富的文章，**如何**进行演讲，那么，这些才是强调**应用程序性知识**的规范的目标。因此，这些目标的陈述才具有如下形式："学生将学会写有效果的信"。

对于把活动混同于目标的现象，第二种可能的解释是，活动的可观察性使得教师在单元教学时能够使用活动来测评学生在单元目标上的进展情况。在讨论《麦克白》案例时，玛格丽特·杰克逊女士的一番话很好地阐明了这一点。在被问到如何在教学中确定学生的学习状况时，杰克逊女士说：

> 当大部分学生都沉浸在活动中时，他们的面部表情和肢体语言都是他们思维活动的生动体现。例如，在一次关于野心的讨论中[**活动**]，大部分学生在开始时说，野心是一种好的品质。我问他们，"野心到底是不是一种坏的人格品质？"我几乎可以看得见他们思维的轮盘在随着他们对这一信息的处理而运转。然后，当他们开始形成经过修正的有关野心的概念时，一个学生说，"噢，是的，要是野心太大的话"，说完后他环顾了一下教室中其他的同学，期待得到认可。另一个学生插话说："例如达拉斯的J.R.尤因！"接着在教室里可看到赞同的点头和听到一些"是呀"的附和声。这种场合使我和学生一样振奋；这时，由于新的资料，现有的概念得到了延伸或充实[**目标**]。

在这种场合，活动被看作目标的"替身"。也许将活动作为目标是一种简化表示法。教师真正要说的是，"*为了测评我的真实目标，我会要求学生做演示，给国会写信，做实验等等。通过观察和聆听，我能够确定他们在真实目标上的进展情况。*"（斜体字表示未说出来的话）判断活动是否达到目的的准则也是不明确的。例如，大部分教师不希望学生写一封老生常谈的信件，而是希望他们能够写一封**正规的**或**有效果的**信件。定义正式的或有效果的信件的准则是存在的（虽然在某种程度上后者也许更难定义）。

对于把活动混同于目标的现象，最后一种可能的解释是，活动与目标之间不存在差异。有些教师深信，一些教育活动（即经历）本身就具有价值。已有专家表示，当我们把学校中所教的细节都淡忘了之后，剩下来的就是教育。我们会记得学校生活中的哪些经历？我们更有可能记得去动物园的旅行或者一次生动的辩论，而不是在这些活动中获得的惰性知识（即各种动物的饮食习惯，辩论的论题和提出的论据）。这最后一种解释常与人文学科的教师相联系。学生个体能够从经历中学习，仅此一点来看，单单聆听勃拉姆斯的音乐，欣赏毕加索的绘画或者观看《火鸟》的演出，其本身就具有价值。

区分活动与目标的重要性 区分活动与目标是很重要的。人们经常过于强调教学活动（方法）的成功，而不是学生学习（目的）的成功。杰克逊（Jackson, 1968）在他当今的经典之作《课堂生活》(*Life in classrooms*)中很好地阐明了这一观点。学生能够回答提问"今天你在学校做了什么?",然而,他们对于提问"今天你在学校**学到**了什么?"却往往感到难以回答。他们对这一提问常常只是耸耸肩膀,随后咕哝一声"什么也没有"。

对于学生回答提问表现出来的上述差异,一种解释是:活动是可以观察的,我们能够对其作连续性的描述,而学习是不可观察的,它要求我们作出推断。换言之,尽管学生知道他们做过什么,但他们也许不知道自己从做中学到了什么(如果学到了任何东西的话)。提醒学生注意活动与目标之间的联系可以促进他们对学习作出适当的推断。此外,理解活动与目标之间的联系有助于学生认识到自己所做的与所学的之间的关系。

同样重要的是,确保学生懂得目标**是**什么以及目标的**含义**。我们认为,可以通过如下方式使目标的含义显得更加清楚:第一,使用尽可能明确的动词和名词来陈述目标;第二,在对学生提出目标的同时对他们描述测评任务。这样,目标就会变得更加准确、更加具体。简单地说,只有当你知道要去哪里,你才更有可能到达那里。

分类表的价值　　教学活动为目标在分类表中的适当分类提供了线索。然而,由于行为(动词)能够用来达到各种各样的目的,所以,我们不能够仅仅根据动词来对目标进行分类学含义上的分类。例如,从对教师讲课内容的回忆中,学生可以写出一系列笔记(即*回忆*),可以写出两个对象或两种观点之间的差异(即*理解*),或者可以写出关于社区生活中精神价值的一篇原创性短文(即*创造*)。当我们把用于描述活动的动词与用于描述认知过程类别的动词以及知识维度联系起来时,活动的目的(即预期的学习结果)才变得更加清晰。

此外,正如教学案例所阐明的那样,分类表为教师从教学活动中推断目标提供了一种简便的方法。对于一项活动,教师仅需回答一个基本的问题:"我期望学生通过参与(或完成)这项活动学到什么?"对该问题的回答常常就是目标。

关于测评问题的通则

使用终结性测评与形成性测评

教师测评学生是出于两个基本的原因:(1)监控学生个体和整个班级的学习,并对教学作必要的调整;(2)在教学进行一段时间之后评定学生的成绩。前一种测评被称为形成性测评,其基本功能是在学生还有时间和机会改进的情况下,帮助学生"形成(form)"学习。后一种测评被称为终结性测评,其基本功能是在某一阶段结束时对学生的学习进行"总结"(Scriven, 1967)。

虽然依据其含义及用途可以把测评划分为形成性的和终结性的,但实际上,这两种测评之间还存在另外一种差异。通常,形成性测评更加不拘形式,而且信息来源多种多样(例如,课堂提问、对学生的观察结果、家庭作业以及小测验)。相反,终结性测评一般更注重形式,其信息来源更具针对性(例如,测验、项目式作业和课程论文)。许多教师十分信赖终结性测评,这与他们必须能够证明或支持自己对学生评分的合理性这一现实需求是一致的。此外,正式测评常常使教师意识到,基于课堂互动他们低估了一些学生的学习情况。另一方面,虽然从非正式测评获得的信息能够达到专业标准,或更有可能达不到专业标准,但这些信息能够随时获得,因此对调整教学具有更强的指导作用。

尽管存在这些差异，但在课堂教学中，形成性测评和终结性测评经常是交织在一起的。请看来自教学案例的一些例子。在《国会法案》案例中，终结性测评任务是写作一篇评论文章，它要求学生"从爱国者或亲英派人物的角度解释[国会]法案"。学生写作评论文章的初稿；从自己、同学和艾拉沙恩女士处获得反馈信息；按预期根据反馈信息改写文章初稿。2/5的测评成绩（终结性的）就是基于这一形成性过程的完成情况来评定的。在本例中，形成性测评与终结性测评之间的界线十分模糊。

在《火山？在这里？》案例中，形成性测评是单元教学过程中的两次"测评会话"。第一次紧随一次小组作业，在测评中，学生必须回答关于岩石类别、火成岩以及火山活动的四个问题。第二次涉及学生对岩石和火山资料所作的分析和解释（一次课堂作业）。终结性测评是学生给县行政官的回信，其内容涉及对当地有影响的火山爆发的可能性进行评估。然而，在学生对回信作了互评之后，帕克先生准许一些学生对回信进行修改，然后再上交评分。这样，形成性测评和终结性测评再次交织在一起。（该终结性测评强调达到目的的动机，因为学生必须提出要求才能获得修改回信的机会。）

使用形成性测评和终结性测评的重要性　　在单元教学正在进行的时候，形成性测评为学生提供怎样达到目标的信息，同时为教师提供应该作出哪些教学决定的信息。我是否应该把教材再讲解一遍？学生是否需要更多时间来完成功课？我是否应该省略这一部分（因为在学生看来它太乏味或太难理解）？我是否需要给这个单元再增加几天的教学时间？我是否需要对比尔、拉托娅和卡尔计划一次小组教学来清除他们的误解？这些都是相当"低风险"的决定；不当的决定会很快被证实并得到纠正。因此，教师能够依赖学生的表情、执著性、对口头问题的回应以及对各种简短书面作业的回答来作出决定。实际上，教学案例中的每一位教师都使用过形成性测评，并依赖这样获得的信息来指导他们作出教学决策。

终结性测评为教师给学生评分以及证明评分的合理性提供必要的数据。对于每个学生而言，评分都是"高风险"的决定，因此，用于评分的数据应该具有很高的专业品质。此外，教师不仅必须作出评分的决定，而且必须证明评分合理，因此，在终结性测评中依赖于相当传统的关于*事实性知识*的测验，教师也许会感觉更好一些。这类测验试题具有明显的"对"与"错"的答案，很容易证明评分是否合理。《麦克白》案例中杰克逊女士使用的最终测验就是一个生动的例子。

在一定程度上，形成性测评与终结性测评之间是以某种方式联系起来的，从这一方面说，学生在终结性测评上可能会做得更好些。在有些情况下，形成性测评与终结性测评几乎是等同的（当终结性测评被形成性地运用或当一系列形成性测评替代一项单独的终结性测评），从这一方面说，教学与测评之间的区别变得模糊了。我们将在本章后面更多地谈到这一点。

分类表的价值　　一般说来，分类表的实用价值对终结性测评比对形成性测评更大一些。但这一结论有一个例外，那就是当具有终结性特征的测评被用作形成性测评的情形。我们在前面谈到过这一例外的例子，在几乎所有的教学案例中，这样的例子都显而易见。

在设计终结性测评时，教师能够为分类表的每个方格开发原型试题。例如，*事实性知识*的陈述通常具有句子的形式。对许多*事实性知识*目标的测评要求把这样的句子改写成测评问题。在《火山？在这里？》案例中，一项重要的*事实性知识*是"火成岩是火山现象的关键证据"。教师预期学生能够*回忆*这项事实性知识。相应的测评问题包括"哪种岩石是火山现象的关键证据?""火成岩是哪种自然现象的关键证据?"如果需要出选择题,教师可以为这些测评问题添加一组同类的回答选项。

当测评重点是*回忆事实性知识*时,测评问题由陈述事实性知识的句子逐字改写而成。在改写句子时使用同义词可以把目标从*回忆*变为*理解*,例如,"岩浆是哪种自然现象的关键证据?"为了回答这一问题,学生必须懂得,岩浆属于火成岩类别。

对包括较复杂的认知过程和不同类别知识的目标,开发测评原型试题很可能要求我们作更多的思考。针对每一种认知过程的目标实例,我们都曾在第五章中介绍过若干测评试题的例子。原《手册》更为强调测评,从中我们可以找到更多试题模型。只要设计出一套原型测评试题之后,我们可以把它们当作试题的形式蓝图,用来为分类表中特定方格的目标编制测评试题。因此,对于准备有效的测评,分类表具有"省力工具"的作用。

最后,教师可以把测评任务(例如,表现性测评的试题或得分)和在特定教学活动上花的时间归入分类表的适当方格之中。假定每个方格中这两部分应该大致相等,那么,教师可以借此判断测评的教学效度。作为每个目标所预期的相对重点,这两部分也应该是相同的。

处理外部测评

教师正面临越来越多的州级课程标准及其测验项目,以及校区核心课程及其表现性测评评分指南。我们把这些测验项目和表现性测评的评分指南统称为外部测评,因为它们的颁布者通常不进行课堂教学。几年来,外部测评十分盛行,这在很大程度上是实施了更多教育问责措施所产生的结果。这些测评通常被称为"高风险"测评,因为关于学生、教师以及越来越多的关于学校的重要决定都是基于这些测评的结果做出的。关于外部测评的例子,请参看《报告写作》案例(见第166页)。

正如可以预想的那样,大部分教师并不热衷于外部测评。请看下面这封写给《新闻周刊》杂志编辑的读者来信:

> 我对揭露这些新的标准化测验的危险性予以赞扬。我曾是一位英语教师,因不愿"为考而教"而辞去工作。我为那些拒绝参加这些测验的学生拍手叫好。离开2号铅笔和满是像气泡一样圆圈的选择题试卷,我们的孩子们就不知道如何思考。在孩子们这样长大成人之前,教育官员需要迅速找到一种替代这些测验的方法。(Ellis, 1999, p.15)

撰写教学案例的大部分教师都受到外部测评的制约。例如,珍娜·霍夫曼女士(《加法事实》案例)给出的她选择该教学单元的两个原因:第一,"该单元是校区二年级核心课程的一部分";第二,"加法事实是目前所采用的标准化测验的内容"。类似地,艾拉沙恩女士(《国会法案》案例)表明"议论文写作与殖民地历史两部分都是本校区五年级课程所要求的主题内容"。此外,她还应该按要求使用校区颁发的《作文重点纠错区》,将其中的四条准则用于评价学生写作的所有文章(即使用完整的句子、写作合乎规范的段落、拼写正确以及写作明白易读)。

处理外部测评的重要性　外部测评的重要性主要源自其对学生、教师及管理人员所产生的严重后果（即测评的"高风险性"这一事实）。学生也许会第二次甚至第三次被留在某个年级或者不能够从高中毕业。学校也许被公开确认为"低能（low performing）"，或在南卡罗莱纳州，某些学校被确认为是"有严重缺陷（critically impaired）"的学校。在有些州，"有严重缺陷"的学校是州教育管理委员会"接管"的对象。

外部测评十分重要的第二个原因，是它可能会继续存在一段时间。许多州颁布了某种形式的教育问责立法。在过去几年中，颁布这一立法的州的数目已经增加了两倍。在几乎所有这些州内，法律要求学校主要基于外部测评的结果发出学生成绩单。

第三，避免高风险测验的后果也许取决于，至少部分地取决于，在外部标准及其测评的要求与当地学校对什么是适当教育的解读之间找到平衡点。外部测评被计划用于校区或州内所有学校中某些年级的所有学生。但各学校提供的课程或教学实际上并不是相同的（尽管已经努力让他们提供相同的课程或教学）。因此，外部测评更适合于某些学校中对某些学生所进行的教学。从而，外部测评结果反映的很可能是不同学校对标准及测评效度的解读之间的差异。找到满足外部标准与当地教育的首要工作两者之间的平衡点，将会变得越来越重要。

简单地说，外部测评已经成为学生、教师以及管理人员的生活方式。我们与其"愤怒于光明的消逝"，倒不如采取另外一位教师的观点或许更为合理。这位教师也给《新闻周刊》杂志写过一封信：

　　21世纪的教师所面临的挑战是，使学生掌握必要的应试技能**而又不忘记我们更为深远的使命**。（Halley，1999，p.15，起强调作用的粗体形式是我们加上的）

分类表的价值　正如教学案例所阐明的那样，教师能够将分类表用于分析测评以及教学活动和目标。将分类表用于分析外部测评使教育者能够看到被测评所掩盖的一些东西，从而对被测的学生更深层次的学习情况进行推断。这样，教师就能够针对被测的学习进行教学，而不是"为考而教"。

面对外部测评，教师应该准备两份分类表：一份用于课程目标，另一份用于外部测评。通过比较这两份表格，教师能够估计课程目标与外部测评相匹配的程度。不仅如此，教师还能够发现将课程目标与外部测评联系起来的机会。《国会法案》案例中表现性测评评分细则的使用对此作了很好的诠释。在该案例中，艾拉沙恩女士使用了两组准则来评价学生的评论文章。第一组是校区颁布的用于所有文体写作的一般性准则，第二组则是针对议论文写作的专门性准则。两组准则的结合使她能够与校区的预期（即外部测评）保持一致，同时又考虑到与单元主要目标有关的更加具体的要求。

关于一致性问题的通则

使测评与目标保持一致

我们中大部分人都见过这样的数学教师，虽然他说自己"真正的"目标是问题的解决，但却对学生进行关于事实回忆的测验。处于另一个极端的是历史教师，他陈述的目标是回忆"要人要事"，但却要求学生写作短文来说明宗教差异在各种矛盾冲突中所扮演的角色。如何解释这种目标与测评之间不一致的现象？教学案例以实例对这一问题提供了至少四种答案。

第一，教学单元包括多组复杂的事件和经历，由于教学过程中的突发事件，教学出现困难。当教师在教学中遇到困难时，他们也许会改变预定的目标，或者改变他们对先前陈述的目标的理解。单元最终的测评反映的也许不是单元开始时所陈述的目标，而是"新"目标或者对目标的重新认识。

第二，在单元教学开始时，教师未能很好地领会目标。请看在描述主要单元目标时写作教学案例的教师所使用的语言：

- 我设计这个单元旨在促进学生在地球科学课中的概念重构和有意义的学习。(《火山？在这里？》案例)
- 我希望学生把议论文的写作与他们关于历史人物和事件的知识结合起来。(《国会法案》案例)
- 学生将了解文学作品与他们人生的关系。(《麦克白》案例)
- 这个单元教授总和等于或小于18的加法事实的记忆策略。(《加法事实》案例)
- [学生应该学会]检查广告对他们自己的"感觉"所产生的影响，并理解这些影响对他们是怎样起作用的。(《营养》案例)

随着单元教学的进行，教学活动使目标显得更加具体，这通常会深化教师对目标的理解（希望对学生也是如此）。因此，到了正式测评时，测评所反映的往往是教师从活动中获得的对具体目标的解读而不是对陈述的抽象目标的解读。这种抽象与具体之间的失配可能对应于目标与测评之间的不一致。

第三（且在某种程度上与第二种答案相关），在确定目标时，有些教师可能具有长远的目光。他们也许关注于那些整个学年中多个单元所涉及的目标。按照预期，只有在一门课程结束时（或经过几年的教学之后），这些目标才能够真正得以实现。教师也许感到，在仅完成一个单元的教学时，对这些长期目标测评的时机还不成熟。时机不成熟的测评可能产生不符合规范的结果，从而使学生丧失学习的信心（教师更注重这一点）。因此，教师进行我们所称的"部分测评"，即只测评那些测评前已经"学过"的知识和认知过程。这样，与总体目标的要求相比较，这些测评要更加具体，而且这种总体—具体之间的不一致通常很明显。

第四，与我们在前面一节的讨论相符，对于教师而言，目标与测评之间不一致的原因也许是外部的。教学案例中包括这种情形的两个例子。艾拉沙恩女士（《国会法案》案例）是在校区写作准则的框架内进行教学的。如同前面提及的那样，这些准则适用于所有文体的写作，因此，它们不如专门为议论文写作制订的准则那样与单元的主要目标保持一致。类似地，杰克逊女士（《麦克白》案例）对最终测验的选择似乎主要是基于给学生评分的需要，而不是为了在与单元主要目标相关的学习上对学生进行测评。

使测评与目标保持一致的重要性 把*测评*和*目标*两个术语放在这一节的标题中是很重要的，也是有我们的用意的。在教师能够行使决定权的地方（即那些还未完全实施高风险测验的州以及教师自己编制的测评），测评应该与目标保持一致，而不是相反。我们认为，对于学生已经掌握了多少我们预期他们要学习的东西，测评能够提供证据。意图先于证据！"什么值得学习？"这一更加难以回答的问题不应被"我们能够或必须测评什么？"这一更容易回答的问题所代替。

话虽如此，但我们还是认识到，教师经常发现自己处于这样的情形，即他们不得不使目标与外部测评保持一致。因此，我们的论题应该是一致性，而不是以上类似"鸡生蛋、蛋生鸡"的问题。对于保持测评与目标两者的一致性，我们提出两条重要的理由。第一，一致性使学生更有可能获得机会去学习包括在各种测评中的知识和认知过程。在当今这个高风险测评的世界中，剥夺学生学习的机会对学生及教师和管理人员都会产生严重的后果。从而，一致性至少确保教师为学生提供某种最低限度的机会，使学生学习测评所要求的知识和认知过程。

第二，对许多学生而言，目标是由测评来确定的，当测评决定学生的成绩时，情形尤其如此。这些学生学习的"任务"就是做好测评，得到"好成绩"。当测评和目标保持一致时，这些"好成绩"更有可能转化为"好学习"。然而，如果测评和目标不一致，学生更有可能努力学习那些被测评的东西，而不是学习目标的预期。

分类表的价值　在这个关键的问题上，分类表也许具有最大的价值。我们介绍一种使用分类表估计目标与测评之间一致性的方法：首先，确认单元的主要目标及其在分类表中的相应方格；其次，确认主要的测评及其在分类表中的相应方格。同时注意测评是否反映了每个目标所预期的重点。如果从以上两个步骤中得到的方格和重点不吻合，那么，这显然表明目标与测评不一致。如果得到的方格相同，那么，我们还需要对教学活动与测评之间的一致性作进一步研究（我们将在下面更多地谈到"进一步研究"）。

请注意，分类表为我们审视目标与测评提供了一个共同的基础。一致性不是通过将目标与测评直接比较来决定的；更明确些说，目标和测评被互不相关地放到分类表的适当方格之中。如果目标和测评处于同一方格，那么，在这种意义上，我们说目标和测评具有一致性。这样，目标与测评之间的比较是在"更深的"层次上进行的，而且这样的比较更有可能针对学生的学习。

使教学活动与测评保持一致

长期以来，人们一直假定，如果测评与单元或课程的目标相吻合，那么，测评就是有效的。这种效度被称为内容效度（content validity）。但自 20 世纪 70 年代起，这一假定就受到质疑。有人指出，测评的效度取决于课堂上实际所教的内容，而非由目标规定要讲授的东西。这种效度被称为教学效度（instructional validity）或教学敏感性（instructional sensitivity）（Thorndike, Cunningham, Thorndike, and Hagen, 1991）。

教学活动与测评任务/得分之间的关系可以从非常紧密以至于完全等同，一直到两者区别显著以至于完全不一致。例如，考虑《国会法案》案例中这一关系的紧密度。第 2—3 天的活动为学生提供用于主要测评（即评论文章）的一般性知识；第 4—5 天的活动提供用于写作评论文章所需的议论文写作的知识和技能；第 6—7 天的活动使学生获得用于写作特定评论文章的更加具体的知识；最后，在教师的指导和监督下，学生花了该单元最后三天的课堂时间完成评论文章的写作。因此，这最后一项教学活动提供了最终测评的依据。

在另一种情形中，教学活动与测评任务之间的关系也许稍微"疏离"一些。教学活动也许类似但不等同于测评所包含的任务。例如，在《营养》案例中，教学活动之一是让学生辨认他们熟悉的电视食品广告节目中的各种诉求。其中第一项活动要求学生把每一种诉求归入六种"诉求类别"之一。在第二项活动中，学生首先观看广告节目的录像，然后分组评价广告节目的效果。该活动最终产生了关于广告节目是否"具有说服力"的一组评价准则。随后，测评作业要求学生以2—4人为小组设计包括一种或多种诉求而且"具有说服力"的广告节目。完成该测评要求学生理解与六种"诉求"类别（第一项活动）以及"具有说服力"的准则（第二项活动）相关的概念。

最后，教学活动与测评任务可能完全无关，《麦克白》案例阐明了这一情形。在该案例中，没有一项教学活动中完全或主要针对剧情的细节。相反，教学活动强调基本概念（例如，主题、讽刺），还要求学生进行推断（例如，预测会发生什么事、对推理加以说明）。但单元的最终测验却包括了专门针对剧情细节的问题（例如，将具有个体特点的活动与人物配对、将人物与熟悉的引用语配对）。该案例包括两项测评：小组作业与单元的最终测验，其中第二项测评与教学活动无关，而第一项测评却与教学活动很好地保持了一致。

使教学活动与测评保持一致的重要性 如同前面提及的那样，在内容（例如，知识、认知过程）和形式（例如，选择题型、表现性测评）上，教学活动与测评任务都可以完全一致。它们的区别主要在于功能的不同。教学活动旨在帮助学生学习，而测评旨在确定学生的学习情况。

确保对学生开展的教学活动与测评任务在内容上相似会增强测评的教学效度。确保对学生开展的教学活动与测评任务在形式上相似，并使学生熟悉不同的测评题形式与不同的测验条件（例如限时测验），这会增加他们在外部测评中做得更好的可能性。

在使用表现性测评时，使测评与教学活动保持一致的另一条途径是，确保学生能够*回忆*、*理解*以及*应用*评价准则或评分细则。如同《营养》案例中的情形那样，学生可以参与制订评价准则或评分细则。这进一步加强了教学活动与测评之间的联系。

当测评任务与教学活动严重缺乏一致性时，教师就不能够正确地估计教学活动的效果。例如，帕克先生（《火山？在这里？》案例）关于概念的理解（目标）的教学也许非常出色。然而，如果正式测评包括的是一系列关于世界各国和地区火山的事实，那么，学生在该测评中就不可能做得很好。这样，基于来自该测评的信息，我们可能做出帕克先生的教学未能达到预期效果的结论。只有更合理地推断才能发现，原来是教学活动与测评未能保持一致。

分类表的价值 与前面一样，分类表的价值主要在于它作为分析工具的用途。在更为传统的测评情形（例如测验）中，目标在分类表中的正确分类为设计针对该目标适当的测评任务提供了线索。例如，如果目标针对*应用程序性知识*，那么，其测评任务通常包括：（1）一个新的或独特的问题情境；（2）一个需要回答的问题或几条必须遵循的指示；（3）一组回答选项或一个能让学生解题并给出最后答案的空白处。知道了这一基本结构，教师就能够设计或选择数目相当大的一组测评任务。这组测评任务被开发出来之后，其中有些能够与教学活动结合起来（以帮助学习），有些能够专门用于测评（以了解学习情况）。这样，在不损害测评任务完整性的情形下，教学与测评的一致性得到了增强。

在上述例子中，如果学生必须展示解题过程并且给出答案，那么，就必须制订某种形式的评分指南（例如，等级量表、评分细则）。在交给学生使用时，该评分指南应该澄清教师对学生的表现的预期，同时起到连接教学活动与测评任务的作用。

使教学活动与目标保持一致

也许有人认为，如果测评与目标保持一致，而且教学活动与测评也保持一致，那么教学活动将会自动地与目标保持一致。情况通常是这样的，但又并非总是如此。教师有可能从事与目标或测评都没有直接关系的教学活动。在许多场合，这类教学活动旨在向学生提供达到目标所需要的信息。

例如，在《报告写作》案例中，前两个目标涉及选择信息来源以及最终选择关于美国历史名人的具体信息。从陈述的目标看，这两个目标都假定，学生已经有了美国名人的人选。但实际情况并不是这样的。因此，第5—8天的教学活动涉及选择名人。这项活动无疑是重要的，因为没有这项活动，学生就不能够实现单元的目标；然而，这只是一项准备性活动，与目标并不一致。

使教学活动与目标保持一致的重要性 在这最后一个通则中，我们再次提醒检查一致性的意义。我们相信，这最后的检查会使我们辨认那些与单元目标无关或充其量略有关系的教学活动。无论如何，我们认为不应该忽略那些与目标仅略有关系的教学活动。在单元教学中，教学活动扮演各种各样的角色。

例如，有些教学活动是为了把学生引入到单元教学中来。如在《营养》案例中，有一项活动是学生从产品的广告语辨认产品，这些广告语意在引起学生对产品的兴趣。

另外一些教学活动的目的是提高学生对单元学习的参与程度。例如，在《麦克白》案例中，教师给予学生从三个版本的电影中选择其一的机会。

有些教学活动预示稍后的学习中将会遇到的材料，其目的是为后面的教学打基础。例如《加法事实》案例中探讨"加法逆运算"概念（但从未使用过这个名称）的活动。

最后，有些教学活动具有预评估（pre-assessments）功能，即能够确认学生"带"到单元学习中来的知识和认知过程。在《火山？在这里？》案例中，教师要求学生绘图描述他们关于火山的概念，该活动就是一个预评估的实例。

了解教学活动在单元教学中的作用，对于确定那些也许看似无关但却具有分类表未描述的特殊教育功能的活动是至关重要的。取消这些活动可能使得单元的教学更为"紧凑"、效率更高。当今世界，目标极其繁多，这些目标彼此争夺有限的课堂教学时间，因此，效率的确是一大优点。

分类表的价值 分类表对于最后这个通则的价值与我们描述的关于一致性的其他两个通则的价值是相同的。总之，本分类表是一个分析性工具，它能够让教师对一致性作"更深刻的"审视，使教师不仅了解教学活动和目标的表面特征，而且获得它们对于学生学习的潜在含义。

结束语

原《手册》出版近半个世纪以来，甚至在它出版很久以前，教师（以及一般的教育者）已经遇到了本章开始提出的四个问题。虽然分类表不能够为这些问题提供答案，但我们认为，本分类框架为讨论这些问题提供了有益的基础。更明确地说，分类表能够使教师以及与教师共同工作的人士从另一个角度看待这些长期存在的问题，从而增进对这些问题的理解，并且使用从教学案例归纳得出的通则，从而获得对这些问题的新的认识。

例如，当我们使用分类表考察一个相对简单的概念如"一致性"时，该概念便具有了新的含义。仅仅基于知识类别或者认知过程类别，不足以使教学与测评保持一致。只有当一致性与知识和认知过程类别的交叉点（即目标）紧密联系起来时，它才有可能促进学生的学习。将一致性与目标紧密联系起来增加了一致性的准确度，有助于我们理解为什么以前保持一致性的努力未能成功，以及未来还需要进行哪些努力。对这些问题的洞察与理解一旦获得，它们将能够帮助教师们开发出以前未曾想到过的问题解决策略。

第四部分

分类学展望

第十五章　相异分类框架

《手册》出版以后，各种分类框架相继问世，试图补充、阐明或改进原版分类体系。在这些分类框架的设计者中，许多人都认可原《手册》对他们构思起到的作用（DeLandsheere, 1977）。但他们也通过修改或明或隐地告诉我们，他们认为原版编写小组在哪些方面存在错误。在本章中，我们将回顾19种这样的分类框架，并推断它们与原版及本修订版分类体系之间的联系。教育工作者在使用原版与本修订版分类体系时，或在使它们适用于特定的情形时，也许希望采纳这些相异框架（alternative frameworks）提出的一些观点。

本章将这些相异框架与本框架进行比较，由此提供了一些极具价值的洞见。本章的撰写也显示了修订工作的复杂性。在着手修订以前，通过阅读文献并借鉴以往的经验，我们知道了某些相异框架的情况。另外一些框架，虽然我们用关键词在数据库中未能检索到，但其作者了解到我们的修订工作而让我们注意到了它们。实际上，就在我们将本书手稿交付出版之际，我们获知已有一个框架，它与我们的体系有着许多相似之处。在修订工作的初期，我们无法获得这些框架的大部分详情，但它们的作者最后独立完成的框架与我们的框架有着许多相同或类似的特征，在某种意义上，这一事实证明我们所作的修订是有道理的。

为了方便比较，我们将这些相异框架分为两类：

● 一维系统，如同原《手册》那样使用一个维度或一组类别进行描述（11个相异框架）；
● 多维系统，如同本修订版那样使用两个或更多维度或多组类别进行描述（8个相异框架）。

我们将按照文章发表的先后顺序分别讨论这两类框架。为了将原版与本修订版分类体系的术语与相异框架使用的术语区分开来，我们对前面各章使用的字体惯例作如下改变：原版分类体系的类别用**粗体字**表示；本修订版分类体系的类别用***粗斜体字***表示。另外，为了行文流畅，这两个版本中六个认知过程类别的英文名称有时会写成动名词形式 [例如，***记忆／回忆***（Remembering）]。此外，每个框架中六个类别的英文名称的首字母用大写字母书写；亚类则全部用小写字母书写 [例如，***回忆***（recall）、***识别***（recognize）]。

一维分类系统

在一维相异分类系统中，有些作者试图使用比原版框架更方便、更为教师所熟悉的术语，如格拉克和沙利文（Gerlach and Sullivan, 1967）以及奎尔马尔兹（Quellmalz, 1987）。梅特费塞尔、迈克尔与柯尔斯纳（Metfessel, Michael, and Kirsner, 1969）也试图把原《手册》中类别的名称转变成相应的同义动词，从而使分类框架更加有用。其他作者，如加涅（Gagne, 1972）、比格斯和科利斯

(Biggs and Collis，1982)、威廉斯（Williams，1977）和斯塔尔（Stahl，1979），则把他们的框架建立在不同的理论基石上。

参阅表 15.1 中所作的总结（见第 206—207 页）将有助于阅读本节。表 15.1 列出了每个一维相异框架使用的那些与原版框架中的术语相关的术语（在必要的地方，我们改变了这些相异框架中术语的排列顺序，以使其与原版框架的术语顺序相符）。我们还把原版框架的类别包括在附录 B 中供读者参考。我们之所以将相异框架与原版框架而不是与本修订版进行比较，这是因为原版框架也是一维的，而本修订版框架是二维的。表 15.1 展示了在每个一维相异框架与原版框架之间看上去存在的所有对应关系。但在较为合适的场合，我们也将提及一维相异框架与本修订版框架的关系。即使这些对应关系是我们能够作出的最好推测，有些读者也许仍然认为个别推测有些勉强。在开始讨论多维相异分类框架时，我们将同样提供一个类似的终结性表格（表 15.4），将多维分类系统与本修订版框架进行比较，但在适当的地方也将提及多维分类系统与原版框架的关系。

格拉克和沙利文的常见教学行为分类系统

格拉克和沙利文是继《手册》出版之后最早提出其他分类系统的人士之一（Gerlach and Sullivan，1967；DeLandsheere，1977 对该系统进行了描述）。在格拉克和沙利文看来，与六个过程类别相对应，对学生具体的外显行为是什么，原《手册》缺乏准确的定义。他们试图辨认这些类别所表示的行为过程，并且对学校教学中最为常见的分类学行为加以界定并分类。他们使用动词作为这些行为的名称，共找出以下六类学校学习行为：

- 命名（Name），即给予指称物适当的名称；
- 排序（Order），即按特定的顺序排列指称物；
- 辨认（Identify），即指出指称物是否属于某一类别；
- 描述（Describe），即陈述与特定的指称物相关的对象性质的类别；
- 演示（Demonstrate），即按照预定的要求采取必要的行动去完成一项任务；
- 制作（Construct），即生成/制作满足特定要求的产品。

在表 15.1 中，第一列给出了原《手册》使用的术语，第二列给出了格拉克和沙利文使用的术语。正如该表所表明的那样，"命名"和"排序"似乎与原《手册》的**知识**类别最为相当；"辨认"和"描述"则与**领会**对应；"演示"虽不那么明显地与**领会**对应，但它更明显地对应于**应用**；"创作"最接近于**综合**。显然，格拉克和沙利文对于学校学习行为的审视未曾包括与**分析**和**评价**有关的类别。但他们用动词替代名词作为类别的名称，这预示我们需要在这一方面进行修订工作。

奥苏贝尔和鲁宾逊按层级顺序排列的六个类别

奥苏贝尔和鲁宾逊（Ausubel and Robinson，1969）提出了一个他们认为与原版分类框架非常类似的系统。该系统具有按层级顺序排列的六个类别：表征学习（Representational Learning）、概念学习（Concept Learning）、命题学习（Propositional Learning）、应用（Application）、问题解决（Problem Solving）和创造（Creativity）。

他们认为"表征学习"与**知识**相当。然而，他们将**领会**划分为"概念学习"和"命题学习"，因为后者"通常涉及多个概念的结合从而形成[命题]"（pp.91-92）。奥苏贝尔和鲁宾逊认为，在"表征学习"这一层次上，学习具有三个有助于定义它的特征。如表 15.2 所示，这三个特征以稍微不同的措词重新出现成为本修订版框架中*理解*类别的三个亚类（见第 207 页）。

奥苏贝尔和鲁宾逊指出，他们的"应用"与**领会**难以区别，因为有人把能够应用看作"充分的"**领会**。他们拒绝"分析"而赞同"问题解决"这一类别名称，因为他们认为使用"分析"的限制性太大。"我们最好把学生在这一层次上的表现概念化为现有相关命题的转化以生成某种所需结果，然而……这一过程不能用'分析'一词加以适当地描述"（p.73）。他们认为他们的"创造"类别与原版框架的**综合**相当；在本修订版中，我们同样将该类别命名为**创造**。在他们的系统中没有与**评价**相当的类别。

梅特费塞尔、迈克尔和柯尔斯纳的同义词

梅特费塞尔、迈克尔与柯尔斯纳（Metfessel, Michael, and Kirsner, 1969）的框架是为原《手册》的类别提供替代描述符号的一次最为详尽的尝试。针对原版框架的每一个类别及其亚类，这几位作者都提出了大量含义相当的英文不定式形式的动词。例如，他们建议，在起草涉及**转化**（**领会的亚类**）的教育目标时，也许可以使用如下术语：转换（to transform）、用自己的言语表达（to give in own words）、举例（to illustrate）、准备（to prepare）、诠释（to read）、描述（to represent）、改变（to change）、重新描述（to rephrase）以及重新陈述（to restate）。除了针对原版分类体系的亚类提出同义词，他们还列举了使用这些动词不定式的内容实例。从而，对于**转化**亚类，其内容实例也许包括"含义、范例、定义、抽象概念、表征、言语以及短语"。他们对原《手册》中所有的亚类都提供了同义词及其内容实例。由于他们的同义词列表也可以应用于本修订版的许多类别，因此，读者也许会发现它们是关于目标的各种观点的有用来源。该列表已被复制在伊萨克和迈克尔的著作中（Isaac and Michael, 1994）。

表 15.1 我们推断的原版分类体系与相异一维分类系统之间的关系

原版分类体系（布卢姆等，1956）	格拉克 & 沙利文 (1967)	奥苏贝尔 & 鲁宾逊 (1969)	梅特费塞尔、迈克尔 & 柯尔斯纳 (1969)（他们的部分条目）	加涅 (1972)；加涅 & 布里格斯 (1979)	斯塔尔 (1979, 1984)；斯塔尔 & 墨菲 (1981)	布鲁斯 (1981)	罗米佐斯基 (1981)	比格斯 & 科利斯 (1982)	奎尔马尔兹 (1987)	豪恩施泰因 (1998)	赖格卢特 & 穆尔 (1999)
知识	命名 排序	表征学习		信号学习 刺激—反应 言语联想 辨别	接受 保持				回忆（定义、列举）	形成概念	识记信息
知识：细节			定义 区分 习得 辨认				事实	单一结构 多元结构			
知识：方式和方法			回忆 辨认 识别 习得				程序	关联结构			
知识：一般概念和抽象概念			回忆 辨认 识别 习得				概念和原理	扩张抽象结构			
领会	辨认 描述 演示	概念学习 命题学习	转化 转换 用自己的言语表达 举例	辨别学习 概念学习	转换	领会	再现性学习	扩张抽象结构	比较（对比、区别）	领会	理解关系
应用	演示	应用	概括 联系 选择 发展 组织 利用	原理学习	转换 迁移	应用	再现性学习	扩张抽象结构		应用	应用技能

（待续）

(续上表)

原版分类体系（布卢姆等，1956）	格拉克 & 沙利文(1967)	奥苏贝尔 & 鲁宾逊(1969)	梅特费塞尔、迈克尔 & 柯尔斯纳(1969)（他们的部分条目）	加涅(1972)；加涅 & 布里格斯(1979)	斯塔尔(1979,1984);斯塔尔 & 墨菲(1981)	布鲁斯(1981)	罗米佐斯基(1981)	比格斯 & 科利斯(1982)	奎尔马尔兹(1987)	豪恩施泰因(1998)	赖格卢特 & 穆尔(1999)
分析		问题解决	区分觉察辨认分类推论	问题解决		分析	创造性学习	扩张抽象结构	分析（分解、分类）		应用一般技能
综合	创作	创造	写作叙述创作组成传输创造	问题解决	产生	综合	创造性学习	扩张抽象结构	推断（预测、推理）	综合（最高类别）	应用一般技能
评价			判断争论证实评估比较对比	问题解决		评价	创造性学习	扩张抽象结构	评价（判断、辩护）	评价（该类别仅次于最高类别）	应用一般技能
其他				动作技能链锁学习	准备观察信息获得整合组织		动作技能反应性技能相互作用技能				

表15.2 奥苏贝尔和鲁宾逊的表征学习的三个特征与本修订版框架中*理解*的亚类

表征学习的三个特征	*理解*的亚类及其定义
使用自己的言语重新陈述原理	*解释*：从一种表示形式转变为另一种表示形式
识别具体的范例与非范例（nonexemplars）	*举例*：找到概念或原理的具体例子或例证
辨认原理言语表达的各种变化形式	*比较*：发现两种观点、两个对象等之间的对应关系

加涅的学习层级结构

对于教学设计人员尤其是关注程序性学习的人，加涅的分类框架特别具有诉求。《手册》强调学生的学习结果，而加涅则描述达到该学习结果所需要的学习形式。[①] 在《手册》阐明学习结果的地方，加涅也在做着同样的事情，试图为学习过程阐明学习结果。加涅（Gagne，1972，1977；Gagne and Briggs，1979）提出的层级结构包括八种学习类型：

- 信号学习（Signal Learning）：个体学会对信号做出一般的、扩散性的反应；一种经典条件反应。
- 刺激—反应学习（Stimulus-Response Learning）：个体学会对可辨别的刺激作出准确的反应；在刺激与反应之间建立起联系。
- 链锁学习（Chaining Learning）：个体学会确定完成一个过程的一系列步骤；完成一个如同打字那样的综合性过程。
- 言语联想学习（Verbal Association Learning）：个体学会确定言语链的顺序；完成如同学习一首诗或学会演说那样的综合性过程。
- 辨别学习（Discrimination Learning）：个体学会区分一个论题或领域的许多不同特征，例如，学会区分动物物种的不同特征。
- 概念学习（Concept Learning）：个体学会如何对某些方面也许存在差异的同一类刺激作出相同的反应；学会概念的含义（例如，酸、内战、能量、文明等等）。
- 原理学习（Principle Learning）：个体学会将两个或更多概念链接起来；学会作出关于概念的"如果……那么"的陈述（例如，如果质量保持不变温度上升，那么……）。
- 问题解决（Problem Solving）：个体学会使用已知概念和法则去定义问题并找到其答案；涉及在寻找答案中使用内部过程类别的学习（internal process categories）。[注意，"内部过程类别"也许包括解决问题的元过程（metaprocess）类别]

与《手册》相比，加涅的类别在低端分得较为细致，在高端则不那么细致。加涅层级结构的基础是心理学的刺激—反应学习理论，该理论要求区分学习的几种简单类型，但《手册》对这几种简单类型的学习未作区分，因为它们并不是学校学习中的典型目标。学校的学习目标中往往对较复杂的学习类型加以区分，因此原《手册》也对这些较复杂的学习类型作了区分。如同其他的某些分类框架那样，加涅把这些较复杂的学习类型简单地称为"问题解决"。表15.1显示了我们把这两个框架联系起来的大致情况。虽然我们能够把加涅框架中某些较低层次的类别与《手册》联系起来，但加涅似乎把**分析**以上所有类别都看作了问题解决。

---

① 然而，加涅也将学习结果区分为言语信息（verbal information）、智力技能（intellectual skills）、认知策略（cognitive strategies）、能力（abilities）和动作技能（motor skills）。他的言语信息似乎接近于**知识**。他的智力技能可能相当于**应用**。他的动作技能属于心理运动而不属于认知领域。其他几项技能不是很容易归到《手册》的类别之中。因此，在本节我们集中分析他提出的学习类型，因为这些类型最接近于《手册》所划分的类别。

斯塔尔和墨菲的认知领域

斯塔尔和墨菲（Stahl and Murphy，1981）以及斯塔尔（Stahl，1979，1984）曾打算设计"一个全新的、从关于人类学习的研究文献中开发出来的分类系统，即认知领域"（Stahl，1984，p.149）。的确，他们的关注点与众不同：他们关注的是信息如何加工，而不是试图捕捉教师企图使学生达到的行为范围。斯塔尔和墨菲的分类系统（Stahl and Murphy，1981）是原版分类体系的几个方面与斯塔尔（Stahl，1979，1984）的感觉信息加工和操作模型（即 SPINPrOM, Stahl's Perception Information Processing and Operation Model 的缩略词）相结合的产物，是"一个思维、记忆和学习如何在教学环境中交互发生的流程模型"（Stahl and Murphy，1981，p.3）。后来，斯塔尔（Stahl，1984）使得斯塔尔和墨菲的分类系统更加接近于他原有的信息加工模型。为此，他把该系统主要限定于规则或程序性学习，并使其结构只达到《手册》分类系统中**应用**类别的高度。尽管斯塔尔（Stahl，1984）仅涉及认知领域，斯塔尔和墨菲（Stahl and Murphy，1981）却跨越了认知和情感两个领域。

让我们首先考虑表 15.3 中总结的斯塔尔和墨菲分类框架，并将它与表 15.1 中《手册》的**类别**联系起来。如表 15.1 所表明的那样，《手册》的五个类别与斯塔尔和墨菲分类框架的几个层次之间存在某种联系。他们的框架中不存在任何如同原版中**知识**那样的类别，将各种知识区分开来。但是，他们的"接受"和"保持"两个层次涉及回忆与识别知识，类似于本修订版所定义的类别**回忆**。所以，在表 15.1 中，这两个层次与**知识**类别相当。

斯塔尔和墨菲的框架对信息加工的阶段进行了描述，因此，"保持"这一将信息加工存入长时记忆的过程，成为他们框架中的一个独立层次，并与原版框架中**领会**和**应用**两个类别的含义大致相当。然而，令人吃惊的是，"保持"出现在**领会**和**应用**之后而不是之前。这可能是由于被要求回忆或使用的信息有助于在长时记忆中牢固地保存信息。

斯塔尔和墨菲的"转化"似乎覆盖**领会**和**应用**两个类别，因此，在他们的框架中，领会与应用之间的区别变得模糊不清。但他们下一个更高的类别——"迁移"显然与**应用**类别相当，因为"迁移"强调在原来学习情境之外的新情境中的应用。他们的"产生"与原版框架中**综合**类别相当，并与本修订版框架的**创造**类别极为相似。他们的框架中不存在与原版框架**分析**相当的类别。

我们从表 15.1 "其他"一行的条目中看到，原版或本修订版认知框架中没有与斯塔尔和墨菲框架的两个阶段（"观察"和"信息获得"）和三个层次（"准备"、"整合"和"组织"）相对应的类别。斯塔尔和墨菲框架属于认知领域，但其三个层次却与情感分类学中的类别（Krathwohl, Bloom, and Masia, 1964）最为接近。此外，"准备"与"接受"非常相似；"准备"牵涉"准备接受或能够接受信息"（Stahl and Murphy，1981，p.29），这与"愿意接受或处理 [现象或刺激]"，即"接受（Receiving）"的功能大致相当（Krathwohl, Bloom, and Masia, 1964, p.176）。

表 15.3 斯塔尔和墨菲的认知领域

层次或阶段的名称	功能	例证性目标	例证性行为术语或学习结果
1.0 准备（Preparation）	准备接受或能够接受信息	没有适当的目标	提出或表明准备开始或参与活动
观察（Observation）	接受并意识到信息或刺激		
2.0 接受（Reception）	觉察并记忆刚刚呈现的信息	理解信息与事实，识别细节与资料	提出定义、进行描述、作出说明等，或选择、匹配或指出与刚完成的功课有关的上述任何一项活动
3.0 转化（Transformation）	理解规律或理论，领会信息 应用原理，使用方法步骤，解决问题	理解刚刚获得的信息	对呈现的信息进行释义、阐释、改写或提出其他个人版本 对刚完成的功课所呈现的信息进行分类、组合、比较、精简、变换等等
信息获取（Information acquisition）	将信息及其含义存入长时记忆		
4.0 保持（Retention）	辨认信息	理解信息和事实，懂得规律、原理或规则，理解方法步骤	叙述事实，进行描述或叙述任何从记忆库中提取出的信息，对如何使用规则予以说明
5.0 迁移（Transfersion）	使用回忆出的信息（或指导原则）去处理新情况	理解规律或理论，应用规律或理论	使用回忆出的信息，通过分类、组合、比较、精简等，或列举新例子去获得或说明结果
6.0 整合（Incorporation）	运用已被内化的信息（或指导原则）	指导原则被深刻理解而成为无意识加工，是思维自动化的基础	与上面相同，只是在相似情境中学生的行为已变得习惯化了
7.0 组织（Organization）	在先前理解了的所有信息之间建立联系并区分优先顺序	表现出一贯的且可预期的信念，显示对某一观点的追求，领会技术如何起作用，判断观点的价值	启动、执行、自愿进行、修改、支持、辩护等，或表现出其他反映了一组普遍的、一贯的且可预期的信念、价值观、感受或观点的行为
8.0 产生（Generation）	综合先前的信息以形成新的观点和认识	阐述新规则或原理，形成新的解释，制订解决问题的新方法	创造、构成、设计或产生一组新的规则、原理、方法等（一旦在整合层次上被证明掌握了原有的规则、原理、方法等）

注

摘自斯塔尔（Stahl, 1979）微缩胶片第 31 页和第 32 页。

斯塔尔和墨菲的"整合"涉及内化信息。由于信息通过学习而内化了，所以学生对信息的反应是自动化的，几乎无需思考。这种自动化是所有三个领域——认知、情感和动作技能——的特征，但只在情感领域（Krathwohl, Bloom, and Masia, 1964）和动作技能领域（Harrow, 1972; Simpson, 1966）中得到明确的承认。在原版与本修订版认知领域框架中，学生的反应可以被记下来以测量这一特征（例如，正确答题需要的时间，或者在给定的时间内正确解题的数目），而斯塔尔和墨菲则在他们的认知框架中将这一自动化的特征显性化了。

他们的下一个层次"组织"，即"作为他们的认知—信念系统的一部分而组织起来或优先顺序化的……知识"（Stahl and Murphy, 1981, p.31），非常类似于"一种价值或价值系统的个性化"（Characterization by a Value or Value Complex），即"……价值观……被组织成有几分内在一致性的系统"（Krathwohl, Bloom, and Masia, 1964, p.184）。对此进行反思，我们有理由认为，信息加工方式也许能够把认知与情感两个领域连接起来。作为整合认知领域和情感领域的一种方法，斯塔尔和墨菲的处理方式值得我们关注。

斯塔尔于1984年对上述框架的修改保持了前面的四个层次，同时添加了一个新的第五层次"Cueplication"，该层次被定义为能够表明必要时学生"**能够**（can）应用"知识。"迁移"作为第六层次被重新定义为在适当的时候学生"**愿意**（will）应用"知识。"能够"与"愿意"之间的区别接近于认知与情感之间的区别，因为随着内化的增加，学生的反应将从"能够应用（can do）"变成"愿意应用（will do）"或"应用（does）"。原来的第七层次"组织"变成了第八层次，而"产生"则不见了。斯塔尔表示，他在1985年就放弃了认知领域模型（Domain of Cognition model），并且一直在致力于一个信息加工、能力和学习结果的分类系统（Taxonomy of Information Processing, Abilities, and Outcomes）（见于私人通信，2000年2月21日）。

斯塔尔和墨菲（Stahl and Murphy, 1981）声称，他们的分类系统是一个层级结构。由于不存在与**分析**和**评价**相当的类别，同时考虑到本书第十六章所描述的关于《手册》的前四个类别的实证研究证据，他们的系统的确很可能是一个层级结构。由于删除了相当于**综合**的类别，斯塔尔（Stahl, 1984）的系统也似乎更加符合这一声称。斯塔尔的系统以及斯塔尔和墨菲的系统都包括了21种单一过程，以描述他们系统中的那些具有英文动名词形式的类别，这些类别类似于——其中只有三个等同于——本修订版分类体系的19种认知过程。

斯塔尔和墨菲都是"桥梁建筑师"，所以我们更加详细地介绍了他们的框架。通过把从回忆到应用层次的信息加工步骤包括在其系统中，斯塔尔（Stahl, 1984）在目标与教学之间架起了桥梁。斯塔尔和墨菲（Stahl and Murphy, 1981）的系统则跨越到情感领域。我们将在第十七章中进一步讨论从目标跨越到教学以及到情感领域等问题。

布鲁斯对知识类别与其他类别所作的整合

布鲁斯（Bruce, 1981）所作的修改包括摈弃原版的**知识**类别，主张把**知识**的亚类放在原版的**应用**、**分析**、**综合**和**评价**类别的亚类之中。对于**领会**及其亚类**转化**、**解释**和**外推**，他未作修改，但他把**应用**分成两个亚类："应用概念（Applying Concepts）"和"应用规则（Applying Rules）"。他的"分析"类别具有三个亚类，即"辨认基本要素（Identifying Essential Elements）"、"识别关系(Recognizing Relationships)"以及"识别组织原理(Recognizing Organizing Principles)"。他的"综合"类别包括"建立独特的交流(Creating a Unique Communication)"、"组合要素以形成计划(Combining into a Plan)"以及"提出原理的表述(Formulate a Statement of Principle)"。最后,他的"评价"包括两个亚类:"建立准则(Establishing Criteria)"与"进行判断(Making Judgments)"。布鲁斯分类系统的亚类名称为将知识分开成为单独的维度埋下了伏笔,而且他对"应用"作了细分,虽然其方式不同于我们在本修订版框架中的划分。

罗米佐斯基对知识和技能的分析

作为描述教学系统设计的工具,罗米佐斯基(Romizowski, 1981)的分析具有两个基本类别,即"知识"和"技能"。在将"知识"分离出来的同时,如同本修订版所做的那样,他基于"威廉斯(Williams, 1977)……对布卢姆分类体系和加涅分类系统的改进",将"知识"分成四类:事实、程序、概念和原理(Romizowski, 1981, p.242)。其中前三类知识相当于本修订版分类体系中知识的亚类:**事实性知识、程序性知识**和**概念性知识**。他的知识类别与原版框架的关系如表15.1所示。我们将他的"原理"合并到了本修订版的**概念性知识**之中。

罗米佐斯基使用一个二维表格来描述技能。第一个维度包括两种学习类型:再现性学习(Reproductive)——学生能否再现以前所学的东西;创造性学习(Productive)——学生能否富有成效地运用以前所学的东西。"布卢姆的主要类别……可以分成这些组类……(知识、领会和应用——再现性学习;分析、综合和评价——创造性学习)。"(Romizowski, 1981, p.251)第二个维度由四个技能领域构成:认知技能(Cognitive)、动作技能(Psychomotor)、反应性技能(Reactive)和互动性技能(Interactive)。反应性技能是条件化的习惯和态度,如同情感分类学中的"注意(Attending)"、"反应(Responding)"以及"赋值(Valuing)",此外还加上个人控制技能。互动性技能包括各种社交习惯以及人际控制技能,如领导能力。

罗米佐斯基还在如图15.1所示的他称之为"扩展技能循环圈"中(但未被包括在表15.1中)对知识和技能进行了分析。图中圆圈的最外层给出的12种能力中,有的"也许是有效地完成一项技能活动(skilled activity)所必需的……[但]任何一项技能活动可能都需要这12种技能以某种形式组合起来才能完成"(Romizowski, 1981, p.257)。他认为这12种技能产生了内圆中的四种行为,而这些行为最终以一种技能活动的形式表现出来。按照外圈的数字顺序审视这12种技能,我们看到,第1—3种技能涉及刺激的摄入,与斯塔尔(Stahl, 1984)以及斯塔尔和墨菲(Stahl and Murphy, 1981)的"观察"阶段非常相似,在原版和本修订版分类体系中都没有与之对等的类别。第4—6种技能似乎与本修订版分类体系中**回忆**类别相当。第7—9种技能具有与原版框架中三个最高类别相同的名称,但其扇形内层部分列出的归属于这些类别的技能只是可能包括在这些类别中的具有代表性的技能。第10—12种技能中,第11种技能具有"愿意做(will do)"的情感方面特征,而第10与12种技能则具有元认知的行为特征。罗米佐斯基表明了他的分类系统如何能够用于分析具体的学习情境。他的系统提供了将认知和情感这两个领域连接起来的另一途径。

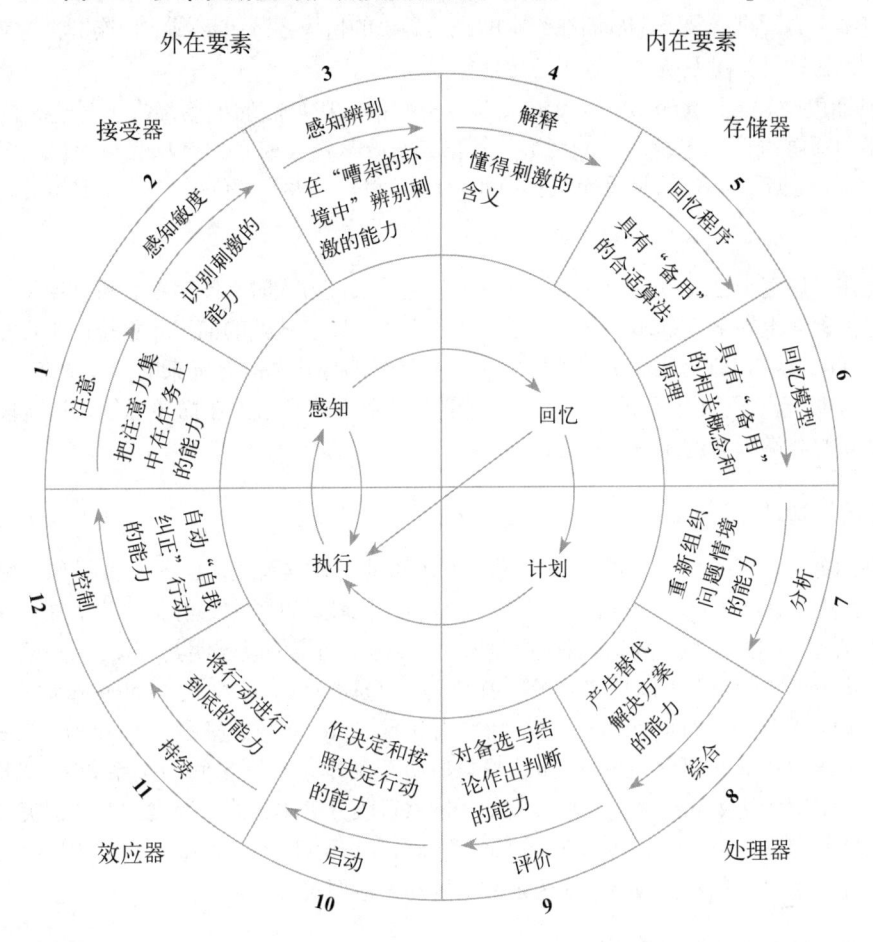

图 15.1 罗米佐斯基的扩展技能循环圈（Romizowski, 1981, p.257）

比格斯和科利斯的 SOLO 模型

SOLO（Structure of Observed Learning Outcome，即观察到的学习结果结构）分类系统强调习得与运用知识，这与加涅的系统相似（Biggs and Collis, 1982）。然而，SOLO 建立在一个与皮亚杰的认知发展阶段学说类似的理论基础之上。具体地说，SOLO 的类别描述知识习得或建构的五个阶段：

- 前结构（Prestructural）：对问题迷惑不解；不能以适当方法解决问题。
- 单点结构（Unistructural）：仅能依据一个方面进行"概括"；不能在事实与概念之间建立联系。解决问题太快；从一个方面匆忙得出问题的答案。
- 多点结构（Multistructural）：仅能依据少数几个片面的和互不相关的方面进行概括；基于孤立的资料过于迅速地解决问题；能够序列化地理解问题的多个方面，但不能把这些方面互相联系起来。

- 关联结构（Relational）：归纳，能够在给定的或经历过的情境中利用相关方面进行概括；能够将多个方面进行整合，从而在给定的或经历过的情境系统中形成结构连贯、含义一致的整体，但在这种情境系统之外则不一定能够如此。
- 扩展抽象结构（Extended Abstract）：演绎与归纳，在更高的抽象层次上对连贯的整体进行概括；能够推广到未经历过的情形。答案具有开放性，或者允许从逻辑上得出各种不同的答案。（根据下列文章改写而成：Biggs and Collis, 1982；Furst, 1984；Hattie and Purdue, 1997）

当描述在反应复杂性逐渐增加的学习过程中学生的反应方式时，比格斯和科利斯系统的起始阶段并不是定位于学生的学习结果。只有到了更为复杂的阶段，他们的描述才更接近于学校的学习目标。但与加涅的系统相似，他们把《手册》中区分开来的那几个最为复杂的行为放在一个阶段中。同样，表15.1展示了我们对两个框架之间的近似关系所作的推断。在描述思维发展阶段方面，比格斯和科利斯的分类结构也许是有用的。

奎尔马尔兹的认知过程分类法

奎尔马尔兹（Quellmalz, 1987）提出了一个认知过程分类系统，试图使教师和学生都更容易理解和使用。她确认了五种认知过程——回忆、分析、比较、推断和评价，这些认知过程与原版分类体系的类别十分相似。她还为这五种过程提供了具体动词实例以阐明其含义："回忆"的动词实例有定义（define）或列举（list）；"分析"有分解（breakdown）或分类（categorize）；"比较"有对比（contrast）或区别（distinguish）；"推断"有预测（predict）或推理（deduce）；"评价"有判断（judge）或辩护（defend）。这些认知过程与原版分类体系类别之间的关系如表15.1所示。注意，她的动词实例所使用的动词英文形式类似于本修订版分类体系的过程类别的动词英文形式，而且，如同梅特费塞尔、迈克尔和柯尔斯纳（Metfessel, Michael, and Kirsner, 1959）以及本修订版分类框架那样，奎尔马尔兹还列出了描述她的类别的其他形式。

豪恩施泰因关于教育目标的概念性框架

通过建立基本定义和一组分类准则，豪恩施泰因（Hauenstein, 1998）试图为那些基于所有三个领域——认知领域、情感领域（Krathwohl, Bloom, and Masia, 1964）以及动作技能领域（Simpson, 1966）——而建立的分类系统带来一致性。对这些框架中不符合其准则的地方，他提议进行修改，以便使它们符合准则。虽然他对所有三个领域都提出过修改建议，但我们在这里仅考虑认知领域；表15.1对此进行了总结。

豪恩施泰因明确规定，分类系统必须是一个层级结构，"低阶类别是高阶类别的先决条件"（Hauenstein, 1998, p.31），这与《手册》（pp.16-17）所作的假设是一致的。考虑到第十六章所列举的实证研究证据，以及附录A所描述的类别之间在复杂程度上存在明显的重叠现象，我们决定，不将本修订版分类体系看做一个层级结构。

除了上述层级结构准则以及下面提及的某些情形之外，豪恩施泰因的其他准则都具有原版和本修订版两个框架的特征：

- "术语必须*能够表达为动词或动名词……*"（句中的强调为原文所有，Hauenstein, 1998, p.31）。原版框架使用了可以用英文动名词形式表达的名词。然而，对于豪恩施泰因以名词形式保留的类别名称，本修订版将它们都改成了动词形式，以符合我们用来将目标分解为"知识"维度和"过程"维度的动词—名词关系。
- "分类系统作为一个整体必须具备*总体包容性*"（句中的强调为原文所有，Hauenstein, 1998, p.31）。如同所有的推断逻辑那样，包容性很难被证明。然而，原版框架已经被广泛接受，这似乎是它符合包容性准则的最好证明。由于本修订版建立在原版的基础之上，因此可以认为本修订版也同样符合这一准则。
- "分类系统的类别必须具有*相互排他性*……"（句中的强调为原文所有，Hauenstein, 1998, p.31）。虽然类别之间彼此排斥是最为理想的，并且原版和本修订版也尽可能地遵循了这一准则，但正如我们在附录 A 中所讨论的那样，我们还是有意使本修订版分类体系的某些类别彼此交叠。
- "类别必须按照相容的*排序原则*进行排列……并且，如果一个类别形成亚类，那么，它必须至少具有遵循同一原则的两个亚类……"（句中的强调为原文所有，Hauenstein, 1998, p.31）。豪恩施泰因、《手册》以及本修订版框架全都按照从简单到复杂的原则排列类别的顺序。"至少两个亚类"是豪恩施泰因额外要求的一个准则。除了《手册》中**应用**类别这个例外，原版和本修订版框架以及豪恩施泰因的分类系统都遵循了这一准则。
- "使用的术语……应该能够表达观点，并且在该领域使用的术语中具有代表性"（句中的强调为原文所有，Hauenstein, 1998, p.32）。他提到，对该准则的一种检验方法是看能否使用这些术语与教师很好地进行交流。原版与本修订版框架都遵循了这一准则。更好地表达观念，是我们将**领会**改为*理解*以及将*综合*改为*创造*的意图所在。

豪恩施泰因的认知领域框架由五个类别构成，其中有四个类别使用了《手册》的类别名称。他的亚类名称采用了名词形式，并且除"领会"类别之外，他用新名称代替了原来的亚类名称。他的类别及其亚类的结构如下："形成概念（Conceptualization）"替代**知识**[亚类包括：辨认（Identification）、定义（Definition）、泛化（Generalization）]；"领会（Comprehension）"[亚类：转化（Translation）、解释（Interpretation）、外推（Extrapolation）]；"应用（Application）"[亚类：澄清（Clarification）、解决方案（Solution）]；"评价（Evaluation）"[亚类：分析（Analysis）、限制（Qualification）]以及"综合（Synthesis）"[亚类：假设（Hypothesis）、决定（Resolution）]。他省略了原版的**分析**类别，同时调换了**综合**类别与**评价**类别的顺序（本修订版也调换了它们的顺序）。他在**应用**类别中添加了几个亚类，这大概是为了满足他的第四条准则。他的第一条准则"术语必须**能够表达为动词或动名词……**"，他调换**综合**类别与**评价**类别的顺序，以及他对知识的重新定义，这些都与我们的修订一致。

引人注意的是，豪恩施泰因增加了一个新的领域，即"概括和总结认知、情感和动作技能领域共同要求的那些教育目标"的"行为领域"（Hauenstein, 1998, p.115）。该领域由五个类别构成：习得（Acquisition）、消化（Assimilation）、改变（Adaptation）、表现（Performance）和愿望

(Aspiration)。这些类别描述在一段学习过程中学生发展的相继阶段。斯塔尔（Stahl, 1979, 1984）与克拉思沃尔、布卢姆和马西娅（Krathwohl, Bloom, and Masia, 1964）曾试图把上述几方面的大部分纳入他们的框架，而豪恩施泰因则把它们分出来成为一个单独的领域。这也是在认知领域和情感领域之间建立联系的另一途径。

赖格卢特和穆尔的对照框架

为了给比较各种教学设计理论提供一个框架，赖格卢特和穆尔（Reigeluth and Moore, 1999）把《手册》的六个类别精简为四个。我们已将他们的四个类别列在了表15.1之中，以便与原版的六个类别相对照。"识记信息（Memorize information）"包括原版**知识**类别的所有内容，"理解关系（Understand relationships）"与原版的**领会**类别最为相似，"应用技能（Apply skills）"对应于原版的**应用**类别，"应用通用技能（Apply generic skills）"对应于原版的最后三个类别：**分析、综合**和**评价**。显然，这三个类别被认为都广泛地涉及相似的教学设计策略，所以对它们不加以区别。赖格卢特和穆尔使用了动词作为类别名称，本修订版框架也是如此。但他们没有像本修订版那样具有单独的知识维度，而是把行为的对象——"信息"、"关系"、"通用技能"——作为类别名称的一部分附在其后，效果类似于把知识作为第二个维度。

多维分类系统

在这一部分中，我们将讨论九种多维分类系统：1. 德布洛克（DeBlock, 1972）；2. 德科尔特（DeCorte, 1973）对吉尔福德（Guilford）智力结构模型的修改（1967）；3. 奥米尔（Ormell, 1974—1975）；4. 汉纳和米凯利斯（Hannah and Michaelis, 1977）；5. 威廉斯（Williams, 1977）；6. 马扎诺（Marzano, 1992）的学习维度模型；7. 梅里尔的成分显示理论（Merrill, 1994）；8. 哈拉戴纳（Haladyna, 1997）；9. 威廉斯和哈拉戴纳（Williams and Haladyna, 1982）。汉纳和米凯利斯、威廉斯、梅里尔以及本修订版分类体系采用了两个维度；德布洛克、德科尔特、奥米尔以及威廉斯和哈拉戴纳的系统有三个维度；马扎诺的系统有五个维度。所有这些框架——包括本修订版分类体系——都把知识与认知过程分开成为独立的维度。对照本修订版分类框架，表15.4（见第218—219页）总结了它们中与本修订版分类框架相关的八个框架。[威廉斯和哈拉戴纳的系统（Williams and Haladyna, 1982）看起来只是哈拉戴纳系统（Haladyna, 1997）的简写版本。]

德布洛克的三维框架

德布洛克的分类系统具有三个维度，其中包括针对一种教学目标模型的72个种类的目标。这三个维度与指导教学的三个概括性的总体目标相联系。德布洛克提出，教师希望学生：

- 从部分（partial）学习转变到更为综合性的（integrated）学习，即从知道到理解到应用到综合；
- 从有限（limited）学习转变到基本（fundamental）知识学习，即从事实到概念到关系到结构，从事实到方法最后到态度；

- 从专题（special）学习转变到通用（generic）学习，即从学习的有限迁移到中等程度的迁移再到全面的迁移。

对照表 15.4 中原《手册》的类别，德布洛克框架第一个维度的前三个类别似乎与《手册》的类别是对应的，但他（如同本修订版那样）使用了动词而不是名词，即用"知道（Know）"替代**知识**，"理解"（Understand）替代**领会**（本修订版也作了同样的替代），"应用（Apply）"替代**应用**。他把**分析、综合**和**评价**合并为一个类别，即"整合（Integrate）"。

除他的"态度"类别越入了元认知领域或情感领域这一例外，德布洛克的第二个维度看上去与**知识**类别中的亚类相对应。他的"事实"对应于原《手册》的**具体信息的知识**和本修订版的**事实性知识**。他的"关系"和"方法"对应于《手册》的**一般概念和抽象概念的知识**及本修订版的**概念性知识**。表 15.4 列出了德布洛克框架的前两个维度与本修订版的类别彼此对应的情况。

表 15.4 中未列出德布洛克的第三个维度，即学习迁移的一般性（generality of transfer of learning）。它或者已经被包含在类别的定义之中，或者融入到了对亚类所作的从简单到复杂的区分之中。例如，在原版分类体系中，学习迁移一般性的增强将**领会**类别中从**转化**（用自己的言语表达出原文的含义）到**外推**（把原文的含义推广到原情境之外）的几个亚类区分开来。类似地，原版的**应用**类别涉及超越**领会**的一般化，因为应用要求在新情境中使用法则、程序等等。原版**评价**类别的亚类从**依据内部证据进行判断**扩展到**依据外部准则进行判断**。在本修订版分类体系中，学习迁移一般性增强的明显例子是**应用**类别的**执行**和**实施**两个过程类别。**执行**是在原来的学习情境中的应用；**实施**则要求在新的情境中应用，从而涉及学习迁移的一般性。

德科尔特对吉尔福德智力结构模型的修改

吉尔福德（Guilford，1967）提出智力结构模型是为了理解智力，但德科尔特（DeCorte，1973）对该模型进行了修改，把重点放到了学校教育的结果上。德科尔特模型具有三个维度：

- 操作（Operations），对应于《手册》的技能和能力类别（在**知识**类别之上的那些类别）；
- 内容（Content），不是指专题或题材，而主要是指教材呈现给学生的方式（因而不能与原版和本修订版分类体系联系起来）；
- 产品（Products），操作和内容相互作用的结果，与本修订版分类体系中知识维度的类别相联系。

在所有相异分类系统中，只有奥米尔与梅里尔的框架（两者都将在后面予以讨论）以及德科尔特的框架将教材与知识区分开来。正如本书第二章和第三章所表明的那样，本修订版框架也在教材与知识之间作了这一重要的区分。教材通常是教学工具而不是教学目的；目标中明确规定的才是教学目的。

表 15.4 展示了德科尔特框架的五个认知过程——回忆式再现（Recall Reproduction）、解释性思维（Interpretative Production）、收敛性思维（Convergent Production）、发散性思维（Divergent Production）、评价（Evaluation）——与本修订版分类体系的过程类别的对应关系。这两个框架使

用的术语有别,但这些术语所表示的基本过程极为相似:回忆式再现——**回忆**,解释性思维——**理解**,收敛性思维——**分析**,发散性思维——**创造**。它们似乎是可以彼此替代的术语。类似地,德科尔特分类系统的"产品"描述了几种形式的知识[例如,单元(units)、类别(classes)、关系(relations)、系统(systems)、转化(transformations)、含义(implications)],它们也能够与原《手册》中**知识**的几个类别相对应。

表 15.4 我们推断的本修订版分类体系与相异多维分类系统之间的关系

本修订版分类体系	德布洛克(1972)	德科尔特(1973)/吉尔福德(1967)	奥米尔(1974—1975)	汉纳 & 米凯利斯(1977)	威廉斯(1977)	马扎诺(1992)	梅里尔(1994)	哈拉戴纳(1997)
知识维度								
事实性知识	事实	单元	知识		内容	陈述性知识	回忆例子	
概念性知识	关系 方法	类别 关系 含义	知识		内容	程序性知识	回忆一般原则	
程序性知识		系统 转化	知识		内容		回忆一般原则	
元认知知识			知识		内容	富有成效的思维习惯,关于学习的态度和感受		
认知过程维度								
记忆/回忆	知道	回忆式再现		数据收集(观察、回忆)	识记 总结			
理解	理解	解释性思维	领会	智力过程(解释、比较、分类、预测、概括、推断)	实例化	分类 归纳	运用概念 运用原理	理解
应用	应用	收敛性思维	应用	技能(应用)	预测 应用 评价	演绎 抽象	运用程序 运用原理	批判性思维 问题解决

(待续)

（续上表）

本修订版分类体系	德布洛克(1972)	德科尔特(1973)/吉尔福德(1967)	奥米尔(1974—1975)	汉纳&米凯利斯(1977)	威廉斯(1977)	马扎诺(1992)	梅里尔(1994)	哈拉戴纳(1997)
分析	整合	收敛性思维	分析	智力过程（分析）		比较建构支持	运用程序运用原理	批判性思维问题解决
评价	整合	评价	评价	智力过程（评价）	评价	分析错误分析观点	运用程序运用原理	批判性思维问题解决
创造	整合	发散性思维	综合	智力过程（综合、假设）		归纳建构支持	发现概念发现程序发现原理	创造

奥米尔对原版分类体系的修改

奥米尔（Ormell，1974—1975）试图把原版分类体系变成更加有效的分类工具，因此，他主张放弃按照复杂程度排列类别的顺序，使六个主要类别彼此平等、平行。此外，他提到，《手册》划分了**细节的知识**的亚类，但却未能注意到"对于每个这样的层次，在'领会'中存在着与之相当的层次"（p.8）。按照所涉及的知识的复杂程度，奥米尔将原版分类体系中六个主要类别的每一个都分成六个亚类。"就分析而言……分析数值 273 的质数因子是一回事；而分析一个三维刚体振动的自然模式是另一回事"（Ormell，1974—1975，p.9）。在某种意义上，这种划分产生了与本修订版框架的知识维度相当的第二个维度。

在对知识作了区分之后，奥米尔进一步提议区分出亚类的第三个层次，即任务的"可见性（visibility）"。这个新层次似乎是学习的近迁移（near transfer）相对远迁移（far transfer）的量度，即具体例子到一般法则的距离。例如，"a^4-1，a^4-b^4，a^2-1，a^2-b^2 全部都是 $X^2-Y^2 = (X-Y)(X+Y)$ 的例子，但这些例子的**可见性**并不相同"（Ormell，1974—1975，p.9）。这一点似乎类似于本修订版框架的**应用**类别中**执行**与**实施**之间的区别。在本修订版框架中，我们仅在**应用**类别中作了这种区分，而作为奥米尔分类框架的第三个维度，它想必会被用来作为对所有类别的进一步要求。我们不清楚是否容易在类别中进行"可见性"或复杂程度的区分，即使容易进行，我们也不清楚这种区分是否增加该框架的价值。我们的结论是，除**应用**类别之外，这种区分不易进行，但也许在一些学科领域这种区分是有用的。

奥米尔主张颠倒原版框架中**评价**与**综合**的顺序。他在一张示意图中提出了一个二维分类系统，其中理解是所有类别的中心，但他未对该示意图给予文字说明。本修订版分类体系没有像奥米尔框架那样构成六个彼此平行的类别，但是，如同他所做的那样，我们淡化了层级假设，引入了**理解**类别，并且颠倒了**综合**与**评价**的排列顺序。

汉纳和米凯利斯的教学目标综合框架

一直到本修订版最后审稿前，我们才发现汉纳和米凯利斯的框架（Hannah and Michaelis，1977），这实在是一件令人十分遗憾的事情。否则我们原本可能节省大量时间和许多讨论。在好几个方面，他们的框架与我们最终得到的结果都惊人的相似。图15.2给出了他们的框架（Hannah and Michaelis，1977，p.16）

图15.2 汉纳和米凯利斯的教学目标综合框架

智力过程		技能	态度和价值观
推断（Inferring）	评价（Evaluating）	即兴创作（Improvising）	整合（Integrating）
概括（Generalizing）	预测（Predicting）	应用（Applying）	偏好（Preferring）
分类（Classifying）	假设（Hypothesizing）	掌握（Mastering）	接受（Accepting）
比较（Comparing）	综合（Synthesizing）	建模（Patterning）	遵从（Complying）
解释（Interpreting）	分析（Analyzing）	模仿（Imitating）	反应（Responding）

数据收集
观察（Observing）　　回忆（Remembering）

汉纳和米凯利斯没有指明图15.2中四个长方框是不同的维度或领域，而是把它们作为主要的类别，并使其框架包括所有三个领域：认知——"智力过程（Intellectual Processes）"；动作技能（和认知）——"技能（Skills）"；情感——"态度和价值观（Attitudes and Values）"。这三个类别由图15.2中最上面的三个长方框表示，在这些长方框的下面按照层级排列这三个领域的亚类，第四个主要类别"数据收集（Data Gathering）"则放在层级最低的那排亚类下面。他们把"数据收集"看作所有类别的基础。他们的"技能"类别包含从"模仿"到"即兴创作"的五个层次，看起来是依照已有的动作技能分类系统（Simpson，1966；Harrow，1972）建立起来的，而且他们对这五个层次的解释大量地吸收了动作技能的活动。然而，"技能"类别显然是用来覆盖认知与动作技能两个类别的，因为该类别的每一个亚类至少包括一个与认知活动相联系的例子。他们的"态度和价值观"包括从"反应"到"整合"的几个类别，似乎是以情感分类体系（Krathwohl，Bloom，and Masia，1964）为模型发展而成的。

汉纳和米凯利斯的"数据收集"被视为所有类别的基础，与原版的**知识**类别最为接近。他们采纳了原版**知识**类别的动词部分并将其命名为"回忆"，这与本修订版的**记忆／回忆**（Remember）类似。他们还将"观察"添加进来作为"数据收集"维度的一个部分。但是，他们的框架中没有与原版**知识**类别中的名词部分或本修订版知识维度中的类别相当的类别。

在许多方面，他们的"智力过程"领域与《手册》的其他五个类别相当，但有一些新添加的类别和其他的改动。汉纳和米凯利斯删除了原版的**领会**类别，但没有像我们那样代之以***理解***，而是使用了一系列英文动名词（解释、比较、分类、概括以及推断）去覆盖**领会**类别原有的内容。他们还把这种动名词形式扩大到"智力过程"的其他类别，即将名词形式的**分析**、**综合**与**评价**改为动名词形式的分析、综合、假设、预测和评价。（在本修订版中，我们也使用了动名词，但只限于亚类名称。）他们的整个框架包括了 22 个动名词（如图 15.2 所示，"数据收集"之上有 20 个动名词，再加上"观察"和"回忆"），他们对每一个都提供了定义、关注的问题、例证性目标以及例证性测评设计。汉纳和米凯利斯的系统（Hannah and Michaelis, 1977）与本修订版在许多方面非常相似，因此，它是关于目标和测评模型的另一个有用来源。

他们声称，"除'数据收集'之外，其他每个类别的层次都是按照大致的层级顺序排列的。正如这三个类别的学习都要基于最初的数据收集那样，每个类别中更高的层次都是以对其前面层次的内容或能力的掌握为基础的"（p.68）。他们把十个"智力过程"分成两个层级（见图 15.2），但表示这完全是出于描述的需要，而且在他们看来所有这十个层次都是按照复杂程度递增的顺序排列的。几乎像所有其他框架的作者那样，他们似乎是在纯粹逻辑的基础上作出了以上声称。

"智力过程"维度前五个动名词中有四个与本修订版用于定义***理解***的七个术语中的四个是相同的。此外，第五个动名词则是七个术语之一的同义词。这五个动名词在其层级结构中的位置与***理解***在本修订版框架中的位置相同，但是，这些术语彼此的排列顺序稍有不同。下面就是这五个动名词从低到高的排列顺序，以及本修订版中定义***理解***的七个术语中与它们相同的术语的排列顺序号（用括号中的数字表示）：

1. 解释（1）
2. 比较（6）
3. 分类（3）
4. 概括（4）（本修订版中***总结***的同义词）
5. 推断（5）

这两组术语是相互独立发展起来的，考虑到这一事实，那么，它们的排列顺序仅稍有不同（"比较"是唯一未按顺序排列的术语），这表明两个框架具有值得注意的对应关系。

汉纳和米凯利斯没有颠倒"评价"与"综合"的顺序，而是在它们之间引入了"假设"与"预测"两个动名词。这两个动名词的含义似乎更接近于"综合"，而不是"评价"。他们在著作的结尾部分还对类别之间的相互作用进行了讨论。总之，他们的框架引人注意，其许多特点预期了本修订版所作的修订。

威廉斯的教育目标行为类型学

威廉斯（Williams, 1977）注意到原版的分类框架是"根据智力过程定义的"，由此开发了"根据教师……安排的任务的具体特点定义"的"认知领域的教育目标行为类型学"（Williams, 1977, p.39）。如同本修订版那样，他的框架也对知识与行为作了区分。

威廉斯把知识称为内容。让我们考虑一个具体程度逐步加深的知识连续体，其一端是知识，使用极其一般的术语描述，另一端是学科内容，即对用于教学的书籍、练习和教学活动的详细描述。在该连续体上，何处将知识与内容划分开来，以及如何最为恰当地给这两大部分中的各小部分命名，就成了值得我们讨论的问题。我们更愿意把知识想象为靠近一般术语所描述的那一端，它仅延伸到各独特的内容领域所出现的差异。因此，我们把知识与课程内容区分开来，并且不像威廉斯那样使用术语"内容"来描述知识。本书第二章和第三章讨论过学科内容与知识之间的区别。

威廉斯的系统具有六个行为类别，他对适于每一个类别的内容都进行了描述。这类似于布鲁斯（Bruce，1981）在其框架中处理"知识"的方式（参阅第211—212页）。对于每一个类别，威廉斯还使用选择题、构答反应型测验题以及目标实例等进行描述和解释。我们所推断的威廉斯的类别与本修订版框架的最为近似的关系可见表15.4。

威廉斯的"识记（Memorization）"（给出的线索，对习得的信息进行选择或构思）与本修订版的**记忆／回忆**以及《手册》的**知识**类别极为相似。同样地，他的"总结（Summarization）"（已知释义，选择其名称或属性）也与**记忆／回忆**相似。他的"实例化（Instantiation）"类似于本修订版的**总结**（summarizing），但后者把新例子或新释义作为条件，因此，与《手册》的**领会**更为接近。①

他的"预测（Predication）"、"应用（Application）"和"评价（Evaluation）"全都包含《手册》中**应用**类别的要素。"预测"涉及对于给定的新情境选择或建构结果。他的"应用"近似于《手册》的**应用**。他的"评价"［给定……情境、相异的行为以及作为行为基础的准则／价值观，选择最可取的行为（Williams，1977，p.44）］类似于《手册》的**评价**，但引入了价值观，即情感的一个方面。该类别似乎与通常所称的问题解决相似。尽管在他的"评价"中有一个例子要求列出解决问题的实验技术，而这无疑涉及综合与创造过程，但在他的系统中，《手册》的**分析**或**综合**都未作为类别出现。如同某些其他相异框架那样，威廉斯的分类系统删除了《手册》的**分析**类别，也没有包括本修订版中的**创造**类别。

为了检查他的框架是否更容易使用，威廉斯使用自己的分类法测试了一个由13人构成的样本对于一组代表性目标的同意度（level of agreement）。虽然他发现对于经过选择适合他的框架的目标具有很高的同意度，但对于不是这样选择的其他目标的总体同意度则不是特别令人信服。"实例化"这一术语的使用对不熟悉该词的人也可能存在问题。威廉斯并未实际构思本修订版分类表，但他在其类别中区分出内容，这实际上相当于跨过了知识与认知过程两个维度。

马扎诺的学习维度框架

马扎诺（Marzano，1972）的学习维度框架包括五个维度：关于学习的态度和感受（Attitudes and Perceptions about Learning）；知识的习得和整合（Acquisition and Integration of Knowledge）；知识的延伸和精化（Extension and Refinement of Knowledge）；有意义地运用知识（Meaningful Use of

---

① 这是一个极好的例子，阐明了本分类体系试图缓解的许多问题之一——在使用含义相同的术语时，选择标准词汇以避免混淆。

Knowledge）以及富有成效的思维习惯（Productive Habits of the Mind）。"知识的延伸和精化"维度中包括八个过程：比较（Comparing）、分类（Classifying）、归纳（Inducing）、演绎（Deducing）、分析错误（Analyzing Errors）、建构支持（Constructing Support）、抽象（Abstracting）以及分析观点（Analyzing Perspectives）。如表 15.4 所示，这些过程密切对应于《手册》中的六个类别。而且，如同本章所回顾的某些相异分类框架那样，马扎诺分类框架中这些过程的含义要比原版或本修订版分类体系的类别都狭窄。例如，他的系统中"分类"的含义要比原版的**领会**或本修订版的**理解**狭窄；"分析错误"的含义也要比**评价**（Evaluation）或**评价**（Evaluate）狭窄。

"知识的习得和整合"维度类似于我们所说的知识类型（例如，**事实性知识**）。如同本修订版那样，马扎诺把"陈述性知识"①与"程序性知识"明确地看作知识的重要形式。

马扎诺的"富有成效的思维习惯"维度是指自我调节的思维（例如，计划、意识到自己的思维），这与本修订版分类体系的新的知识类别**元认知知识**相似。在几个方面，他的"关于学习的态度与感受"维度也与**元认知知识**相似。

马扎诺的最后一个维度是"有意义地运用知识"，其类别包括"决策（Decision Making）"和"问题解决"。我们发现，如同前面提到的德布洛克的"迁移"与加涅的"问题解决"一样，这些概括性的名称与原版或本修订版分类体系中任何类别都不是很相符。这些类别看来至少涉及本修订版的**分析**、**评价**和**创造**。

梅里尔的成分显示理论

与本修订版框架一样，梅里尔的成分显示理论（Component Display Theory）（Merrill，1994）使用两个维度来描述目标。他的"学生行为表现（Student Performance）"维度类似于认知过程维度，而他的"学科内容（Subject Matter Content）"维度则如同知识维度。他把"学生行为表现"分成四个类别："回忆例子（Remember Instance）"、"回忆一般原则（Remember Generality）"、"运用（Use）"和"发现（Find）"。他把"学科内容"也分成四个类别："事实（Fact）"、"概念（Concept）"、"程序（Procedure）"和"原理（Principle）"。如同我们的分类表那样，梅里尔使他的两个维度彼此相交，将所得的结果称为"行为表现—内容矩阵（Performance—Content Matrix）"，如表 15.5 所示。"行为表现—内容矩阵"的"事实"一行只显示了与"回忆例子"一列相交的方格，因为其他三个类别——"回忆一般原则"、"运用"和"发现"——全部都只涉及更为复杂的学科内容类别——"概念"、"程序"与"原理"。

---

① 我们最初也使用了"陈述性知识"一词。然而，我们认为，把陈述性知识分为"事实性知识"与"概念性知识"是一项有意义的划分，而且，这些术语要比"陈述性知识"更好理解。

表 15.5 梅里尔的行为表现—内容矩阵

学科内容	学生行为表现			
	回忆例子	回忆一般原则	运用	发现
事实				
概念				
程序				
原理				

注

六个暗色方格中每一个都用表 15.6 中的一行来描述。根据 Merrill，1994，p.112 改编。

正如第十四章提及的那样，在分类表中，有些方格表示常见的知识类别与认知过程类别的组合，而且，根据其定义，人们也许就能够预期它们的配对（例如，**应用**与**程序性知识**）。类似地，梅里尔将表 15.5 中六个暗色的方格作为重要的组合选择出来，并对这些组合进行如表 15.6 所示的更为详细的描述。表 15.5 中每一个暗色的方格在表 15.6 中都作为一行出现。表 15.6 的第一列是由表 15.5 的行和列标题决定的方格名称。在其后的各列中，梅里尔列出了"学生被给予什么"（第二列），"预期的学生行为"（第三列），以及"学生行为的结果"（第四列）。其中第三列"预期的学生行为"中的动词与本修订版分类体系的 19 种认知过程相似。

照梅里尔所说，"运用就是把一般原则应用到具体的场合"（Merrill，1994，p.117）。这似乎使得"运用"实际上与本修订版框架的**应用**类别相同。然而，如表 15.6 所示，"运用/概念"要求学生进行分类，而在本修订版分类框架中，分类位于**理解**层次。类似地，"运用/原理"要求学生进行说明或作出预测，而在本修订版分类体系中，这些学生行为出现在从**理解**到**创造**的几个层次。同样地，"发现/概念"、"发现/程序"和"发现/原理"导致创造、设计和发现，而在本修订版分类体系中，所有这些行为也都大致处于**创造**层次。总之，如表 15.4 所示，梅里尔的"运用"与"发现"两个类别包括了本修订版分类体系中认知过程维度的大部分内容。但是，梅里尔对与一些类别相联系的行为的具体要求有别于本修订版分类体系中对类似行为所作的具体要求。

表 15.6 行为表现—内容矩阵目标的具体要求

行与列的相交点：	学生被给予：	预期的学生行为：	结果：
运用/概念	绘画 图片 描述 图表	分类	新例子
运用/程序	单词 材料 设备 装置	演示	名称 新任务

（待续）

(续上表)

行与列的相交点：	学生被给予：	预期的学生行为：	结果：
运用 / 原理	单词 描述 绘画 图形	说明或预测	名称 新问题
发现 / 概念	绘画 图片 描述 图表 对象	创建类别	来自未指明类别的指称物
发现 / 程序	描述 示范 例证 具体要求	设计步骤	希望得到的产品或事件
发现 / 原理	描述 例证 观察	发现关系	事件

注

表中各行由"运用"和"发现"两个行为表现层次与相关学科类型相结合加以命名。表中的各列分别表示学生被给予什么，将要做什么，所获得的结果。根据 Merrill, 1994, p.117 改编。

哈拉戴纳与威廉斯和哈拉戴纳的高阶测验试题类型学

哈拉戴纳（Haladyna，1997）对于高阶思维（即大部分分类框架中较高的那些层次）的测评一直很有兴趣。精简后的威廉斯和哈拉戴纳（Williams and Haladyna，1982）分类框架包括四个类别：理解（Understanding）、问题解决（Problem Solving）、批判性思维（Critical Thinking）和创造（Creativity）。他们使用一组动词对每个类别进行描述，这与梅特费塞尔、迈克尔和柯尔斯纳（Metfessel，Michael，and Kirsner，1969）对《手册》中类别的描述非常相似。如表15.4所示，无论在原版还是在本修订版框架中，我们都很难把"批判性思维"或"问题解决"看作单独的类别，但他们的"理解"和"创造"的含义则似乎与本修订版框架中对应的类别相近。哈拉戴纳使用的类别名称与本修订版框架中的类别相同，这一点引人注意，虽然他的类别名称使用的是名词而不是动词形式。

他们更早的框架（Williams and Haladyna，1982）与本修订版更加相似，但具有三个维度："内容（Content）"维度对应于我们的知识维度，被分成"事实（Facts）"、"概念（Concepts）"和"原理（Principles）"；"任务（Task）"维度对应于我们的认知过程维度，包括"复述（Reiteration）"、"总结（Summarization）"、"例证（Illustration）"、"预测（Prediction）"、"评价（Evaluation）"以及

"应用（Application）"；第三个维度"应答模式（Response Mode）"是指测评所要求的回答类型，包括选择反应（selected response）模式与构答反应（constructed response）模式（其区别类似于本修订版的**识别**与**回忆**）。这第三个维度是他们为方便编写高阶测验试题而为之努力的一部分。

他们的"任务"维度中的类别与本修订版分类体系的类别也存在对应关系。"复述"与**回忆**相似。本修订版框架中**理解**类别所包括的认知过程的定义与"复述"之后的三个类别非常相似："总结"与**总结**（Summarizing）、"举例"与**举例**（exemplifying）以及"预测"与**推断**的同义词**预测**（predicting）都具有非常相近的含义。他们的"评价"也与**评价**（evaluate）相当。但他们把"应用"定义为与"预测"相反的行为，即给予个体结果，然后由个体确定获得该结果的方法。这样定义的应用似乎与本修订版框架的**创造**类别最为接近。在许多方面，哈拉戴纳的框架以及威廉斯和哈拉戴纳的框架都预示了本修订版所作的修订。

本修订版的修订与 19 种相异框架的相似之处

所有相异分类框架的作者都试图改进原版分类框架，或者设计更容易使用的框架。值得一提的是，在 19 种相异框架中，有 6 种（表 15.1 和表 15.4）使用了动词代替名词作为类别名称（德布洛克；格拉克和沙利文；汉纳和米凯利斯；梅里尔；梅特费塞尔、迈克尔和柯尔斯纳以及赖格卢特和穆尔）。这就如同我们在本修订版中所做的那样，这些相异框架的作者使得其类别名称与教育者表达目标的方式相似。

在这些框架中，有 10 种或明或隐地把知识作为单独的维度（布鲁斯；德布洛克；德科尔特；哈拉戴纳；汉纳和米凯利斯；马扎诺；梅里尔；奥米尔；赖格卢特和穆尔；威廉斯），其中大部分建立了一个知识和过程的二维结构。汉纳和米凯利斯使用了 12 个英文动名词来描述他们的"数据收集"类别和"智力过程"类别——认知领域——或者说 17 个动名词，如果把他们的"技能"类别包括在内的话。我们使用了 19 个动名词。

有五种框架把综合、创造、产生或某个相似的类别作为最高类别（奥苏贝尔和鲁宾逊；格拉克和沙利文；哈拉戴纳；梅里尔；斯塔尔和墨菲）。本修订版也作了这一修订。

有五位作者声称其框架具有层级结构（奥苏贝尔和鲁宾逊；加涅；汉纳和米凯利斯；豪恩施泰因；斯塔尔和墨菲）。然而，没有任何框架（包括我们的框架）的这一说法得到了实证证据的支持，尽管基于原版分类框架的证据，我们能够证实，对于有些框架（包括我们的框架）而言这一声称是部分正确的。我们将在下一章进一步讨论这些实证证据。正如附录 A 所提及的，我们已经弱化了层级结构这一说法。

有些框架（豪恩施泰因；斯塔尔；斯塔尔和墨菲；罗米佐斯基）包括了情感领域的方面或重要的情感成分。如果有人正在寻找在各领域之间建立联系的方式，那么这些框架的观点就值得他们考虑。

我们在本修订版中所作的许多修订已经被其他作者独立地提出来，这一事实增加了我们修订的潜在价值。我们希望本修订版框架代表了对原版框架所作的那些最佳改进。

第十六章　关于原版分类体系结构的实证研究

随着《手册》变得广为人知并且被广泛使用，研究者对关于原版分类体系的一些假设能否得到实证研究的支持产生了兴趣。他们研究过的一些假设包括：(1) 人们会以同一方式对同一组目标进行分类（《手册》，pp.44-59）；(2) 研究将表明，与分类体系较高的层次相联系的试题对学生的难度更大（《手册》，pp.18-19）；(3) 分类体系的六个类别构成一个累积性层级结构（cumulative hierarchy）（《手册》，pp.17-19）。克赖泽和马达斯（Kreitzer and Madaus, 1994）已对这些研究进行了有益的回顾。

针对上述第三个假设的研究对我们的修订工作具有特别重要的意义，因为本修订版分类框架不仅不受关于层级结构假设的束缚，而且还颠倒了原版层级结构中两个类别的顺序。在本章中，我们只关注与累积性层级结构问题有关的实证研究证据。

累积性层级结构问题的研究

如果像原版分类体系这样的框架是有用的，那么其类别的某种合理顺序应该是这些框架的一个重要特征。正如我们在第十五章中看到的那样，教育中大部分框架，有些是整个类别，有些是部分类别，其顺序是在复杂程度明显增加的基础上排列的。然而，原《手册》不仅这样安排了分类体系类别的顺序，而且进一步假设其类别构成一个累积性层级结构。这一假设的意思是，"较复杂的行为包含较简单的行为"（《手册》，p.16）。所以，要掌握一个较复杂的行为（或在修订版中，一个较复杂的认知过程），就必须掌握层级结构中复杂程度较低的行为。掌握复杂程度较低的那些行为被假定为学习较复杂行为的必要但不充分条件。某些其他的分类系统也作了类似的假设（例如，参看 Gagne, 1972; Gagne and Briggs, 1979; Hannah and Michaelis, 1977; Hauenstein, 1998; Stahl and Murphy, 1981）。

从原版分类体系的组织方式上看，累积性层级结构的假设似乎是合乎逻辑的。这一假设在其产生时并未显得已经具备实证的基础，但正如克赖泽和马达斯（Kreitzer and Madaus, 1994）所指出的那样，原版分类体系发表以后，许多研究者已在探索证实其层级结构。

检查累积性层级结构的弱实证方法

研究者使用过两种方法研究累积性层级结构假设。两种方法中实证性较弱的一种是研究以下假定是否成立，即与越来越复杂的类别相联系的测验试题的难度也越来越大。从表面上看，这一假定有些似是而非。人们大概认为，那些试题编制者能够使任何年级的试题变得容易或困难，而且进行这些研究的大部分学者都承认这一点。使用这一方法的研究者则为之辩护，他们认为，目标所属类别的复杂程度越低,所有的学生更加完整地掌握这些目标的可能性就越大,因此,对于某一年级来说,如果所编制的试题复杂程度适当,那么,随着针对更加复杂的类别的试题难度的增加,这种目标掌握情况的差别将显示出来;类别越复杂,试题的难度就越大。

这一假定是不足以让人信服的。根据克赖泽和马达斯的研究(Kreitzer and Madaus,1994),费尔布拉泽(Fairbrother,1975)和格特曼(Guttman,1953)两人都曾提到,"概念层次的难度并不必然地与分类学中的任务相关"(p.76)。克赖泽和马达斯重新审视这些研究的结果,发现其中有些支持层级结构假设,有些则不支持。他们不是仅从这些研究结果就得出结论,而是把这些结果作为从所有的研究中获得的、供他们作出总体结论的部分证据。

检查累积性层级结构的强实证方法

本章主要涉及对原版分类体系的六个类别之间的相关性所进行的研究。这些研究汇集或编制了针对被选择的类别的测评试题。很少有研究曾经包括了所有六个类别。然后,这些研究用整套试题对学生进行测试,学生在某个类别上的成绩由他们在该类别试题上的得分来表示(例如,"知识"的得分、"领会"的得分等等)。这一策略可能对每个学生掌握每个类别的情况提供可靠的估计。我们能够把每个学生掌握某一个类别的情况与该学生掌握其他类别的情况进行比较,然后与研究中所有的学生进行比较,以统计学上的相关系数来描述任何两个类别掌握情况之间的关系。

这些研究使用的分析方法包括从把被选择的类别的相关系数矩阵与单形模型(simplex pattern)进行比较(Kropp and Stoker,1966)一直到寻找基本结构的各种方法。寻找基本结构的方法包括:

- 路径分析(path analysis)(Madaus,Woods,and Nuttall,1973;Ohara,Snowman,and Miller,1978;Miller,Snowman,and Ohara,1979;Ekstrand,1982);
- 因素分析(Millholland,1966;Thomas,1965;Klein,1972;Ekstrand,1982);
- 通过 LISREL 线性结构方程建模(Hill and McGraw,1981;Ekstrand,1982;Hill,1984)

克赖泽和马达斯(Kreitzer and Madaus,1994)也对这些研究进行了评论。总的来说,他们的结论是:这些研究的结果得到了正反两方面的证据,但是,复杂程度较低的类别(具体地说,"领会"、然后"应用"、然后"分析")排序的证据支持要强于最复杂的几个类别(即"综合"与"评价")排序的证据支持。此外,根据他们的分析,"知识"在分类体系中的适当位置也有问题。

在本章中,我们把注意力集中在那些获得了类别之间相关性数据的研究。我们将基于克赖泽和马达斯的发现,对这些研究进行元分析。元分析能够对一组研究获得的数据进行综合统计,从而为这些数据提供一个定量的"总结"。

遗憾的是,大部分关于类别相关性的研究只发表了综合的统计结果,而没有提供其相关系数的原始数据。但有六个研究结果例外地包括了原始数据,这些数据包括学生样本在各个类别上得分的相关系数。样本中的所有学生都参与了同一组测验。每个测验测量学生在分类体系一个类别上的成绩(例如,"领会")。然后,将每个类别上的得分与其他类别上的得分配对(即"知识"与"领会"、"知识"与"应用"、"领会"与"应用"等等),从而计算出每个类别的得分与每个其他类别得分的相关系数。大部分研究只包括了复杂程度最低的那几个类别的测量结果。

相关系数的原始数据表格是在以下研究结果中找到的：托马斯（Thomas，1965，样本大小 n=102）；克罗普和斯托克（Kropp and Stoker，1966，n 在 5057 到 5135 之间变化①）；戴维斯（Davis，1968，n=988）；帕乔里（Pachaury，1971，没有给出 n②）；克莱因（Klein，1972，n=48）；以及汉考克（Hancock，1994，n=90）。其中只有克罗普和斯托克（Kropp and Stoker，1966）以及克莱因（Klein，1972）的研究给出了跨越六个类别的相关系数。戴维斯（Davis，1968）只包括了"分析"和"评价"两个类别的数据。帕乔里（Pachaury，1971）和托马斯（Thomas，1965）的研究仅涉及复杂程度最低的那三个类别；汉考克（Hancock，1994）的研究涉及复杂程度最低的那四个类别。我们把这些获得的数据列在了附录 C 的适当方格之中并标出了数据的研究者。

对所获得的类别之间的相关性数据所作的元分析

我们只能够对已获得的数据进行粗略的元分析。粗略，首先是因为已有的研究结果太少；其次是必须估计帕乔里数据的样本大小。另外，由于不同研究者所取的样本大小相差太大，如果像通常所作的那样，以样本大小作为研究的权重，那么，克罗普和斯托克数据的作用就会大大超过其他数据。尽管如此，元分析还是值得一试。

相关系数不是等距度量值，即当相关性尺度上两点间等距时，两点之间关系强度的变化并不等值。例如，在相关系数 0.90 与 0.95 之间 5 个百分点的差异要比 0.10 与 0.15 之间的差异大得多。因此，我们首先把附录 C 表格中每个方格的数据转变为能够用来纠正这一问题的费希尔（Fisher）z 统计量（Guilford and Fruchter，1978）。然后，求出每一对类别（例如，"知识"与"领会"）的 z 统计量对于所有研究的平均值，再把该平均值转变为相关系数，以此表示那一对类别的对于所有可用数据的平均相关系数。这个步骤使得每一项研究具有相同的权重，我们这样得到的结果如表 16.1 所示。

我们假定，如果存在着累积性层级结构，那么，只有能够正确解答一个类别的试题，才有可能正确解答在层级顺序上最靠近该类别的那个类别的试题。如此类推，正确解答了测量"知识"的试题的学生并不都能正确解答测量"领会"的试题，掌握"应用"的学生还要少一些，掌握"分析"的会更加少些，掌握"评价"的会最少。要是这样的话，"知识"成绩与复杂程度相继增加的那些类别的成绩之间的相关系数就会系统性地减少。换言之，在一个类别上正确解题是在相邻更复杂类别上正确解题的必要而非充分条件，因此，这两个类别之间的相关系数就应该比该类别与那些复杂程度更高的类别之间的相关系数要大些。此外，与该类别相关联的类别复杂程度越高，它们之间的相关系数也就应该越小。

我们可以把这种模式转化为如表 16.1 所示的数据期望值。如果类别之间存在累积性层级关系，那么，相关系数的变化就会呈现出一种模式，即相关系数的大小将沿对角线向下逐渐变小，而且每行每列最大的相关系数位于对角线上。相关系数随着与对角线距离的增加而变小。从单个相关系数来看，每个相关系数都比直接在它上面一行以及紧靠它右边的一列的相关系数要小。这种模型被称

---

① 相关系数是四套题的平均值，每套题的 n 在 5057 到 5135 之间变化。
② 数据来自三个年级，是由威斯康星大学 Hegelson 认知学习中心收集的。

为单形。如果我们允许等值的情形（即一个非对角线上的相关系数等于它上面或右边的相关系数），那么将有更多数据符合这一模型。满足单形条件的相关系数在表 16.1 中用粗斜体字表示。

表 16.1 中用粗斜体字表示的数据不多。该表中最有意义的数据也许是对角线上三个满足单形条件的相关系数，这些数据支持处于中间部位的那几个类别的层级顺序。

在其他条件相同的情况下，样本越大，研究对总体值（population values）的估计也越准确，因此，常规的元分析做法是根据总体大小给各个研究加上权重。表 16.2 列出了表 16.1 中按照样本大小加权平均的数据。[①] 由于克罗普和斯托克数据的权重比其他数据的权重大得多，因此表中的数据基本上重现了克罗普和斯托克的研究结果。

表 16.1　附录 C 表格的每个方格中数据的平均相关系数

	知识	领会	应用	分析	综合
领会	0.52**				
应用	*0.45***	*0.54***			
分析	*0.37***	0.47**	*0.45**		
综合	0.41	0.52	0.54	*0.41*	
评价	0.50*	0.49*	*0.41*	0.44*	0.43

注意

两个星号表示该数据是四个或更多研究的平均值；一个星号，三个研究；无星号，只有两个研究。粗斜体字显示的数据符合单形模型。

表 16.2　表 16.1 每个方格对样本大小加权后平均得到的相关系数

	知识	领会	应用	分析	综合
领会	0.51**				
应用	*0.51***	*0.71***			
分析	*0.39***	0.64**	*0.61**		
综合	*0.39*	*0.61*	0.63	*0.39*	
评价	*0.39**	0.44*	0.39	*0.38**	0.39

注意

两个星号表示该数据是四个或更多研究的平均值；一个星号，三个研究；无星号，只有两个研究。粗斜体字显示的数据符合单形模型（允许等值）。

[①] 分配权重的方法是样本大小除以 50 然后四舍五入到最接近的整数。各权重分别为戴维斯（20）、汉考克（2）、克莱因（1）、克罗普和斯托克（102）、帕乔里（3）以及托马斯（2）。

加权数据显示的模型与未加权数据的模型几乎相同。在对角线上的三个相关系数再次成为符合单形模型的数据中最重要的数据。这些数据再次支持中间类别的层级顺序。

评价（评价）与综合（创造）两个类别的排序

修订版分类框架颠倒了"评价"类别与"综合"类别的顺序，因此，我们想知道这两个类别像在修订版中那样排序时数据会变得怎样。表 16.3 列出了这样排序时未加权与加权两种情形的数据。

在未加权的数据中，除"知识"外，单形模型往下延伸到对角线的末端。此外，满足单形模型而不在对角线上的相关系数增多了。然而，在未加权数据的对角线上，最后三个相关系数仅相差 0.1，因此，我们很难信赖这一单形模型。

表 16.3 颠倒综合与评价的顺序后表 16.1 与表 16.2 中的数据

	知识	领会	应用	分析	评价
领会	0.52**				
应用	*0.45***	*0.54***			
分析	*0.37***	0.47**	*0.45**		
评价	0.50*	0.49*	*0.41*	*0.44**	
综合	*0.41*	0.52	0.54	*0.41*	*0.43*

注意
表 16.1 中未加权的数据。

	知识	领会	应用	分析	评价
领会	0.51**				
应用	*0.51***	*0.71***			
分析	*0.39***	0.64**	*0.61**		
评价	*0.39**	0.44*	0.39	*0.38**	
综合	*0.39*	0.61	0.63	0.39	0.39

注意
表 16.2 中加权的数据。

来自线性结构方程建模研究的证据

在为本章审视证据的过程中，我们也考虑过对结构方程建模研究进行元分析。但是，我们不清楚怎样把来自不同结构方程建模研究的证据合并到元分析中，而且，实际上，如果模型不同，我们根本不清楚是否能够进行结构方程建模研究的元分析。克赖泽和马达斯（Kreitzer and Madaus, 1994）分别考虑过 1994 年以前所作的研究。从这些研究获得的证据支持较简单类别的层级结构。汉考克后来进行的一项未曾发表的研究为这些证据增添了新的内容。

汉考克（私人通讯，1998 年 12 月 8 日）进一步分析了他在先前的研究中收集的数据（Hancock, 1994）。具体地说，他试图使四种彼此竞争的模型与他的数据相吻合，这些模型分别是：单因素模型、双因素模型（包括一个多项选择试题的因素和一个构答反应试题的因素）、四因素模型（每个因素代表布卢姆分类体系前四个类别中的一个类别）以及单形模型（在该模型中存在一条从"知识"到"领会"，从"领会"到"应用"，以及从"应用"到"分析"的直接路径）。他的结果表明，具有高统计显著性（$p<0.001$）、正向、强直接路径的单形模型与数据最相符合。

结论

总体上，我们应该在多大程度上信赖这些证据？尤其是，我们应该在多大程度上信赖元分析？许多数据之间的差异很小，可能是由于取样误差造成的，但我们寻找特定的模型有助于减少随机误差。数据中存在几个潜在的问题。例如，关于"综合"的数据仅来自两项研究。我们还想知道，试题对较复杂类别的测量结果将会如何，因为除克罗普和斯托克（Kropp and Stoker, 1966）的研究之外，其他所有研究都采用了多项选择测验题。此外，还有一些其他的问题。[①] 虽然如此，我们尽可能基于所有的数据作出我们最好的判断，并在新的证据出现时修正我们的判断。当不同来源以及使用不同方法获得的数据相互支持时，我们的判断就得到了保证。

对于累积性层级结构假设，元分析的结果提供了少量的支持证据。除"知识"外，中间类别的相关系数沿对角线逐渐减小，这一模式在"综合"与"评价"按两种顺序排列时都存在。我们所作的重新分析支持大部分单个研究的结论——即不计"知识"类别，对累积性层级结构假设的支持证据在最简单的那几个类别中显得最为清楚。克赖泽和马达斯（Kreitzer and Madaus, 1994）曾经得到过同样的结论。

克赖泽和马达斯（Kreitzer and Madaus, 1994）作出结论，在"知识"位置上的数据的含义是不明确的。我们所作的重新分析在某种程度上支持这一结论。要是相关系数符合单形模型，那么，它们应该沿对角线往下逐渐减小。从"领会"到"分析"的相关系数的确是这样变化的，但"知识—领会"的相关系数却不是这样（该相关系数的数值应该最大）。我们已经知道，原版分类体系的"知识"类别同时包含着过程方面（回忆和识别）和内容方面（事实性知识、程序性知识和概念性知识），而在本修订版分类体系中这两个方面明显是区分开来的，因此，毫不意外，从层级结构中的适当位置这一点看，"知识"数据的含义是不明确的。如果我们把"知识"作为一个单独的维

---

① 克罗普和斯托克（Kropp and Stoke, 1966）曾经注意到另外一个可能的问题，即如果一种关系中存在必要但不充分条件，那么，相关性也许不能准确地描述这一关系，因为数据分布图的一个角上就没有数据。分类学的层级关系包含必要但不充分条件。这些关系要求必须掌握较简单的行为才能掌握较复杂的行为，但掌握较简单的行为并不保证成功地掌握较复杂的行为。关于这种依条件而定的关系的详情，参看克拉思沃尔（Krathwohl, 1993）。

度来考虑，并把原版"知识"类别的过程方面作为*记忆/回忆*保留下来，这也许有助于我们解决克赖泽和马达斯（Kreitzer and Madaus, 1994）关于"知识"数据含义不明确的问题，如果未来的数据如我们所期望的那样。根据现有的数据，保持从*记忆/回忆*（替代"知识"）到分析等几个较低层次类别的原有顺序似乎是合理的。

最高层次的那两个类别的顺序又如何呢？如果人们把分类体系的类别想象为一个解决问题或验证定律、原理及其他抽象概念或产品的发展序列，那么，"评价"也许是其最后的阶段，因此，它被排在了最高的类别。这也许是那些强调测量的原版编写小组成员决定类别顺序的一个因素。然而，即使在原版编写小组中，也有人据理力争，要求颠倒最高层次的那两个类别的顺序。

把"综合"（现在的*创造*）作为最高类别只具有弱实证支持证据，因为颠倒"评价"和"综合"的顺序延长了我们元分析所包括的未加权数据的单形模型。我们曾在这个问题上辩论过好几个小时。在说了该说的做了该做的之后，在我们看来，如果按照从最简单到最复杂的顺序排列类别，那么，"综合"（*创造*）应该是最高的类别。简言之，涉及*创造*的归纳是比演绎更为复杂的过程。演绎包括把整体分解为若干部分，对部分进行评价，以及确定部分是否满足准则。另一方面，归纳涉及发现能够彼此适配的部分，判断部分是否适于组合，然后以最能满足准则的方式把部分组合起来。这似乎是一个更为复杂的认知过程。

此外，奥米尔（Ormell, 1974—1975）支持颠倒这两个类别顺序的观点。用他的话说，"综合所包含的……比纯粹的组合更为丰富；……它意味着……[片段]形成'有机的整体'。而且显然……如果不能意识到什么将*组合*在一起，即预先富于想象的'评价'，这是不可能达到的……"（句中的强调是原有的，p.4）。由于我们决定将复杂程度作为排列类别顺序的原则，而且依据实证数据不足以支持原来的排列顺序，因此，我们确定颠倒*评价*（评价）与*创造*（综合）两个类别的顺序更为适当。正如我们在第十五章所提及的那样，相异框架中有五种分类系统也把某个类似于*创造*的类别作为其最高类别。

第十七章　有待解决的问题

虽然我们希望本修订版分类框架是对原版的改进,但那些致力于探索性框架(heuristic frameworks)的研究者发现,对更好框架的探索是永无止境的。在每一次尝试中,人们对自己所作的选择竭尽全力,同时注意到那些可能纳入框架从而使框架变得更加有用的方方面面。在本章中,对那些试图对本框架作进一步修订的人们,我们提出如下也许具有挑战性的问题:

- 课程、教学和测评的整合过程
- 本框架对学生的用途
- 本框架与一个被广泛承认的、有意义的和实用的学习理论之间的关系
- 认知、情感和动作技能三个传统领域的整合

课程、教学和测评之间的关系

在本书中,我们自始至终都强调,必须保持课程、教学和测评三者的一致性。但是,我们同时也认识到,课程协调人、教师培训者和教学设计人员以及测评专家都各有他们自己的、独特的关注点。让我们对这三个群体的关注点作如下简要论述。

课程关注点

课程理论家们经常提及他们关于《手册》的三个关注点(Sosniak,1994)。第一,《手册》的作者们看似假定课程计划是一个理性的、直线式的过程。第二,原版分类体系的使用掩盖了课程建设的一个重要方面,即应该包括哪些目标以及在什么基础上作出这些决定等一些具有价值取向的问题。第三,原版分类框架建立在如下假定的基础之上,即"所有重要的教育意图都是或应该是可以事先明确规定的,教学的成功就是实现可预期的结果"(Sosniak,1994,p.119)。让我们对这三个关注点逐一加以考虑。

课程开发的过程　　与泰勒的基本理论(Tyler,1949)相符,原《手册》的作者们假定,课程建设始于目标的开发,教学活动和测评任务是能够与目标保持一致的。虽然这一课程开发方式也许适合于许多教师,但它显然并不适合于所有的教师。通常的情况是,一项引人入胜的教学活动或设计成了点燃课程或单元开发的火花。然后,人们再回头确定如何以最佳方式使用这项教学活动或设计以及可以用它来达到哪些教育目标(例如,"我们刚刚得到这个绝妙的新计算机软件,现在我们可以用它来做些什么呢?")。

我们承认,课程计划与运用提纲写作有几分相似。写作教师强调提纲对写作好文章的重要性。

但许多人提到，写作者声称他们在开始写作时只具有大致的构思，想到哪里就写到哪里。同样，有些教师也感到，计划太多会限制课堂教学的自然性，并束缚满足特殊课堂教学需要的灵活性。然而，对于大部分教师，这并不是一个"不是/就是"的问题，而是找到恰当平衡点的问题。即使没有事先的计划，只要对一门课进行了教学，正如教学案例所示范的那样，本框架就有助于我们带着批判的态度审视已进行的教学工作。

此外，计划给教学指明了方向，而教学方向可以按照上课情况进行调整。对于学生人数很多的大课，在计划和开发教材方面的大量投入也许不仅是合理的，而且是必要的。对于像通过因特网或万维网（World Wide Web）进行的远程教育课程，情况很可能也是如此。我们预料，本框架将被证明适用于这些场合。

然而，对于要求连续不断的更新、学生人数很少、必须灵活讲授或者授课时间不规律的课程，除非是出于帮助学生学会分析过程的考虑，否则在课程计划上的大量投入也许并不必要。然而，即便是对于这样的课程，熟悉本框架的类别也有可能触发拓宽知识和认知过程范围的努力，这对学生的学习以及增强学习效果是十分重要的。对那些在计划和分析上大量投入难以找到正当理由的场合，也许存在其他更好的解决方法。

价值观与课程　　索斯尼亚克（Sosniak，1994）提及的第二个批评认为，原版分类体系只不过是忽略了"什么是真正值得学习的？"这一基本问题的"技术性的解决方案"。与原《手册》相似，在价值取向上，本修订版分类体系有意保持了中性立场，因此，它能够被持有各种价值观的教育者和其他人士所使用。确定价值取向的基准完全超出了本框架的讨论范围。

然而，我们同时认识到，不仅对于课程开发，而且对于问责项目和外部测评的设计，"什么是值得学习的？"这一根本的问题都起着主导作用。事实上，这个问题就是我们的"学习问题"。尽管我们能够提出这个问题，但我们却回答不了。但是，如同教学案例所示范的那样，本框架能够使教育者反省与思考，从而更好地回答学习问题。

对学习的事先规定　　简单地说，批评者认为，并非所有重要的学习结果都是能够事先加以陈述的。我们曾在第二章中提及这一批评；然而，由于这一批评极为重要，我们现在再次将它提出来予以论述。毫无疑问，这一批评的内容与事实是相符的。我们不可能明确规定*所有*预期的学习结果。大部分优秀的教师都利用"教学契机（teachable moment）"，即使其结果可能与计划相去甚远。

但是，我们也曾在第一章中指出，教学是一项有目的的、理性的行为。教师的职责就是培养学习者在某些方面发生变化。不是*所有*预期的学习结果都能够被事先明确规定是事实，但这并不意味着我们不应该事先明确规定大部分预期的学习结果。我们应该事先明确规定这些学习结果！教育者和公众都同样具有一般的共识，比如说学生应该学会"阅读并且理解"、"懂得地理"以及"具有数学运算能力"。正是从这样一些普遍接受的目的的陈述中，更为具体的目标才得以衍生出来。

教学关注点

我们有必要对目标与教学之间的联系作进一步研究。我们对课堂教学案例的分析展示了本框架怎样有助于保持目标、教学和测评之间的一致性。虽然我们谈到过教育目标的本质间接地表明教学活动特征的实例，但规定学习目标并不自动地导致事先规定教学方法。知道在学习者发生的变化方面要达到*什么*目标并不等同于本能地懂得*如何*实现该目标。

尽管有人认为目标与教学之间从来就不应该存在非常紧密的联系，但是，大部分教师都会对"为目标而教"提供的更多指导表示感激。当然，这是 20 世纪 60 年代末和 70 年代初"表现为本"运动所期待的结果。那时的研究者想要确定，在指定的情境中，哪些教学方法、教学策略或者教师行为会产生哪些特定的学习效果。但他们当时不曾，到现在也还未能得到他们所希望的结果。事实上，现在许多人相信，在任何时候期待他们得到结果都是不现实的。我们认为，除非目标与教学活动的联系能够显著地得到增强，否则教学案例已用实例很好地阐明了在多大程度上分类框架（例如本框架）可能对教学提供有益建议。大部分教学决策仍然依赖于教师的创造性和聪明才智。

能够对教师提供帮助的框架将有助于把抽象的目标转变为一般的教学策略，再转变为能够帮助众多学生达到目标的具体的教学活动。我们是否能够建立这样一个比现有的那些框架更加有用的框架？显然，这是一个实证性问题。然而，为了广泛适用，这一框架必须包括目标的抽象语言和学生活动的详细描述——这不是一项容易的任务（Krathwohl，1994，p.296，paraphrase of Sosniak，1994）。

测评关注点

由于题库建设（item banking）和量表试题定位（item scaling）等方面的发展，教育测评已在概念上有了很大的拓展，但在题型这个前沿领域却几乎停滞不前。此外，当前对表现性测评和真实性测评的强调只是以一组问题替代了另一组问题。

选择题型缺乏进展 原《手册》的一大特色是，它为分类体系的每个类别建立了大量选择试题模型。尽管本书第五章有助于我们辨认测评题型，但是，与其说那些题型实例对展示学生完成某一认知类别的多种学习方式有用，还不如说它们对阐明和澄清某一过程类别中预期的认知过程的本质更为有用。

原《手册》出版以来，试题反应理论（item response theory）、计算机辅助测验以及记分和标准化的技术都有了相当大的发展，但令人遗憾的是，编制与选择适当的测评任务这一领域（例如，试题编写）却进展甚微。斯滕伯格（Sternberg，1997）曾经说："有一类行业……仍然是技术全面迅速进步的例外……"他继续以一种嘲讽的口吻说道，"一个创新的例子……（正如一个测验机构最近宣布的那样）是包括非选择题型的数学能力试题；它们是填空试题"（p.1137）。《手册》出版已有 44 年，然而没有新的迹象表明试题编写工作取得了任何进展。教育者不应忽略学生档案袋（portfolios）和其他表现性测评的用途，但是，那些为分类体系某个类别的测验试题寻求更多建议的教育者应该重新阅读史密斯和泰勒的著作（Smith and Tyler，1942）以及原《手册》。此外，保罗和诺西奇（Paul and Nosich，1992）提供了测量高层次思维的模型，哈拉戴纳（Haladyna，1997）意欲帮助个体进行复杂行为的测试，汉纳和米凯利斯（Hannah and Michaelis，1997）（参见第十五章）在他们的每一个类别中都包括了试题实例。

过程与结果 通常，教师希望学生按特定的方式完成练习题或解答问题，特别是在教学强调*程序性知识*的场合。然而，学生常常能够以不同方式获得正确的或适当的答案，有时，他们甚至使用教师认为不适当或明显错误的解题过程。由于缺乏易操作与完善的过程观察和记录方法，因此，我们通常是从学生的答案或从他们提出的解题方案推断他们的认知过程。

如果能够事先预料学生获得答案或解题方案的路径，那么，使用具有分支运算能力的计算机就有可能对这些路径进行跟踪。然而，这类方案要求学生在每一个选择点（choice point）对选项进行选择。这可能给学生提供在其他情形下他们意想不到的可能性，从而改变他们解题的自然进程。如果不使用某种多项选择形式的方案，那么，学生必须记录他们解题的每个步骤，或者提供他们认知过程的出声思维录音。但无论哪一种方法都会显著地放慢或改变他们解题的自然序列。所以，尽管计算机可能使记录和评价的过程变得更加容易，但对于过程的有效测评，我们仍需要一个更加令人满意的把过程与结果联系起来的方法。

表现性测评中任务与评分准则的一致性 表现性测评的潮流使我们超越了多项选择题测验的局限性。但是，正如前面提及的那样，这通常只是以一组问题替代了另一组问题。表现性测评非常耗时，往往难以对评分及其解释保持前后一致，此外，庞大的学生档案也难以被理解、迅速概括、保持和存储。

表现性测评的一个普遍问题，是学生所理解的任务（常常通过教师提供的指导）与教师使用的评分准则之间失配。有时，教师评价学生表现的准则在他们自己看来完全是合理的，但却不是学生所期待的那一部分准则。第十一章《国会法案》案例中出现过一个例子。在该案例中，教师使用了关于评价呈现答案（该例中的文章）质量的准则。由于把注意力集中在解决那些被分派的问题上，学生经常忽视呈现答案的细节。那些需要学生同时注意质量和细节的教师必须明确地提出这一要求。

第十二章《火山？在这里？》案例中出现过另一种失配的例子。该案例的评分准则显示，教师应该给那些提出相异解释的学生加分。学生不仅没有意识到这一可能获得的额外学分，反而被告知要提出最佳的问题解决方案，而不是在列出各种可能的解决方案后从中选择最佳方案。六个教学案例中有四个出现过某种失配的情形！我们不必宣称这种失配现象普遍存在，但我们也没有理由相信这些教学案例不具有典型性。

然而，我们已经找到这一问题的部分方案。如果教师与学生共同使用这些评分准则，从而使学生清楚地理解这些准则，然后教师如同向学生所作的说明那样严格遵循这些准则，那么，学生对任务的预期与评分准则之间就有可能保持一致，以上失配问题就能够减少甚至消除。《营养》案例以实例阐明了这一解决方案。

本框架对学生的用途

原《手册》所针对的是高校考试负责人以及测评。本修订版所关注的是教师、教师的目标、教学、测评以及它们之间的一致性。本分类框架对学生也同样有用吗？特别是对远程教育课程中的学生，当他们在因特网上进行课程学习时，本框架能够对他们提供帮助吗？我们还没有发现在这个领域进行的研究。在某种程度上，上述问题的答案取决于开发因特网教学的教师以及开发工作是否涉及本框架，如果涉及，那么它是如何涉及的。但是，我们所能做的任何增强学生学习能力的事情都可能是有益的；使学生知道课程目标会让他们对必须取得的学习结果具有清楚的认识。依据本框架组织这些目标也许会为审视课程结构以及目标之间的关系提供某种视角。我们需要在如何经济且有用地表达本框架方面进行研究，以便学生能够根据自己的用途使用本框架。

本框架与学习和认知理论的关系

理想的情况是，本框架的两个维度及其类别的排列顺序应该建立在某个单一的、被广泛承认的、实用的学习理论的基础之上。而且，类别的划分应该"符合我们当前对心理现象的理解"(《手册》，p.14)。认知理论的发展促成了我们的修订。在认知领域工作的基础之上，我们确定了知识类别的重点并把过程类别描述为具体的认知过程。我们的知识维度与认知过程维度之间的相互作用反映了认知领域的特征。因此，我们相信，在许多方面，本修订版都对原《手册》有所改进。然而，尽管原《手册》出版至今取得了许多进展，但我们还没有找到足以作为所有学习的基础的单一心理学理论。

认知、情感和动作技能领域之间的关系

由于言语的描述一次只能针对事物的某一个方面，因此，描述具有多个方面的目标需要对目标进行组织和简化。《手册》作者们对此的处理，是把目标体系划分为认知、情感以及动作技能领域。这一划分决定理所当然地受到批评，因为它把同一目标的不同方面分离开来——而几乎每个认知目标都具有情感的成分。例如，英语教师希望学生不仅学会评论好的文学作品，而且也学会评估它、欣赏它，并寻找机会去发现好的文学作品。

认知领域的广泛发展，它与学科内容之间的紧密关系，以及在完成教材教学方面教师所受的压力经常导致对学习认知方面的强调，而这种强调以牺牲其他方面（尤其是情感方面）为代价。此外，即使当教育者不忽视情感方面时，他们也往往会避开经常伴随大部分情感目标的情绪方面的问题。教育者不是把情感纳入教学计划，而是更有可能在遇到这类问题时以无计划的方式进行处理。要是本分类体系更好地整合了各个领域的内容，那么它就会有助于使情感方面成为教学计划的正常部分。

本修订版有意以认知领域为中心，从而忽略了这一问题，但我们的工作确实包括了某些为情感方面的未来发展所作的安排。前面曾经提及，在某些方面，*元认知知识*跨越认知与情感两个领域。*元认知知识*的掌握者能够从一定距离审视、监控和调节自己根据分类表其他方格的教学和测评而产生的行为。这涉及诸如此类的一些问题：我是否应该在这一情境中使用这一策略？如果应该，那么，该策略成功的机会有多大？使用该策略的动机是什么？最后一个问题显然跨入了情感领域。

目前，我们宁愿选择二维而不是三维的分类体系结构。随着时间的推移，我们也许会更愿意接受情感维度。这会使分类体系变得更加复杂，但也很可能使它涉及的范围更广更有效。现在看似过于复杂而一时无法被广泛采用的框架，以后也许会被人们认为更具优势。

另外，第十五章所描述的某些相异框架或者包含情感的成分，或者如同豪恩施泰因的系统那样(Hauenstein, 1998)，提供情感的分类法（豪恩施泰因还提供了动作技能的分类法）。但这些框架中

没有任何一个至今得到了广泛的支持。我们希望,把这些框架包括在本书中能够让更多的人了解它们。有些相异框架提出的观点也许将来才能够被证明具有魅力。

结论

如同原版分类框架那样,那些根据自己的目的使用本框架的人会获得最为有利的结果。布卢姆、黑斯廷斯和马达斯（Bloom, Hastings, and Madaus, 1971）曾经示范过如何使原版框架更好地适用于以下多个学科领域：语文（Moore and Kennedy, 1971）、数学（J.W. Wilson, 1971）、艺术教育（B.G. Wilson, 1971）、社会课（Orlandi, 1971）和科学（Klopfer, 1971）。麦圭尔（McGuire, 1963）也曾针对医学教育修改过原版框架。这些作者调整了类别的划分使之符合他们的学科专业，同时建立亚类以突出专业上的重要区别。这些对原版框架所作的调整，有些同样适用于本修订版；有些还可以作进一步的修改以增强调整的效果。虽然本修订版必然是作为一个普遍适用的框架发展起来的，但我们积极鼓励使用者创造性地对它进行修改，以满足他们独特的需要。

所有如同分类体系这样的框架都是现实的抽象，这些抽象为了有助于理解基本规律而简化了现实。本框架也不例外。我们决定保持两个维度，而不是采用三个维度使本分类体系变得更为复杂，这就是简化的一个例子。此外，我们以一种标准形式——19个动词——代替了原版框架的类别名称。使用19个动词是否太多？将类别名称改变为更容易转化为教学行为的动词，我们是受损了还是获益了？正如吃的过程证明好的食物一样，像本框架这样的概念性框架，其价值在于它的适用性——它被应用的广度和深度以及它对该领域的影响。

原《手册》中存在许多值得保留下来的东西。它被持续不断地广泛引用，这证明了它不随时间而变化的认知价值。"在一个以大幅摆动为标记的领域里，发现一种思想、概念或观点被长期接受和应用的可能性的确是微小的。毫无疑问，这一分类体系就是这些珍品之一。"（Anderson and Sosniak, 1994, p.viii）我们希望我们保留了原版框架的精华，从相异框架以及认知理论和研究的发展中借鉴了最好的观点从而创建了更加有用、更容易使用的新框架——我们的修订版也许能够变得像原版一样为教育者所熟知。

附 录

附录 A 对原版框架所作修订的总结

原版框架由六个主要类别构成，这些类别的顺序排列为：知识、领会、应用、分析、综合和评价。在"知识"类别之上的其他五个类别被统称为"能力和技能"。不言而喻，每一种能力和技能都要用到"知识"，因为能力和技能的有效使用要求具备适当的知识。

每个类别都包含一些亚类："知识"类别和"领会"类别的亚类较多；其他类别的亚类则较少。这些类别及其亚类被假定沿着一个从简单到复杂、从具体到抽象的连续体分布。而且，这些类别在该连续体上的顺序排列被假定构成一个累积性层级结构（参见下文中的第 11 点）。

熟悉原版框架的读者会发现，我们所作的修订多达 12 处：在重点方面的修订有 4 处，术语方面 4 处，结构方面 4 处。最为重要的是，我们改变了原《手册》的关注点。

在重点方面的四处修订

1. 本修订版主要关注分类体系的应用

本修订版强调在课程计划、教学和测评中应用分类体系，并保持以上三者的一致性。这一点与原版的关注点大不相同，因为原版关注测评，为其六个类别分别提供了大量的测验例题。比较原版或本修订版在课程计划和教学中应用分类体系的例子所占的篇幅，我们看到这两个版本之间存在明显的差别：在原版中，这一部分的篇幅很少；而在本修订版中，总共十七章中就有十一章描述本框架的应用，其中第一、二、三章及第六章介绍了本框架在计划和分析课程、教学、测评以及在一致性等方面所起的作用；第七章描述了它在准备和分析课堂教案例中的用途；第八—十三章呈现了这些教学案例以及对它们所作的分析；第十四章归纳了从这些分析中形成的涉及关键性教育论题的九个通则。

编写原《手册》的小组成员大部分是来自高校的考试负责人，他们最初预期《手册》会被用于各学校考试机构之间测验试题的交流。然而，正如本·布卢姆在这些始创人的首次会议的致词中表明的那样（Bloom, 1949），他期望《手册》将得到更为广泛的应用；该分类体系处理的是一些具有普遍性的问题。本修订版不仅证明了他的预期是可以实现的，而且我们对分类体系所做的修订意在使其发挥更强、更广的作用。

2. 本修订版针对的读者范围更广，其重点是教师

本修订版分类体系的设计使其对每个年级的教师都有用。我们特别考虑到中小学教师的需要。对此进行检验的是如下提问：这一处修订会怎样使本分类体系对所有教师都更加有用？对该问题

的回答指导我们作出修订决定。如果说原版主要针对高等教育，因而几乎没有来自中小学教育的例子，那么，在本修订版中，来自中小学教育的例子占据了主导地位。实际上，本书的教学案例全都处在大学前的教育水平上。

3. 包括测评任务实例主要是为了传达意义

本修订版收纳了测评任务实例（例如，表现性任务、测验试题），这主要是为了帮助阐明和澄清各种类别的含义。令人惊异的是，从原《手册》一直到本修订版，在如此长的一段时间内，试题编制方面的进展寥寥无几，因此，我们似乎无法在这方面对原版进行改进。由于原版极为重视测验题型（主要是选择题）——约占篇幅的40%——所以，它是各种题型的更好来源。史密斯和泰勒（Smith and Tyler, 1942）为"八年研究"开发了许多题型，它们至今仍然是测量复杂认知过程的最具智慧的题型设计。

4. 本修订版强调类别的亚类

原版框架强调的是六大主要类别而不是其中的亚类，因而它对六大主要类别进行了相当详细的描述。非常明显地，在详尽描述和举例阐明亚类（即"知识"的亚类与具体的认知过程）以及亚类在案例分析中的用途这一过程中，产生了主要类别的定义。（参见第四、五章和第三部分的所有章节）

在术语方面的四处修订

5. 使主要类别名称与目标表达方式相一致

我们调整了原版的术语，使之与目标的表达方式保持一致。而原版框架缺乏这种一致性。教育目标指明学生应该能够对某事物或以某种方式（名词）做某事（动词）——一种"动词—名词"关系。知识类别通常构成目标中的名词部分，原版框架的第一个类别——"知识"体现了这一点，因为"知识"是一个名词。然而，原版框架中其他类别的名称也是名词（例如，Application、Analysis，等等），但它们却以动词形式被用于目标之中（例如，apply、analyze，等等）。我们决定以动词形式重新标记这些类别，以反映目标的"动词—名词"关系。为了完整起见，我们将原版的"知识"类别更名为*记忆/回忆*。

6. 重新命名与组织"知识"的亚类

原《手册》强调六个主要类别，因此，有些人可能会忘记还存在"知识"的亚类。在原《手册》中，对这些亚类的详细描述是在附录中给出的。我们对《手册》出版后提出的相异分类框架的回顾（见第十五章）以及对关于学生学习的仔细思考使我们将"知识"的亚类重新组织为知识的四个类别：*事实性知识*、*概念性知识*、*程序性知识*以及新类别——*元认知知识*。正如我们在第四章中表明的那样，人们很容易在原《手册》"知识"的亚类中找到与*事实性知识*、*概念性知识*和*程序性知识*相对应的部分。我们预期，新增加的类别将把必要的注意力引导到"元认知"的教育目标上。

7. 用动词作为"认知过程"类别的亚类名称

在原版框架中,"知识"之上五个类别的亚类名称都具有名词或主格短语形式(例如,translation, interpretation, extrapolation within comprehension)。在目标陈述与教学中,教师使用的同义动词似乎更加有助于表达目标、制订教学活动和测评任务,并有助于将三者分类。因此,我们使用动词替代名词作为亚类名称(例如,*interpreting*, *exemplifying*, *inferring*)。为了使这样命名的亚类与以动词命名的主要类别区分开来,我们将这些亚类称为"认知过程"。为什么我们选择特定的动词替代原版的亚类名称?这些被选择出的动词都符合两条准则:(1)它们代表那些能够体现认知理论和研究成果的认知过程;(2)它们是教师在目标陈述和单元设计中常见的认知过程。①

8. 重新命名"领会"和"综合"

我们更改了两个主要类别的名称:"领会"更名为*理解*;"综合"更名为*创造*。我们在第五章中讨论过这些更改的原因,在本章最后一部分还要谈到更名*理解*的原因。

在结构方面的四处修订

9. 目标的动词部分和名词部分成为独立的维度

学习研究所取得的进展以及对相异框架所作的区分,都促使我们重新思考原版框架中"知识"所扮演的角色。最终,我们将隐含在原版"知识"类别中的名词部分和动词部分分开。分开后的名词部分保留了"知识"这一类别名称,但变成了独立的维度,具有上面第6点所提及的4个类别。(也可参见本书前环衬页上的知识维度表。)

分开后的"知识"的动词部分变成了*记忆/回忆*类别,它取代了原版六大类别中的"知识"类别,而且现在全部由动词构成。该类别的动词形式描述内隐于原版"知识"类别中的行为;学习知识的头一件事情是记住知识。考虑到*记忆/回忆*在六大认知过程类别中最为简单,我们将它放在本框架结构的最低层次,即原版"知识"所处的位置。六大认知过程类别都用动词形式表示,它们一起构成认知过程维度,描述运用知识的方式或对知识施加的行为。(参见本书封三)

10. 二维结构是分类表这一分析工具的基础

将知识作为一个新的维度,这必然导致我们以一个被称为分类表的二维结构来表示知识维度与认知过程维度的关系(参见本书封二)。分类表的方格包含教育目标。分类表不仅将教育目标分类,而且还为分析教学活动和测评任务提供了可能(参阅第八—十三章的教学案例)。只有在分类表中同时审视教育目标、教学活动和测评任务,我们才能够谈论这三者之间的一致性问题。

---

① 梅特费塞尔、迈克尔与柯尔斯纳(Metfessel, Michael, and Kirsner, 1969)很早就认识到把原版分类系统的类别名称转变成在目标中使用的动词的必要性。为了方便教师、管理者以及其他人士使用分类体系,他们提供了一个像词典那样的列表,其中列出了原版分类系统中每一个主要类别的备选动词。

11. 过程类别不构成累积性层级结构

认知过程维度的六大类别被假定是按照复杂程度递增的顺序排列的，在这种意义上，本修订版分类框架具有层级结构。然而，原版框架声称其类别构成一个累积性层级结构。这意味着，掌握较复杂的类别要求事先掌握该类别以下的所有复杂程度较低的类别——这是一个极为严格的标准。随后进行的一些研究为它的三个中间类别——"领会"、"应用"和"分析"——的累积性层级结构提供了实证证据，但是，实证证据不足以支持最后两个类别的排列顺序（参见第十六章①）。

原版框架的类别之间被假定互不重叠，这是累积性层级结构必须满足的要求。事实上，正是通过硬性界定六大类别，原版框架才使得其类别之间的区分变得明确。然而，本修订版分类体系的一个重要特征是，为了与教师使用的语言相符，我们允许六个类别在复杂程度上有所重叠。所以，本修订版是把教师的使用而不是把形成严格的层级结构放在更为重要的位置上。

以*理解*类别作为例子可以清楚地阐明这一修订。请看*理解*的使用方式，与其前身"领会"相比，*理解*的定义显然要更加宽泛。所以，我们允许界定*理解*类别的亚类与*应用*类别有所重叠。例如，在六大类别的层级中，*理解*要比*应用*的复杂程度低一级，因此，我们预期，在复杂程度上，*说明*这一*理解*类别中的认知过程要比*应用*类别中最简单的认知过程低一级。然而，事实不是这样的。这是一个例子，其中的认知过程（本例中的*说明*）等于或超过层级中上一个类别（本例中的*应用*）的复杂程度。

如果仅仅为了避免类别重叠，那么，我们将不得不把*说明*放在*应用、分析、评价*或*创造*类别之中。但是，"说明"并非一种"应用"、"分析"、"评价"或"创造"。"说明"是"理解"的一种情形，因此，我们把它归到*理解*类别，尽管它无疑要比大部分简单"应用"的认知过程更为复杂。

难道这意味着本修订版分类体系中不存在某种层级？我们并不这样认为。从概念上说，如果我们在从简单到复杂的连续体上标出认知过程维度中每个类别的范围，那么，从*记忆／回忆*到*创造*，每个类别中心的复杂程度会逐步增加。此外，虽然我们稍微改变了各类别的定义，但我们并不认为本修订已经足以使得有利于原分类体系的实证证据对本修订版无效。这些证据支持复杂程度较低的那几个类别的层级顺序（见第十六章的描述）。

12. 交换综合／*创造与评价*／*评价*的顺序

我们交换了两个最高的认知过程类别的顺序，即把*创造*，而不是*评价*，作为最复杂的类别。第十六章对这一重新排序的原因作了说明。

图 A.1 总结了原版框架的六大类别与本修订版框架结构的关系。

---

① 第十六章只出现在本书的完整版中。

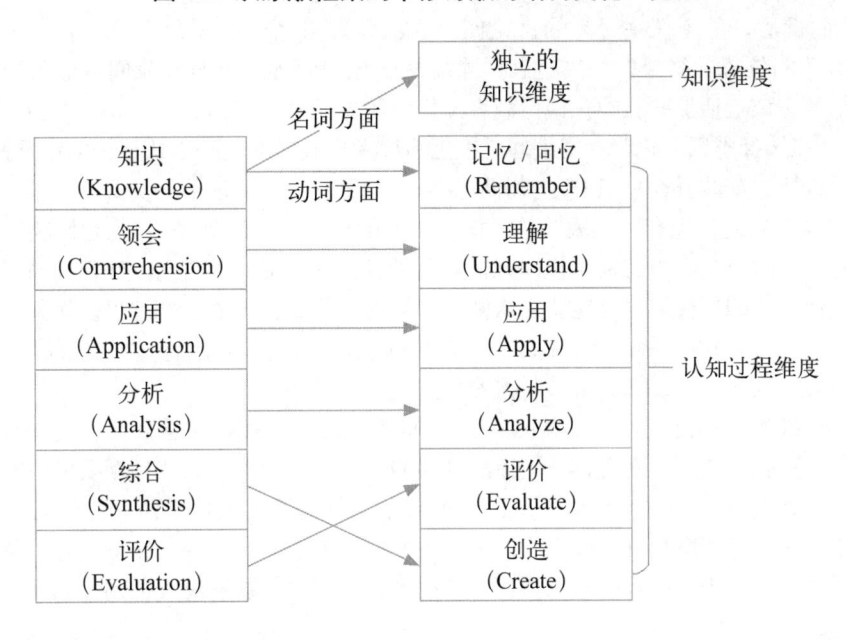

图 A.1 从原版框架到本修订版的结构变化一览图

```
知识(Knowledge)  ──名词方面──→  独立的知识维度 ──┤ 知识维度
                └─动词方面──→  记忆/回忆(Remember) ┐
领会(Comprehension) ─────────→  理解(Understand)    │
应用(Application) ──────────→  应用(Apply)         │
分析(Analysis) ─────────────→  分析(Analyze)       ├ 认知过程维度
综合(Synthesis) ────────╳───→  评价(Evaluate)      │
评价(Evaluation) ───────╳───→  创造(Create)        ┘
```

纳入"理解"并省略"问题解决"和"批判性思维"

在人们对本修订版所提出的诸多问题中,有两个可能的问题是:

- 为什么把"领会"更名为"理解"?
- 为什么没有包括像问题解决和批判性思维这样重要的认知过程?

这两个问题很重要,我们花了相当多的时间对它们以及其他几个问题进行讨论。(实际上,戴维·克拉思沃尔几次提醒我们,原版编写小组也在这些问题上花费了相当多的时间。他以这种方式告诉我们"继续努力"。)

对于"理解",《手册》的作者们关心的是,尽可能不让类别彼此重叠。但当术语具有范围广泛的多种含义时,要做到这一点是不容易的。例如,教师要求学生"理解欧姆定律",这一要求便具有多种含义。教师的意思也许包括:*应用*欧姆定律;*分析*问题以确定欧姆定律是否适用;*评价*在一个问题中欧姆定律的用途甚至是将欧姆定律和其他定律结合起来去解决一个问题(一个*创造性*过程)。

对于"理解"含义的宽泛性,威金斯和麦克蒂格(Wiggins and McTighe, 1998, pp.44-62)曾列举过一个例子。他们认为,当我们真正理解了,我们就能够说明、能够解释、能够应用、具有见识、能够移情以及具有自知之明,理解含义非常宽泛,包括了通常被认为属于情感领域(例如,移情)而不属于认知领域的许多方面。在许多人看来,这也许只是该术语普通含义的延伸而已。但是，由于这种含义上可能存在的模糊性，原版编写小组避开了"理解"而采用术语"领会"。

《手册》问世后，关于《手册》的讨论使我们清楚地看到，教师希望"*理解*"能够在分类体系中有一个合适的位置。结果，在决定怎样才能最好地创建本框架时，我们考虑到一个不同的准则——即本框架应该包括那些教师在谈论教育工作时频繁使用的术语。我们将"领会"更名为"*理解*"，只是因为在选择类别名称时本书编写小组更多地考虑到*理解*这一术语使用的广泛性。

其他两个术语，"问题解决"和"批判性思维"，似乎具有与"理解"类似的特征。它们被广泛使用，而且同样地也越来越有可能成为检验课程重点的标准。一般地说，"问题解决"和"批判性思维"包括可以归入分类表中完全不相同方格的各种各样的活动。换言之，在任何情况下，涉及问题解决和批判性思维的目标都很可能要求认知过程维度上几个类别的认知过程。例如，批判性地思考一个问题可能涉及运用某些*概念性知识*去分析该问题，然后，可能会依据准则*评价*不同的观点，或*创造*一种新的、经得起质疑的关于该问题的观点。

因此，与"理解"相比较，"问题解决"和"批判性思维"往往跨越分类表的几行、几列以及多个方格。例如，就问题解决而言，所选择的具体的行、列和方格，以及预期要使用的具体的认知过程和知识亚类的排序，在很大程度上取决于所要解决的问题的具体类型和具体的学科内容。因此，与理解不同，问题解决和批判性思维似乎不是本框架中任一类别的最佳替代者。所以，尽管我们有兴趣使用教师的术语，但我们未能找到一条途径，从而将问题解决或批判性思维作为一个主要类别切实地纳入到本修订版中。

附录 B　原版《教育目标分类学：认知领域》① 之纲要

知识（Knowledge）

1.00 知识（Knowledge）

本节定义的"知识"包括对具体信息和普遍原理的回忆，对方法和过程的回忆，或者对模式、结构、情境的回忆。为了便于测量，回忆仅仅涉及忆起适当的材料。尽管可能要求对材料作某种改变，但这是相对次要的任务。知识目标最强调记忆这一心理过程。知识测验要求对问题进行组织和再组织，以便使该问题为个体掌握的信息和知识提供适当的信号和线索，这同时牵涉到建立联系的过程。借用一个比喻，如果把记忆力想象为一个文件夹，那么，知识测验中的难题是在试题或作业中找到适当的信号、提示和线索，从而最为有效地取出归档或存储的知识。

1.10 具体信息的知识（Knowledge of Specifics）

对具体的、可分离的片段形式的信息的回忆，重点是关于实际指称物的符号。这类知识具有很低的抽象程度，可以看作建构更加复杂、更加抽象形式的知识的要素。

1.11 术语知识（Knowledge of Terminology）

关于具体符号（语言的和非语言的）的指称物的知识。它可能包括：最普遍接受的符号指称物的知识，用来表示单一指称物的各种符号的知识，以及最适合符号某一用途的指称物的知识。

- 以给定属性、特性和关系的方式来定义技术术语。*
- 通晓大量单词的普通含义。

1.12 具体事实的知识（Knowledge of Specific Facts）

关于日期、事件、人物、地点等的知识。它可能包括非常精确和详细的信息，例如，现象的具体日期或准确大小；也可能包括近似的或相对的信息，例如，现象的近似时段或大致数量级。

---

① 《手册》，pp.201-207。
* 选自文献的例证性教育目标。

- 回忆关于特定文化的重要事实。
- 掌握关于实验室研究的有机体的最低限度的知识。

1.20 处理具体信息的方式方法的知识（Knowledge of Ways and Means of Dealing with Specifics）

关于组织、研究、判断和批评的方式的知识。它包括一个领域内的探究方法、事件按时间顺序的排列以及判断标准，还包括决定并从内部组织该领域本身各部分的组织模式。这类知识的抽象程度为中等，在其另一端是原理的知识。虽然它要求学生使用材料，但它更多地要求学生较被动地意识到材料的性质。

1.21 惯例知识（Knowledge of Conventions）

关于看待与描述见解和现象的特有方式的知识。为了交流和保持一致，一个领域的工作者使用最符合其目的或者看似对他们处理的现象最适宜的习俗、风格、惯例和形式。应当认识到，虽然这些形式和惯例的建立很可能具有任意性、偶然性或借助了权威，但由于得到与学科、现象、问题相关的个体的普遍认可或同意，它们得以保留下来。

- 通晓主要作品类型（例如，诗歌、戏剧、科学论文等）的形式和惯例。
- 使学生知道讲话和写作的正确形式和习惯。

1.22 趋势和顺序的知识（Knowledge of Trends and Sequences）

关于现象的进程、方向和运动随时间变化的知识。

- 理解美国生活中所体现的美国文化的连续性及其发展过程。
- 关于公共援助项目发展的基本趋势的知识。

1.23 分类和类别的知识（Knowledge of Classifications and Categories）

关于种类、组类、部类和排列的知识。它被认为是某一学科领域、目标、论题或问题的基础。

- 识别由各种问题或材料所形成的领域。
- 熟悉一系列文学作品的类型。

1.24 准则知识（Knowledge of Criteria）

关于检验或判断事实、原理、见解、行为所依据的准则的知识。

- 通晓适合于工作类型及其目的的判断准则。
- 评价休闲活动的准则知识。

1.25 方法知识（Knowledge of Methodology）

关于某一学科领域使用的以及研究特定问题和现象使用的探究方法、技术和程序的知识。这里强调的是个体具有的关于方法的知识，而不是他使用方法的能力。

- 用于评价健康概念的科学方法的知识。
- 学生将了解社会科学关注的那些问题的解决方法。

1.30 一个领域的普遍原理和抽象概念的知识（Knowledge of the Universals and Abstractions in a Field）

用以组织现象和见解的主要体系和模式的知识。这些体系和模式是大的结构、理论和通则，它们支配一个学科领域，或者在研究现象、解决问题时被极为广泛地运用。这类知识的抽象性和复杂性程度是最高的。

1.31 原理和通则的知识（Knowledge of Principles and Generalizations）

对现象的观察结果进行概括的特定抽象概念的知识。这些抽象概念在说明、描述、预测、决定要采取的最适当和相关的行动或方向上具有价值。

- 对我们关于生物现象的经验进行概括的重要原理的知识。
- 回忆关于特定文化的主要通则。

1.32 理论和结构的知识（Knowledge of Theories and Structures）

对复杂的现象、问题或领域提供明确、全面和系统看法的一系列原理和通则及其相互关系的知识。这类知识最为抽象，它们能够阐明大量具体信息的相互关系和组织结构。

- 回忆关于特定文化的重要理论。
- 相对完整的进化论的知识。

智力能力和技能

能力和技能是指有组织的操作方式与处理材料和问题的通用技术。有些材料和问题也许要求进行的处理很少或不要求使用专门的技术和信息。即使要求使用这些信息，它们也可以被假定为个体一般知识储备的一部分。对其他材料和问题的处理则要求相当专门的技术和信息，即要求处理问题和材料的具体知识和技能。能力和技能目标强调组织和重新组织材料以达到某一目的的心理过程。材料也许是给定的，也许是回忆起的。

2.00 领会 (Comprehension)

领会描述最低层次的理解。它是指这样一种理解或领悟,即个体懂得交流的内容并能够使用所交流的材料或观点,却不必在交流的材料与其他材料之间建立起联系或了解材料的全部含义。

2.10 转化 (Translation)

即交流的内容被小心和准确地从一种语言、形式重述或表达为另一种语言、形式。评价转化的依据是忠实性和准确性,即交流形式改变之后交流中原有材料被保留的程度。

- 能够理解非文字陈述(隐喻、象征、讽刺、夸张)的能力。
- 把数学文字资料转化为符号陈述以及把符号陈述转化为数学文字资料的技能。

2.20 解释 (Interpretation)

对交流的说明或总结。如果说转化涉及交流目标部分对部分的表达,那么,解释涉及对材料进行重新排列、重新整理或提出关于材料的新观点。

- 能够在任何所需的概括层次上理解整个作品思想。
- 能够解释各种社会资料。

2.30 推断 (Extrapolation)

把趋势或倾向引申到给定数据的适用范围之外,以获得满足最初交流条件的含义、结果、推论、效果等。

- 能够根据明确给出的陈述进行直接推理并对一件作品的结论加以处理。
- 预测趋势延续性的技能。

3.00 应用 (Application)

在特定的实际情境中使用抽象概念。这些抽象概念也许具有总体思路、程序规则、概括得出的方法等形式,也可能是必须记住与应用的技术原理、概念和理论。

- 将其他文章使用的科学术语或概念应用于一篇文章所讨论的现象。
- 能够预测改变某一因素对原来处于平衡态的生物环境可能产生的影响。

4.00 分析 (Analysis)

把交流分解成其构成要素或部分,从而弄清楚观念的相对层次以及所表达的观念之间的关系。这样的分析旨在使交流易于理解,表明交流是如何组织的,同时指明交流表达其意思的方式以及交流的依据和安排。

4.10 要素分析（Analysis of Elements）

辨认交流所包括的要素。

- 能够识别未陈述的假定。
- 区分事实与假设的技能。

4.20 关系分析（Analysis of Relationships）

交流的要素之间或部分之间的联系和相互作用。

- 能够检查假设是否与已知信息和假定是否相符。
- 领会一段话中不同观点之间相互关系的技能。

4.30 组织原理分析（Analysis of Organizational Principles）

维系交流的组织、系统安排和结构。这包括"外显的"以及"内隐的"结构，还包括使交流成为一个整体所需的基础、必要的安排以及机制。

- 能够识别文学艺术作品的形式和风格从而理解其含义。
- 能够识别诸如广告、宣传等说服性材料所使用的一般方法。

5.00 综合（Synthesis）

把要素和部分结合成一个整体。这涉及对片段、部分、要素等加工的过程，以及对它们进行排列、组合，构成以前不明显存在的模式或结构。

5.10 进行独特交流（Production of a Unique Communication）

开展交流活动，在这一过程中作者或讲演者试图把见解、情感或经历传达给他人。

- 写作技能，对见解和陈述进行出色的组织。
- 能够生动地讲述个人经验。

5.20 提出计划或行动步骤（Production of a Plan, or Proposed Set of Operations）

形成工作计划或提出行动计划。该计划应该满足任务提出的要求，这些要求也许是他人交给学生的，也许是学生本人形成的。

- 能够提出检验假设的方法。
- 能够针对特定的教学情境计划一个单元教学。

5.30 导出一组抽象的关系（Derivation of a Set of Abstract Relations）

形成一组抽象的关系以对特定的数据或现象进行分类或说明，或者从一组基本命题或符号的表达式推导出命题或关系。

- 能够基于相关因素分析提出假设以及根据新因素和新判断修改这些假设。
- 能够作出数学发现和概括。

6.00 评价（Evaluation）

基于给定的目的对材料和方法的价值所作的判断。对材料和方法满足准则的程度所作的定量的和定性的判断。使用评估标准。这些准则也许由学生建立，也许是他人给予学生的。

6.10 依据内在证据进行判断（Judgments in terms of Internal Evidence）

按照逻辑准确性、一致性和其他内部准则等证据评价交流内容的准确性。

- 能够依据内部标准进行判断，注意给出的陈述、文件、证据等的准确度，评估报告事实的大致准确概率。
- 能够指出论证中的逻辑错误。

6.20 依据外部准则进行判断（Judgments in terms of External Criteria）

参照选择的或回忆起的准则评价材料。

- 比较关于特定文化的主要理论、通则和事实。
- 能够依据外部标准进行判断，将作品与该领域已知的最高标准，特别是与公认的杰出作品进行比较。

附录 C 用于第十六章元分析的数据

用于第十六章元分析的相关表格被复制在表 C.1 中。其中的数据可以从下列文献中找到：克罗普和斯托克（Kropp and Stoker, 1966；n 在 5057 到 5135 之间变化[①]，用**粗体字加下划线**表示）；戴维斯（Davis, 1968；n=988，用**粗体字**表示）；托马斯（Thomas, 1965；n=102，用*斜体字*表示）；克莱因（Klein, 1972；n=48，用*斜体字加下划线*表示）；帕乔里（Pachaury, 1971；没有给出 n[②]，用普通字体加下划线表示）；汉考克（Hancock, 1994；n=90，用普通字体表示）。只有克罗普和斯托克以及克莱因的研究给出了跨越全部六个类别的相关系数。戴维斯的数据使用了四个类别：**知识**、**领会**、**分析**和**评价**。汉考克包括了从**知识**到**分析**的前四个类别。帕乔里和托马斯的研究只涉及**知识**、**领会**和**应用**。

表 C.1 是以对角线为对称轴的，因此，该表只给出了左下角部分的数据，缺乏关于较复杂类别的数据，这一点是显而易见的。

在按年级分别报告相关系数或在对一个类别进行过多次测验的研究中，相关系数是原始数据的平均值。托马斯和布莱克韦尔分两次发表了稍微不同的数据，表中给出的是根据这些数据计算的平均值。汉考克数据是采用不同的选择题和构答反应题对两个班级进行测验后计算平均值获得的。

表 C.1 从六项研究的数据获得的原版分类体系六个类别的得分相关系数

	知识	领会	应用	分析	综合
领会	**0.52** **0.48** *0.56* *0.58* 0.54 0.44				
应用	**0.52** 0.42 0.47 0.53 0.31	**0.72** 0.58 0.59 0.50 0.25			

（待续）

[①] 相关系数是四套题的平均值，每套题的样本大小 n 在 5057 到 5135 之间变化。
[②] 数据是由威斯康星大学 Hegelson 认知学习中心从三个年级收集到的。

（续上表）

	知识	领会	应用	分析	综合
分析	**0.38** 0.46 *0.35* 0.27	**0.65** 0.62 *0.14* 0.37	**0.62** *0.25* 0.43		
综合	**0.39** *0.43*	**0.61** *0.41*	**0.63** *0.43*	**0.39** *0.43*	
评价	**0.37** 0.48 *0.63*	**0.40** 0.62 *0.42*	**0.39** *0.43*	**0.34** 0.60 *0.36*	**0.39** *0.46*

注

克罗普和斯托克（Kropp and Stoker, 1966）数据用**粗体字加下划线**表示；戴维斯（Davis, 1968）用**粗体字**表示；托马斯（Thomas, 1965）用斜体字表示；克莱因（Klein, 1972）用*斜体字加下划线*表示；帕乔里（Pachaury, 1971）用普通字体加下划线表示；汉考克（Hancock, 1994）用普通字体表示。

参考文献 (References)

Airasian, P. W. (1994). Impact on testing and evaluation. In L. W. Anderson & L. A. Sosniak (Eds.), *Bloom's taxonomy: A forty-year retrospective*, Ninety-third Yearbook of the National Society for the Study of Education (pp.82-102). Chicago: University of Chicago Press.

Alexander, P., Schallert, D., & Hare, V. (1991). Coming to terms: How researchers in learning and literacy talk about knowledge. *Review of Educational Research, 61*, 315-343.

American Association for the Advancement of Science. (1993). *Benchmarks for science literacy*. New York: Oxford University Press.

American Heritage Dictionary of the English Language (3rd ed.). (1992). Boston: Houghton Mifflin.

Anderson, J. R. (1983). *The architecture of cognition*. Cambridge, MA: Harvard University Press.

Anderson, L. W. (Ed.) (1995). *International encyclopedia of teaching and teacher education*, 2nd ed. Oxford, UK: Pergamon Press.

Anderson, L. W., & Sosniak, L. A. (Eds.). (1994). *Bloom's taxonomy: A forty-year retrospective*. Ninety-third Yearbook of the National Society for the Study of Education. Chicago: University of Chicago Press.

Armstrong, D. G. (1989). *Developing and documenting the curriculum*. Boston: Allyn & Bacon.

Ausubel, D. P., & Robinson, F. G. (1969). *School learning: An introduction to educational psychology*. New York: Holt, Rinehart and Winston.

Baker, E. L., O'Neil, H. F., & Linn, R. L. (1993). Policy validity prospects for performance-based assessment. *American Psychologist, 48*, 1210-1218.

Baron, J. (1994). *Thinking and deciding*. Cambridge, UK: Cambridge University Press.

Baxter, G. P., Elder, A. D., & Glaser, R. (1996). Knowledge-based cognition and performance assessment in the science classroom. *Educational Psychologist, 31*, 133-140.

Bereiter, C., & Scardamalia, M. (1998). Beyond Bloom's Taxonomy: Rethinking knowledge for the knowledge age. In A. Hargreaves, A. Lieberman, M. Fullan & D. Hopkins (Eds.), *International handbook of educational change* (pp.675-692). London: Kluwer Academic Publishers.

Biggs, J. B., & Collis, R. E. (1982). *Evaluating the quality of learning: The SOLO taxonomy*. New York: Academic Press.

Bloom, B. S. (1949). *A taxonomy of educational objectives*. Opening remarks of B. S. Bloom for the meeting of examiners at Monticello, Illinois, November 27, 1949. Unpublished manuscript.

Bloom, B. S. (circa 1971). *Some suggestions for chapters III, IV, V*. Unpublished and undated manuscript.

Bloom, B. S. (Ed.), Engelhart, M. D., Furst, E. J., Hill, W. H., & Krathwohl, D. R. (1956). *Taxonomy of educational objectives: Handbook I: Cognitive domain*. New York: David McKay.

Bloom, B. S., Hastings, J. T., & Madaus, G. F. (1971). *Handbook on formative and summative evaluation of student learning.* New York: McGraw-Hill.

Bobbitt, F. (1918). *The curriculum.* Boston: Houghton Mifflin.

Boekaerts, M., Pintrich, P. R., & Zeidner, M. (2000). *Handbook of self-regulation.* San Diego: Academic Press.

Bransford, J. D., Brown, A. L., & Cocking, R. R. (1999). *How people learn: Brain, mind, experience and school.* Washington, DC: National Academy Press.

Broudy, H. S. (1970). Can research escape the dogma of educational objectives? *School Review, 79*, 43-56.

Brown, A., Bransford, J., Ferrara, R., & Campione, J. (1983). Learning, remembering, and understanding. In P. H. Mussen (Series Ed.), J. Flavell & E. Markman (Vol. Eds.), *Handbook of child psychology: Vol. 3. Cognitive development*, 4th ed. (pp. 77-166). New York: Wiley.

Bruce, R. L. (1981). *Programming for intangibles.* Cornell Information Bulletin 179, Extension publication 9/81 5M HO 7488. Ithaca, NY: New York State College of Agriculture and Life Sciences and New York State College of Human Ecology at Cornell University.

Bruer, J. T. (1993). *Schools for thought: A science of learning in the classroom.* Cambridge, MA: MIT Press.

Case, R. (1998). The development of conceptual structures. In W. Damon (Series Ed.), D. Kuhn & R. Siegler (Vol. Eds.), *Handbook of child psychology: Vol. 2. Cognition, perception, and language*, 5th ed. (pp. 745-800). New York: Wiley.

Chi, M. (1992). Conceptual change within and across ontological categories: Implications for learning and discovery in sciences. In R. Giere (Ed.), *Cognitive models of science.* Minnesota Studies in the Philosophy of Science, Vol. 15 (pp. 129-186). Minneapolis, MN: University of Minnesota Press.

Chi, M., Feltovich, P., & Glaser, R. (1981). Categorization and representation of physics problems by experts and novices. *Cognitive Science, 5*, 121-152.

Chi, M., Slotta, J., & deLeeuw, N. (1994). From things to processes: A theory of conceptual change for learning science concepts. *Learning and Instruction, 4*, 27-43.

Chung, B. M. (1994). The taxonomy in the Republic of Korea. In L. W. Anderson & L. A. Sosniak (Eds.), *Bloom's taxonomy: A forty-year retrospective*, Ninety-third Yearbook of the National Society for the Study of Education (pp. 164-173). Chicago: University of Chicago Press.

Clandinin, D. J., & Connelly, F. M. (1992). Teacher as curriculum maker. In P. W. Jackson (Ed.), *Handbook of research on curriculum* (pp. 363-401). New York: Macmillan.

Davis, F. B. (1968). Research in comprehension in reading. *Reading Research Quarterly, 3*, 499-545.

DeBlock, A., et al. (1972). La taxonomie des objectifs pour la discipline du Latin. *Didactica Classica Gandensia, 12-13*, 119-131.

DeCorte, E. (1973). *Onderwijsdoelstellingen*, Louvain: Universitaire Pers.

deJong, T., & Ferguson-Hessler, M. (1996). Types and qualities of knowledge. *Educational Psychologist, 31*, 105-113.

DeLandsheere, V. (1977). On defining educational objectives. *Evaluation in Education: International Review Series, 1*, 73-190.

Detterman, D. K., & Sternberg, R. J. (1993). *Transfer on trial: Intelligence, cognition, and instruction.* Norwood, NJ: ABLEX.

Dewey, J. (1916). *Democracy and education.* New York: Free Press.

Dochy, F., & Alexander, P. (1995). Mapping prior knowledge: A framework of discussion among researchers. *European Journal of Psychology in Education, 10*, 224-242.

Doyle, W. (1992). Curriculum and pedagogy. In P. W. Jackson (Ed.), *Handbook of research on curriculum* (pp. 486-516). New York: Macmillan.

Dreeben, R. (1968). *On what is learned in schools.* Chicago: University of Chicago Press.

Duncker, K. (1945). On problem solving. *Psychological Monographs, 58*(5), Whole No. 270.

Dunne, J. (1988). Teaching and the limits of technique: An analysis of the behavioural-objectives model. *The Irish Journal of Education, 22*, 2, 66-90.

Eisner, E. W. (1979). *The educational imagination.* New York: Macmillan.

Ekstrand, J. M. (1982). *Methods of validating learning hierarchies with applications to mathematics learning.* Paper presented at the annual meeting of the American Educational Research Association, New York City. (ERIC Document Reproduction Service No. ED 216 896)

Ellis, J. A. (1999). Letter to the Editor. *Newsweek*, September 27, p. 15.

Fairbrother, R. W. (1975). The reliability of teachers' judgments of the abilities being tested by multiple-choice items. *Educational Research 17* (3), 202-210.

Flavell, J. (1979). Metacognition and cognitive monitoring: A new area of cognitive-developmental inquiry. *American Psychologist, 34*, 906-911.

Frymier, J. (1996). *Accountability in education: Still an evolving concept.* Bloomington, IN: Phi Delta Kappa Educational Foundation.

Furst, E. J. (1981). Bloom's taxonomy of educational objectives for the cognitive domain: Philosophical and educational issues. *Review of Educational Research, 51*, 441-453.

Furst, E. J. (1984). *Understanding as an educational goal or objective.* Unpublished paper presented to the Southwestern Philosophy of Education Society, University of Oklahoma, Norman, Oklahoma, November 15, 1984.

Gagné, R. M. (1972). Domains of learning. *Interchange*, 3(1), 1-8.

Gagné, R. M. (1977). *The conditions of learning* (3rd ed.). New York: Holt, Rinehart and Winston.

Gagné, R. M., & Briggs, L. J. (1979). *Principles of instructional design.* New York: Holt, Rinehart & Winston.

Gandal, M. (1996). *Making standards matter.* Washington, DC: American Federation of Teachers.

Gerlach, V., & Sullivan, A. (1967). *Constructing statements of outcomes.* Inglewood, CA: Southwest Regional Laboratory for Educational Research and Development.

Gick, M. L., & Holyoak, K. J. (1980). Analogical problem solving. *Cognitive Psychology, 12*, 306-355.

Gick, M. L., & Holyoak, K. J. (1983). Schema induction and analogical transfer. *Cognitive Psychology, 15*, 1-38.

Ginther, J. R. (1972). *A radical look at behavioral objectives.* Paper presented at the annual meeting of the American Educational Research Association, Chicago, April, 1972.

Glatthorn, A. A. (1998). *Performance assessment and standards-based curricula: The achievement cycle.* Larchmont, NY: Eye on Education.

Guilford, J. P. (1967). *The nature of human intelligence.* New York: McGraw-Hill.

Guilford, J. P., & Fruchter, B. (1978). *Fundamental statistics in psychology and education* (6th ed.). New York: McGraw-Hill.

Guttman, L. (1953). Image theory for the structure of quantitative variables. *Psychometrica, 18* (4), 277-296.

Haladyna, T. M. (1997). *Writing test items to evaluate higher order thinking.* Boston: Allyn & Bacon.

Halley, J. M. (1999). Letter to the Editor. *Newsweek*, September 27, p. 15.

Hambleton, R. K. (1996). Advances in assessment models, methods, and practices. In D. C. Berliner & R. C. Calfee (Eds.), *Handbook of educational psychology* (pp. 899-925). New York: Macmillan.

Hancock, G. R. (1994). Cognitive complexity and the comparability of multiple choice and constructed-response test formats. *Journal of Experimental Education, 64*(2), 143-157.

Hannah, L. S., & Michaelis, J. U. (1977). *A comprehensive framework for instructional objectives: A guide to systematic planning and evaluation.* Reading, MA: Addison-Wesley.

Harrow, A. (1972). *A taxonomy of the psychomotor domain: A guide for developing behavioral objectives.* New York: David McKay.

Hattie, J. A., & Purdue, N. (1997). The SOLO model: Addressing fundamental measurement issues. In B. Dart & G. Boulton-Lewis (Eds.), *Teaching and learning in higher education* (pp. 145-176). Melbourne, Australia: Australian Council for Educational Research.

Hauenstein, A. D. (1998). *A conceptual framework for educational objectives: A holistic approach to traditional taxonomies.* Lanham, MD: University Press of America.

Hill, P. W. (1984). Testing hierarchy in educational taxonomies: A theoretical and empirical investigation. *Evaluation in Education, 8*, 179-278.

Hill, P. W., & McGaw, B. (1981). Testing the simplex assumption underlying Bloom's taxonomy. *American Educational Research Journal, 18*, 93-101.

Hirst, P. H. (1974). *Knowledge and the curriculum: A collection of philosophical papers.* London: Routledge & Kegan Paul.

Isaac, S., & Michael, W. B. (1994). *Handbook in research and evaluation* (3rd ed.). San Diego: EDITS Publishers.

Jackson, P. W. (1968). *Life in classrooms.* New York: Holt, Rinehart and Winston.

Joyce, B., and Weil, M. (1996). *Models of teaching* (5th ed.). Englewood Cliffs, NJ: Prentice-Hall.

Kappel, F. R. (1960). *Vitality in a business enterprise*. New York: McGraw-Hill.

Keil, F. (1998). Cognitive science and the origins of thought and knowledge. In W. Damon (Series Ed.) & R. Lerner (Vol. Ed.), *Handbook of child psychology: Vol. 1. Theoretical models of human development* (5th ed.). (pp. 341-413). New York: Wiley.

Kelly, A. V. (1989). *The curriculum: Theory and practice* (3rd ed.). London: Paul Chapman Publishers.

Kendall, J. S., & Marzano, R. J. (1996). *Content knowledge*. Aurora, CO: Mid-Continent Regional Educational Laboratory.

Klein, M. F. (1972). Use to taxonomy of educational objectives (cognitive domain) in constructing tests for primary school pupils. *Journal of Experimental Education, 40*(3), 36-50.

Klopfer, L. E. (1971). Evaluation of learning in science. In B. S. Bloom, J. T. Hastings & G. F. Madaus (Eds.), *Handbook on formative and summative evaluation of student learning* (pp. 561-641). New York: McGraw-Hill.

Krathwohl, D. R. (1964). The taxonomy of educational objectives: Its use in curriculum building. In C. M. Lindvall (Ed.), *Defining educational objectives* (pp. 19-36). Pitts-burgh: University of Pittsburgh Press.

Krathwohl, D. R. (1993). *Methods of educational and social science research: An integrated approach*. New York: Longman.

Krathwohl, D. R. (1994). Reflections on the taxonomy: Its past, present, and future. In L. W. Anderson & L. A. Sosniak (Eds.), *Bloom's taxonomy: A forty-year retrospective*, Ninety-third Yearbook of the National Society for the Study of Education (pp. 181-202). Chicago: University of Chicago Press.

Krathwohl, D. R., Bloom, B. S., & Masia, B. B. (1964). *Taxonomy of educational objectives: Handbook II: The affective domain*. New York: David McKay.

Krathwohl, D. R., & Payne, D. A. (1971). Defining and assessing educational objectives. In R. L. Thorndike (Ed.), *Educational measurement* (pp. 17-45). Washington, DC: American Council on Education.

Kreitzer, A. E., & Madaus, G. F. (1994). Empirical investigations of the hierarchical structure of the taxonomy. In L. W. Anderson & L. A. Sosniak (Eds.), *Bloom's taxonomy: A forty-year retrospective*, Ninety-third Yearbook of the National Society for the Study of Education (pp. 64-81). Chicago: University of Chicago Press.

Kropp, R. P., & Stoker, H. W. (1966). *The construction and validation of tests of the cognitive processes as described in the taxonomy of educational objectives*. Tallahassee, FL: Institute of Human Learning and Department of Educational Research and Testing, Florida State University. (ERIC Documentation Reproduction Service No. ED 010 044)

Lambert, N. M., & McCombs, B. L. (Eds.). (1998). *How students learn: Reforming schools through learner-based education*. Washington, DC: American Psychological Association.

Levy, C. M., & Ransdell, S. (Eds.). (1996). *The science of writing*. Mahwah, NJ: Erlbaum.

Lewy, A., & Bathory, Z. (1994). The taxonomy of educational objectives in continental Europe, the Mediterranean, and the Middle East. In L. W. Anderson & L. A. Sosniak (Eds.), *Bloom's taxonomy: A forty-year retrospective*, Ninety-third Yearbook of the National Society for the Study of Education (pp. 146-163). Chicago: University of Chicago Press.

Madaus, G. F., Woods, E. M., & Nuttall, R. L. (1973). A causal model analysis of Bloom's taxonomy. *American Educational Research Journal, 10* (4), 253-262.

Mager, R. F. (1962). *Preparing instructional objectives*. Palo Alto, CA: Fearon Press.

Mandler, J. (1998). Representation. In W. Damon (Series Ed.), D. Kuhn & R. Siegler (Vol. Eds.), *Handbook of child psychology: Vol. 2. Cognition, perception, and language*, 5th ed. (pp. 255-308). New York: Wiley.

Manzo, K. K. (1999). The state of curriculum. *Education Week*, May 19, 21-26, 28.

Marsh, C. (1992). *Key concepts in understanding curriculum*. London: The Falmer Press.

Marshall, H. H. (Ed.). (1996). Recent and emerging theoretical frameworks for research on classroom learning: Contributions and limitations. *Educational Psychologist, 31* (3 & 4), 147-240.

Marzano, R. J. (1992). *A different kind of classroom*. Alexandria, VA: Association of Supervision and Curriculum Development.

Mayer, R. E. (1992). *Thinking, problem solving, and cognition* (2nd ed.). New York: Freeman.

Mayer, R. E. (1995). Teaching and testing for problem solving. In L. W Anderson (Ed.), *International encyclopedia of teaching and teacher education*, 2nd ed. (pp. 4728-4731). Oxford, UK: Pergamon.

Mayer, R. E. (1999). *The promise of educational psychology: Learning in the content areas*. Upper Saddle River, NJ: Prentice-Hall.

Mayer, R. E., & Wittrock, M. C. (1996). Problem-solving transfer. In D. C. Berliner & R. C. Calfee (Eds.), *Handbook of educational psychology* (pp. 47-62). New York: Macmillan.

McGuire, C. (1963). A process approach to the construction and analysis of medical examinations. *Journal of Medical Education, 38*, 556-563.

McKeough, A., Lupart, J., & Marini, A. (Eds.). (1995). *Teaching for transfer*. Mahwah, NJ: Erlbaum.

Merrill, M. D. (1994). *Instructional design theory*. Englewood Cliffs, NJ: Educational Technology Publications.

Metfessel, N. S., Michael, W. G., & Kirsner, D. A. (1969). Instrumentation of Bloom's and Krathwohl's taxonomies for the writing of educational objectives. *Psychology in the Schools, 6*, 227-231.

Miller, W. G., Snowman, J., & O'Hara, T. (1979). Application of alternative statistical techniques to examine the hierarchical ordering in Bloom's taxonomy. *American Educational Research Journal, 16* (3), 241-248.

Millholland, J. S. (circa 1966). *An empirical examination of the categories of the Taxonomy of Educational Objectives*. Unpublished manuscript, University of Michigan.

Moore, W. R., & Kennedy, L. D. (1971). Evaluation of learning in the language arts. In B. S. Bloom, J. T. Hastings & G. F. Madaus (Eds.), *Handbook on formative and summative evaluation of student learning* (pp. 399-446). New York: McGraw-Hill.

Mosenthal, P. B. (1998). Defining prose task characteristics for use in computer-adaptive testing and instruction. *American Educational Research Journal, 35*, 269-307.

National Council for the Social Studies. (1994). *Curriculum standards for social studies: Expectations of excellence.* Washington, DC: Author.

National Council of Teachers of English and International Reading Association. (1996). *Standards for the English language arts.* Urbana, IL: Author.

National Council of Teachers of Mathematics. (1989). *Curriculum and evaluation standards for teaching mathematics.* Reston, VA: Author.

National Research Council. (1996). *National science education standards.* Washington, DC: National Academy Press.

Nickerson, R., Perkins, D., & Smith, E. (1985). *The teaching of thinking.* Hillsdale, NJ: Erlbaum.

O'Hara, T., Snowman, J., & Miller, W. G. (1978). *Establishing a causal model for Bloom's taxonomy through path analysis.* Paper presented at the annual meeting of the American Educational Research Association, Toronto, Canada. (ERIC Document Reproduction Service No. ED 166 202)

Orlandi, L. R. (1971). Evaluation of learning in secondary school social studies. In B. S. Bloom, J. T. Hastings & G. F. Madaus (Eds.), *Handbook on formative and summative evaluation of student learning* (pp. 449-498). New York: McGraw-Hill.

Ormell, C. P. (1974-1975). Bloom's taxonomy and the objectives of education. *Educational Research, 17*, 3-18.

Pachaury, A. C. (1971). An empirical validation of taxonomy of educational objectives using McQuitty's hierarchical syndrome analysis. *Indian Educational Review, 6* (2), 156-164.

Paris, S., Lipson, M., & Wixson, K. (1983). Becoming a strategic reader. *Contemporary Educational Psychology, 8*, 293-316.

Paris, S., & Winograd, P. (1990). How metacognition can promote academic learning and instruction. In B. F. Jones & L. Idol (Eds.), *Dimensions of thinking and cognitive instruction* (pp. 15-51). Hillsdale, NJ: Erlbaum.

Paul, R., & Nosich, G. M. (1992). *A model for the national assessment of higher order thinking.* Santa Rosa, CA: Foundation for Critical Thinking. (ERIC Document Reproduction Service No. ED 353 296)

Phye, G. D. (Ed.). (1997). *Handbook of classroom assessment.* San Diego, CA: Academic Press.

Pintrich, P. R., & Schrauben, B. (1992). Students' motivational beliefs and their cognitive engagement in classroom tasks. In D. Schunk & J. Meece (Eds.), *Student perceptions in the classroom: Causes and consequences* (pp. 149-183). Hillsdale, NJ: Erlbaum.

Pintrich, P. R., & Schunk, D. H. (1996). *Motivation in education: Theory, research, and applications.* Englewood Cliffs, NJ: Merrill Prentice-Hall.

Pintrich, P. R., Wolters, C., & Baxter, G. (in press). Assessing metacognition and self-regulated learning. In G. Schraw (Ed.), *Metacognitive assessment*. Lincoln, NE: University of Nebraska Press.

Popham, W. J. (1969). Objectives and instruction. In W. J. Popham, E. W. Eisner, H. J. Sullivan & L. L. Tyler, *Instructional objectives* (pp. 32-52). American Educational Research Association Monograph Series on Curriculum Evaluation, No. 3. Chicago: Rand McNally.

Postlethwaite, T. N. (1994). Validity vs. utility: Personal experiences with the taxonomy. In L. W. Anderson & L. A. Sosniak (Eds.), *Bloom's taxonomy: A forty-year retrospective*, Ninety-third Yearbook of the National Society for the Study of Education (pp. 174-180). Chicago: University of Chicago Press.

Pressley, M., & Van Meter, P. (1995). Memory: Teaching and assessing. In L. W. Anderson (Ed.), *International encyclopedia of teaching and teacher education*, 2nd ed. (pp. 439-444). Oxford, UK: Pergamon Press.

Pressley, M., & Woloshyn, V. (1995). *Cognitive strategy instruction that really improves children's academic performance*. Cambridge, MA: Brookline Books.

Quellmalz, E. (1987). Developing reasoning skills. In J. B. Faron & R. J. Sternberg (Eds.), *Teaching thinking skills* (pp. 86-105). New York: W. H. Freeman.

Rebarber, T. (1991). *Accountability in education*. Paper presented at the National Conference of State Legislatures, Washington, DC.

Reigeluth, C. M., & Moore, J. (1999). Cognitive education and the cognitive domain. In C. M. Reigeluth (Ed.), *Instructional-design theories and models, Vol. II: A new paradigm of instructional theory*. Mahwah, NJ: Erlbaum.

Rohwer, W. D. Jr., & Sloane, K. (1994). Psychological perspectives. In L. W. Anderson & L. A. Sosniak (Eds.), *Bloom's taxonomy: A forty-year retrospective*, Ninety-third Yearbook of the National Society for the Study of Education (pp. 41-63). Chicago: University of Chicago Press.

Romizowski, A. J. (1981). *Designing instructional systems: Decision making in course planning and curriculum design*. London: Kogan Page/New York: Nichols Publishing.

Royer, J. M., Ciscero, C. A., & Carlo, M. S. (1993). Techniques and procedures for assessing cognitive skills. *Review of Educational Research, 63*, 201-243.

Rugg, H. (1926a). Curriculum-making and the scientific study of education since 1910. In H. Rugg (Ed.), *Twenty-sixth yearbook of the National Society for the Study of Education, Part I*. Bloomington, IL: Public Schools Publishing Company.

Rugg, H., et al. (1926b). The foundations of curriculum-making. In H. Rugg (Ed.), *Twenty-sixth yearbook of the National Society for the Study of Education, Part II*. Bloomington, IL: Public Schools Publishing Company.

Ryle, G. (1949). *The concept of mind*. London: Hutchinson.

Schneider, W., & Pressley, M. (1997). *Memory development between two and twenty*. Mahwah, NJ: Erlbaum.

Scriven, M. (1967). The methodology of evaluation. In R. E. Stake et al. (Eds.) *Perspectives on curriculum evaluation. AERA Monograph Series on Curriculum Evaluation, No. 1*. Chicago: Rand McNally.

Seddon, G. M. (1978). The properties of Bloom's taxonomy of educational objectives for the cognitive domain. *Review of Educational Research, 48*, 303-323.

Shane, H. G. (1981). Significant writings that have influenced the curriculum: 1906-1981. *Phi Delta Kappan, 63*, 311-314.

Shulman, L. (1987). Knowledge and teaching: Foundations of the new reform. *Harvard Educational Review, 57*, 1-22.

Simpson, B. J. (1966). The classification of educational objectives: Psychomotor domain. *Illinois Journal of Home Economics, 10* (4), 110-144.

Slotta, J., Chi, M., & Joram, E. (1995). Assessing students' misclassifications of physics concepts: An ontological basis for conceptual change. *Cognition and Instruction, 13*, 373-400.

Smith, E. R., &Tyler, R. W. (1942). *Appraising and recording student progress*. New York: Harper.

Smith, M. U. (Ed.). (1991). *Toward a unified theory of problem solving: Views from the content domains*. Hillsdale, NJ: Erlbaum.

Snow, R., Corno, L., & Jackson, D. (1996). Individual differences in affective and cognitive functions. In D. Berliner & R. Calfee (Eds.), *Handbook of educational psychology* (pp. 243-310). New York: Macmillan.

Sosniak, L. A. (1994). The Taxonomy, curriculum and their relations. In L. W. Anderson & L. A. Sosniak (Eds.), *Bloom's taxonomy: A forty-year retrospective*, Ninety-third Yearbook of the National Society for the Study of Education (pp. 103-125). Chicago: University of Chicago Press.

Stahl, R. J. (1979). *The domain of cognition: An alternative to Bloom's Taxonomy within the framework of an information processing model of learning*. Paper presented to the annual meeting of the Rocky Mountain Educational Research Association, Tucson, Arizona, September 1979.

Stahl, R. J. (1984). Cognitive theory within the framework of an information processing model and learning hierarchy: Viable alternative to the Bloom-Mager System. In R. K. Bass &C. R. Dillxs (Eds.), *Instructional development: The state of the art, II* (pp. 149-168). Dubuque, IA: Kendall-Bass. (ERIC Document Reproduction Service No. ED 298 901)

Stahl, R. J., & Murphy, G. T. (1981). *The domain of cognition: An alternative to Bloom's cognitive domain within the framework of an information processing model*. (ERIC Document Reproduction Service No. ED 208 511)

Steffe, L. P., & Gale, J. (Eds.). (1995). *Constructivism in education*. Mahwah, NJ: Erlbaum.

Stenhouse, L. A. (1970-1971). Some limitations of the use of objectives in curriculum research and planning. *Pedagogia Europaea*.

Sternberg, R. (1985). *Beyond IQ: A triarchic theory of human intelligence*. New York: Cambridge University Press.

Sternberg, R. J. (1997). Intelligence and lifelong learning: What's new and how can we use it? *American Psychologist, 52*, 1134-1139.

Sternberg, R. J. (1998). Principles of teaching for successful intelligence. *Educational Psychologist, 33*, 65-72.

Tennyson, R. D. (1995). Concept learning: Teaching and assessing. In L. W. Anderson (Ed.), *International encyclopedia of teaching and teacher education*, 2d ed. (pp. 457-463). Oxford, UK: Pergamon Press.

Thomas, A. M. (1965). *Levels of cognitive behavior measured in a controlled teaching situation.* Unpublished master's thesis, Graduate School of Cornell University.

Thorndike, R. M., Cunningham, G. K., Thorndike, R. L., & Hagen, E. P. (1991). *Measurement and evaluation in psychology and education* (5th ed.). New York: Macmillan.

Tyler, R. W. (1949). *Basic principles of curriculum and instruction.* Chicago: University of Chicago Press.

U.S. Department of Education. (1994). *Goals 2000: A world class education for every child.* Washington, DC: Author.

Vosniadou, S., & Ortony, A. (Eds.). (1989). *Similarity and analogical reasoning.* Cambridge, UK: Cambridge University Press.

Weinstein, C. E., & Mayer, R. (1986). The teaching of learning strategies. In M. C. Wittrock (Ed.), *Handbook of research on teaching*, 3rd ed. (pp. 315-327). New York: Macmillan.

Wellman, H., & Gelman, S. (1998). Knowledge acquisition in foundational domains. In W. Damon (Series Ed.), D. Kuhn & R. Siegler (Vol. Eds.), *Handbook of child psychology: Vol. 2. Cognition, perception & language*, 5th ed. (pp. 523-573). New York: Wiley.

Wiggins, G., & McTighe, J. (1998). *Understanding by design.* Alexandria, VA: Association for Supervision and Curriculum Development.

Williams, R. G. (1977). A behavioral typology of educational objectives for the cognitive domain. *Educational Technology, 17*, No. 6 (pp. 39-46).

Williams, R. G., & Haladyna, T. M. (1982). Logical operations for generating intended questions (LOGIQ): A typology for higher level test items. In B. H. Roid & T. M. Haladyna (Eds.), *A technology for test-item writing* (pp. 161-187). New York: Academic Press.

Wilson, B. G. (1971). Evaluation of learning in art education. In B. S. Bloom, J. T. Hastings & G. F. Madaus (Eds.), *Handbook on formative and summative evaluation of student learning* (pp. 499-598). New York: McGraw-Hill.

Wilson, J. W. (1971). Evaluation of learning in secondary school mathematics. In B. S. Bloom, J. T. Hastings & G. F. Madaus (Eds.), *Handbook on formative and summative evaluation of student learning* (pp. 643-696). New York: McGraw-Hill.

Zimmerman, B. J., & Schunk, D. H. (Eds.) (1997). *Self-regulated learning: From teaching to self-reflective practice.* New York: Guilford Press.

其他引用文献

第八章：**附录 A** 摘自琳达·林奇和希拉·凯莉于1993年所著《营养使命，一个适合1—3年级的营养教育单元》。经柯伦特公司同意转载。

第十三章：**附录 A**《布兰迪瓦恩学区中级写作评分准则》经特拉华州纽·卡斯尔县布兰迪瓦恩校区同意转载。**附录 B** 摘自《麦克米伦/麦格劳–希尔表现性测评手册，8—9级》，第45页。**附录 C**《修改与编辑检查列表》来源于特拉华州教育部。版权所有©特拉华州教育部，经同意转载。**附录 D**《〈报告写作〉的基本要素评分》的作者是特拉华州布兰迪瓦恩校区的克里斯婷·埃文斯。经作者同意转载。

第十五章：**图 15.1**《罗米佐斯基的扩展技能循环圈》摘自A.J. 罗米佐斯基的《教学系统设计：课程计划和设计中的决策》，第257页。版权所有©1981。经伦敦科甘·佩奇出版社同意转载。**图 15.2** 摘自L.S. 汉纳和J.U. 米凯利斯《汉纳教学目标：系统的计划与评价指南》。版权所有©1977戴尔·西摩出版社。经皮尔逊教育出版社和作者同意使用。**表 15.3** 的作者是罗伯特·J. 斯塔尔。经作者同意复印。**表 15.5**《梅里尔的行为表现—内容矩阵》摘自M.D. 梅里尔《教学设计理论》，第112页。版权所有©1994。经教育技术出版社同意转载。**表 15.6**《表现—内容矩阵目标的具体要求》摘自M.D. 梅里尔《教学设计理论》，第117页。版权所有©1994。经教育技术出版社同意转载。

表 5.1 认知过程维度

类别 & 认知过程	同义词	定义及其例子
1. 记忆／回忆（Remember）——从长时记忆中提取相关的知识		
1.1 识别（Recognizing）	辨认（Identifying）	在长时记忆中查找与呈现材料相吻合的知识（例如，识别美国历史中重要事件的日期）
1.2 回忆（Recalling）	提取（Retrieving）	从长时记忆中提取相关知识（例如，回忆美国历史中重要事件的日期）
2. 理解（Understand）——从口头、书面和图像等交流形式的教学信息中构建意义		
2.1 解释（Interpreting）	澄清（Clarifying） 释义（Paraphrasing） 描述（Representing） 转化（Translating）	将信息从一种表示形式（如数字的）转变为另一种表示形式（如文字的）（例如，阐释重要讲演和文献的意义）
2.2 举例（Exemplifying）	示例（Illustrating） 实例化（Instantiating）	找到概念和原理的具体例子或例证（例如，列举各种绘画艺术风格的例子）
2.3 分类（Classifying）	归类（Categorizing） 归入（Subsuming）	确定某物某事属于一个类别（如概念或类别）（例如，将观察到的或描述过的精神疾病案例分类）
2.4 总结（Summarizing）	概括（Abstracting） 归纳（Generalizing）	概括总主题或要点（例如，书写录像带所放映的事件的简介）
2.5 推断（Inferring）	断定（Concluding） 外推（Extrapolating） 内推（Interpolating） 预测（Predicting）	从呈现的信息中推断出合乎逻辑的结论（例如，学习外语时从例子中推断语法规则）
2.6 比较（Comparing）	对比（Contrasting） 对应（Mapping） 配对（Matching）	发现两种观点、两个对象等之间的对应关系（例如，将历史事件与当代的情形进行比较）
2.7 说明（Explaining）	建模（Constructing models）	建构一个系统的因果关系（例如，说明法国18世纪重要事件的原因）
3. 应用（Apply）——在给定的情景中执行或使用程序		
3.1 执行（Executing）	实行（Carrying out）	将程序应用于熟悉的任务（例如，两个多位数的整数相除）
3.2 实施（Implementing）	使用，运用（Using）	将程序应用于不熟悉的任务（例如，在牛顿第二定律适用的问题情境中运用该定律）

表 5.1 认知过程维度

类别 & 认知过程	同义词	定义及其例子
4. 分析（Analyze）——将材料分解为它的组成部分，确定部分之间的相互关系，以及各部分与总体结构或总目的之间的关系		
4.1 区别（Differentiating）	辨别（Discriminating） 区分（Distinguishing） 聚焦（Focusing） 选择（Selecting）	区分呈现材料的相关与无关部分或重要与次要部分（例如，区分一道数学文字题中的相关数字与无关数字）
4.2 组织（Organizing）	发现连贯性（Finding coherence） 整合（Integrating） 概述（Outlining） 分解（Parsing） 构成（Structuring）	确定要素在一个结构中的合适位置或作用（例如，将历史描述组织起来，形成赞同或否定某一历史解释的证据）
4.3 归因（Attributing）	解构（Deconstructing）	确定呈现材料背后的观点、倾向、价值或意图（例如，依据其政治观来确定该作者文章的立场）
5. 评价（evaluate）——基于准则和标准作出判断		
5.1 检查（Checking）	协调（Coordinating） 查明（Detecting） 监控（Monitoring） 检验（Testing）	发现一个过程或产品内部的矛盾和谬误；确定一个过程或产品是否具有内部一致性；查明程序实施的有效性（例如，确定科学家的结论是否与观察数据相吻合）
5.2 评论（Critiquing）	判断（Judging）	发现一个产品与外部准则之间的矛盾；确定一个产品是否具有外部一致性；查明程序对一个给定问题的恰当性（例如，判断解决某个问题的两种方法中哪一种更好）
6. 创造（Create）——将要素组成内在一致的整体或功能性整体；将要素重新组织成新的模型或结构		
6.1 产生（Generating）	假设（Hypothesizing）	基于准则提出相异假设（例如，提出解释观察的现象的假设）
6.2 计划（Planning）	设计（Designing）	为完成某一任务设计程序（例如，计划关于特定历史主题的研究报告）
6.3 生成（Producing）	建构（Constructing）	生产一个产品（例如，有目的地建立某些物种的栖息地）